Build It!

Make Supercool Models with Your Favorite LEGO® Parts

MONSTERS

Jennifer Kemmeter

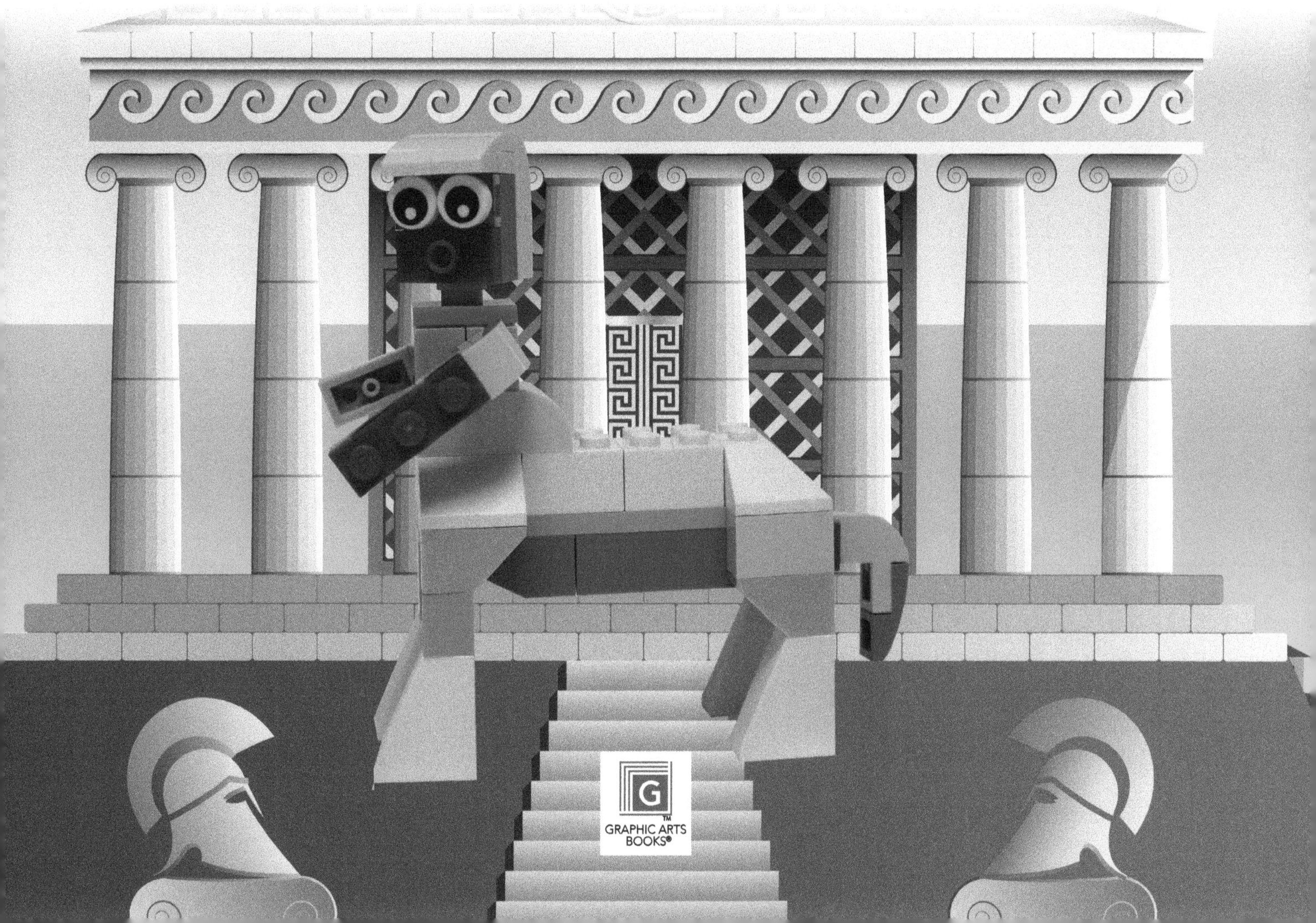

Contents

Remote Wilderness

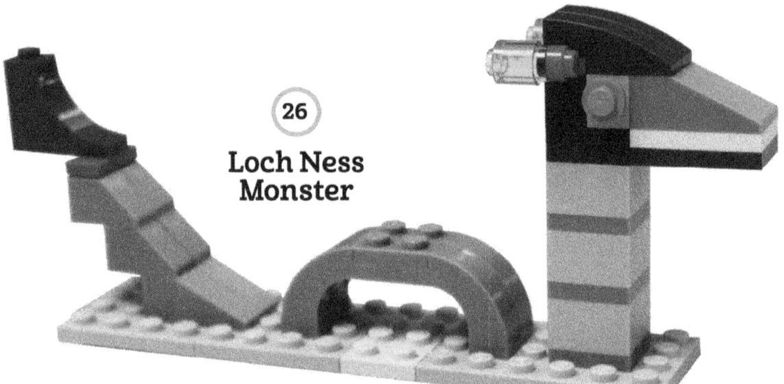

Frankenstein's Lab

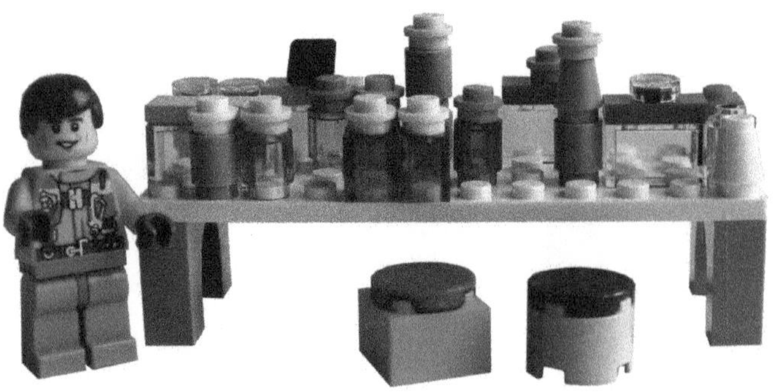

Dracula's Castle

44
Vampire Bats

46
Dracula

Forest Clearing

56
Red Goblin

61
Purple Goblin

65
Two-Headed Dog

Ancient World

72
Sphinx

77
Minotaur

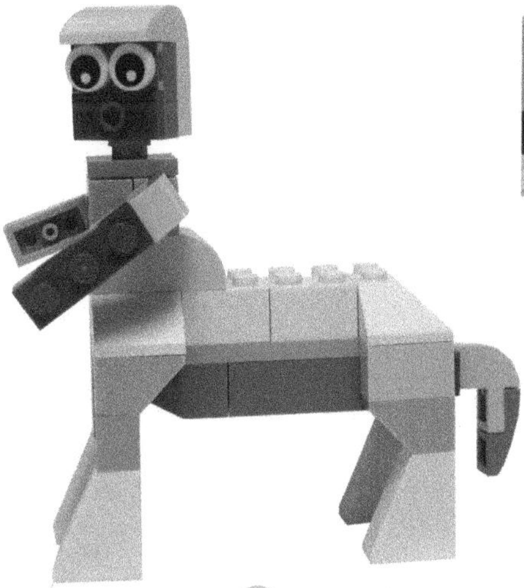

84
Centaur

90
Cyclops

How to Use This Book

A photo of what your finished Loch Ness Monster will look like.

What you will be building.

Build a Loch Ness Monster

An illustration of the finished Loch Ness Monster that looks like the pictures in the steps.

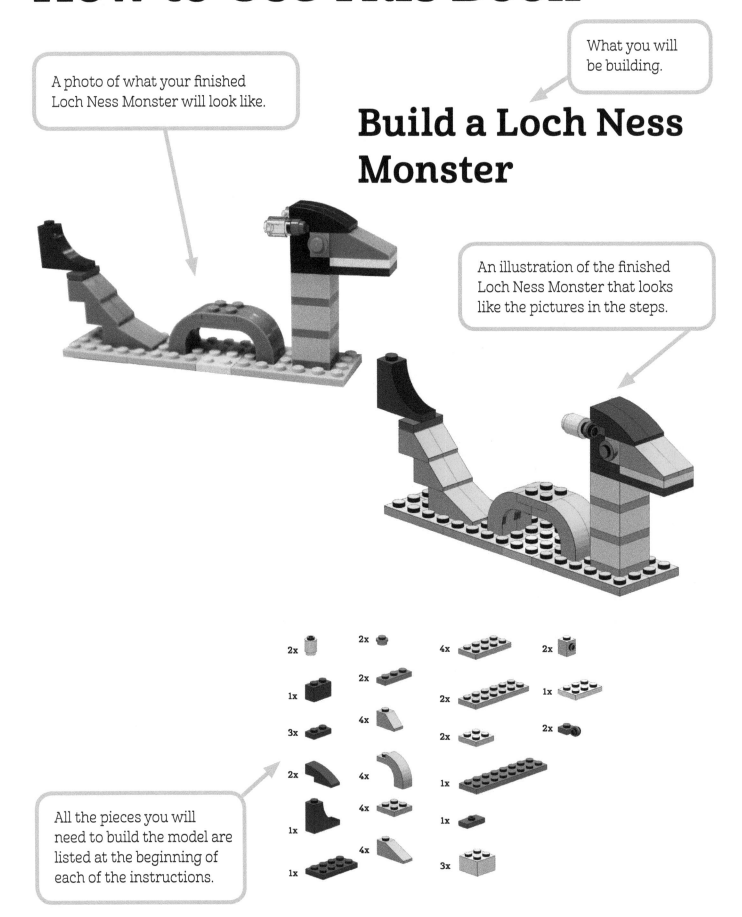

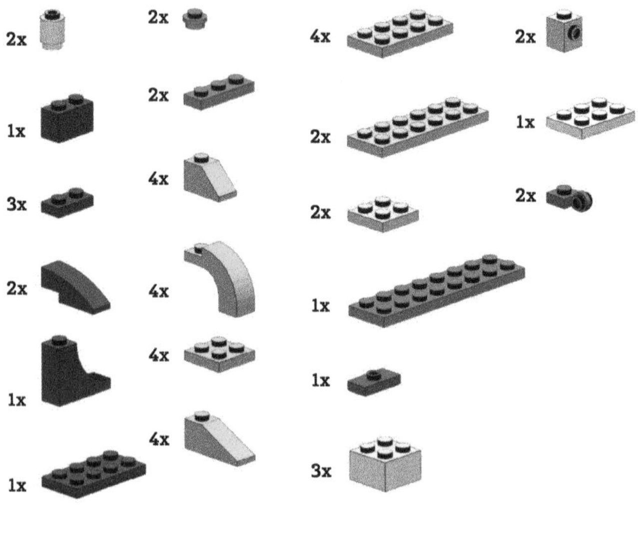

All the pieces you will need to build the model are listed at the beginning of each of the instructions.

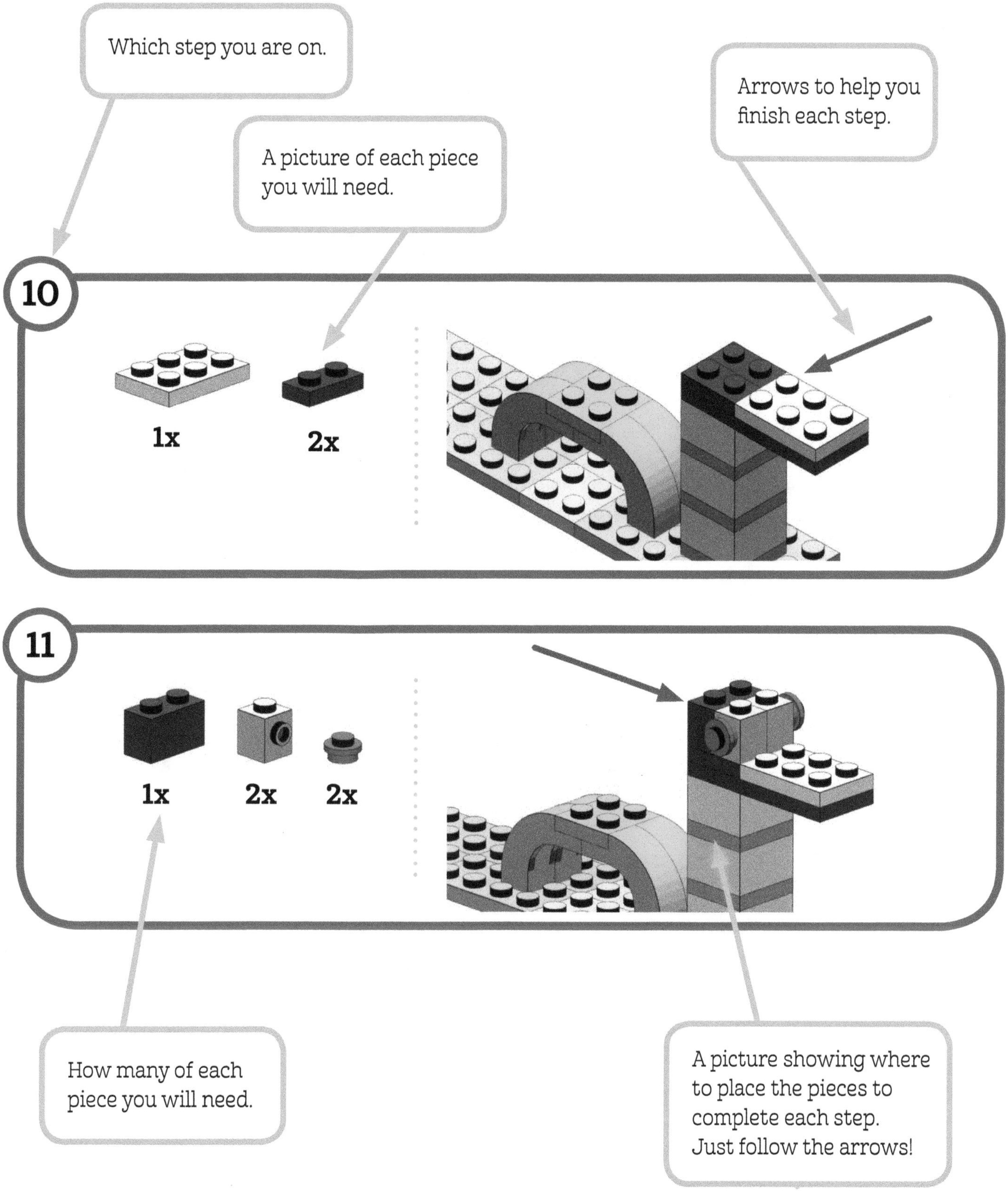
Which step you are on.
A picture of each piece you will need.
Arrows to help you finish each step.
10
1x
2x
11
1x
2x
2x
How many of each piece you will need.
A picture showing where to place the pieces to complete each step. Just follow the arrows!

Remote Wilderness

Yeti
Loch Ness
Monster

Build Big Foot

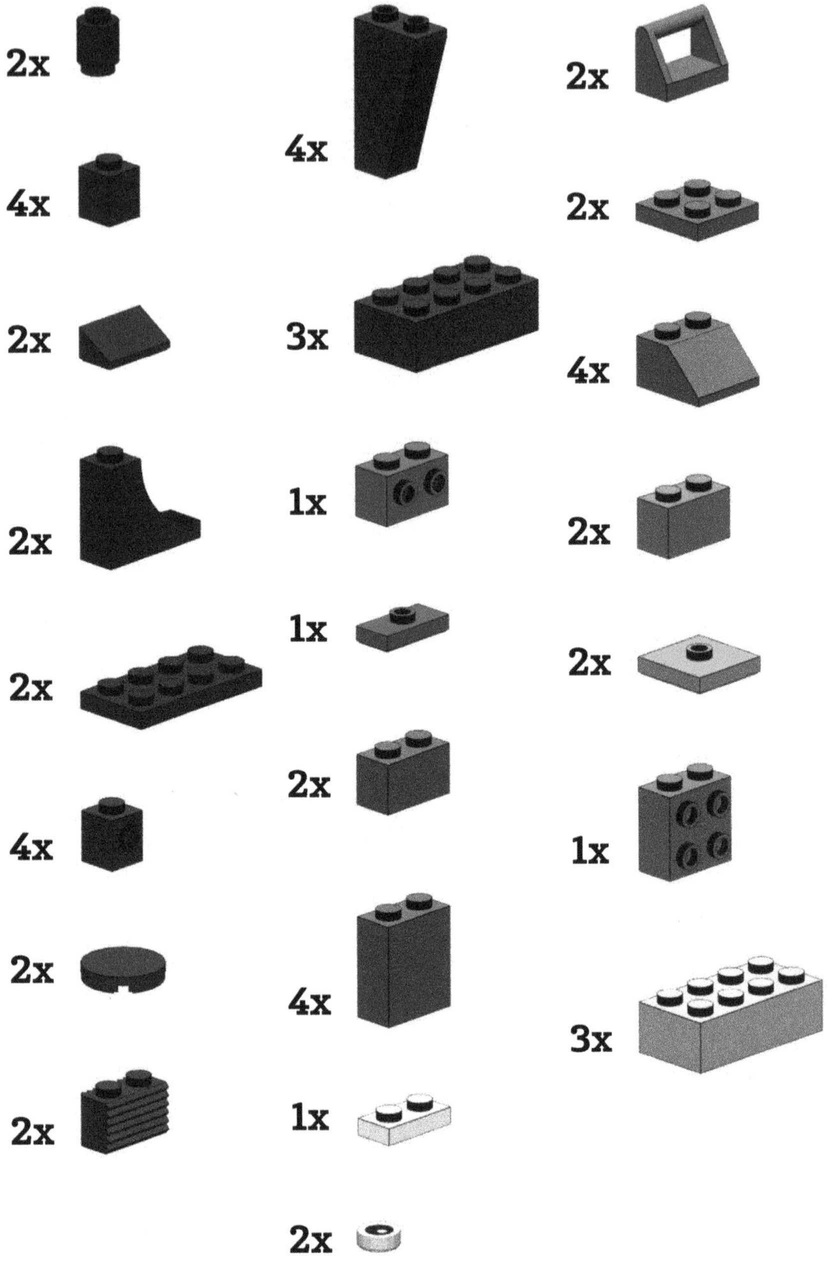

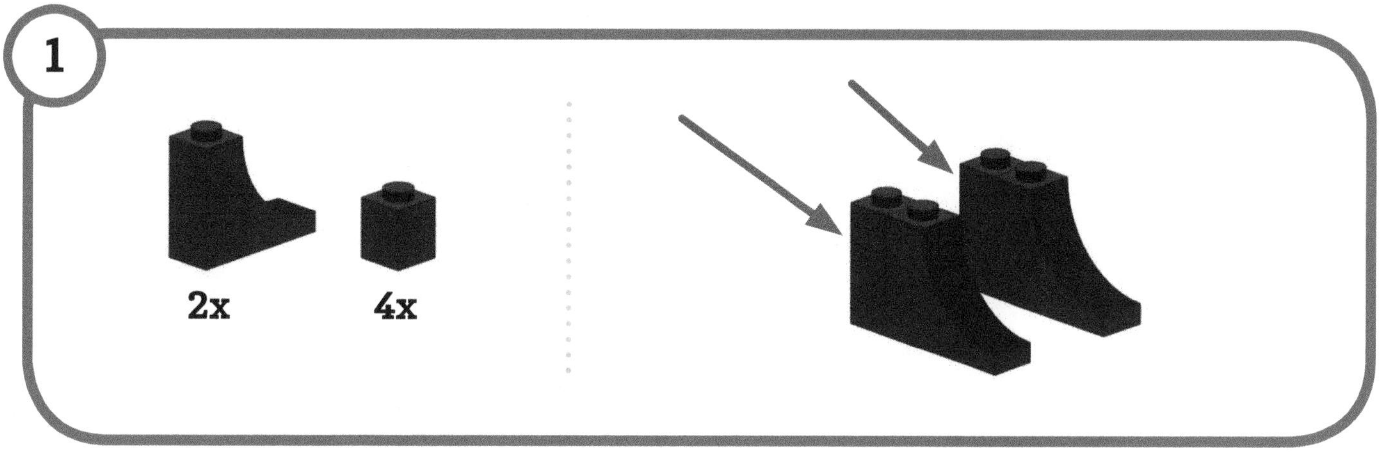
1
2x
4x

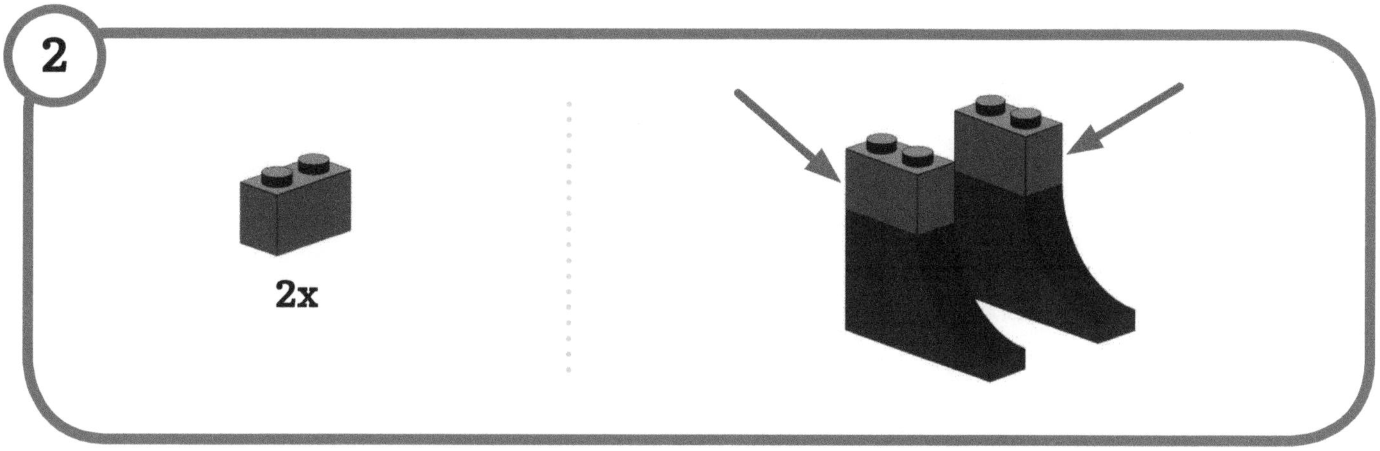
2
2x

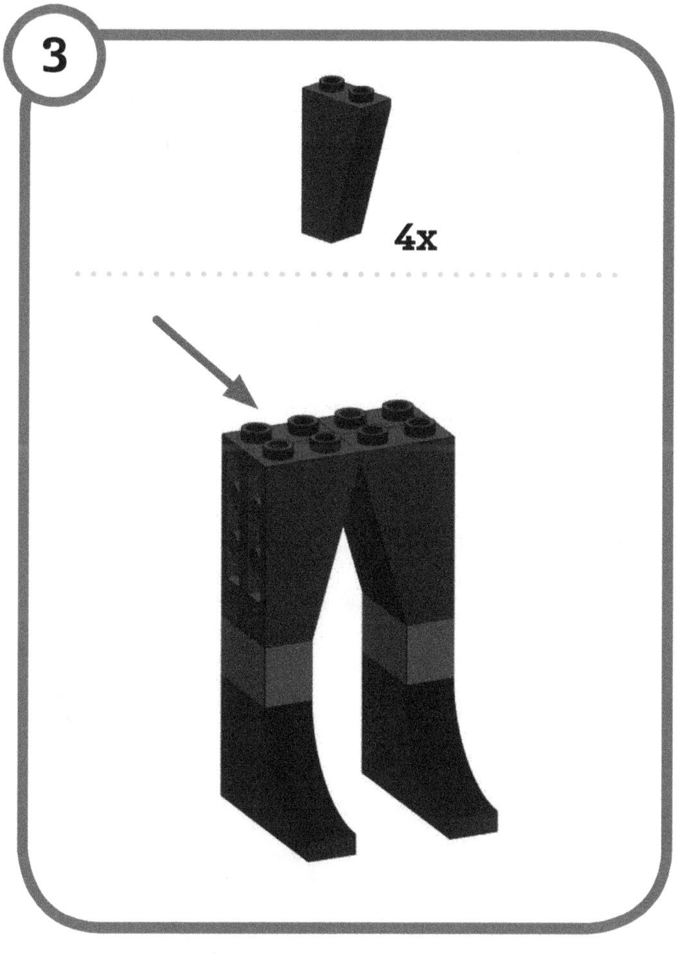
3
4x

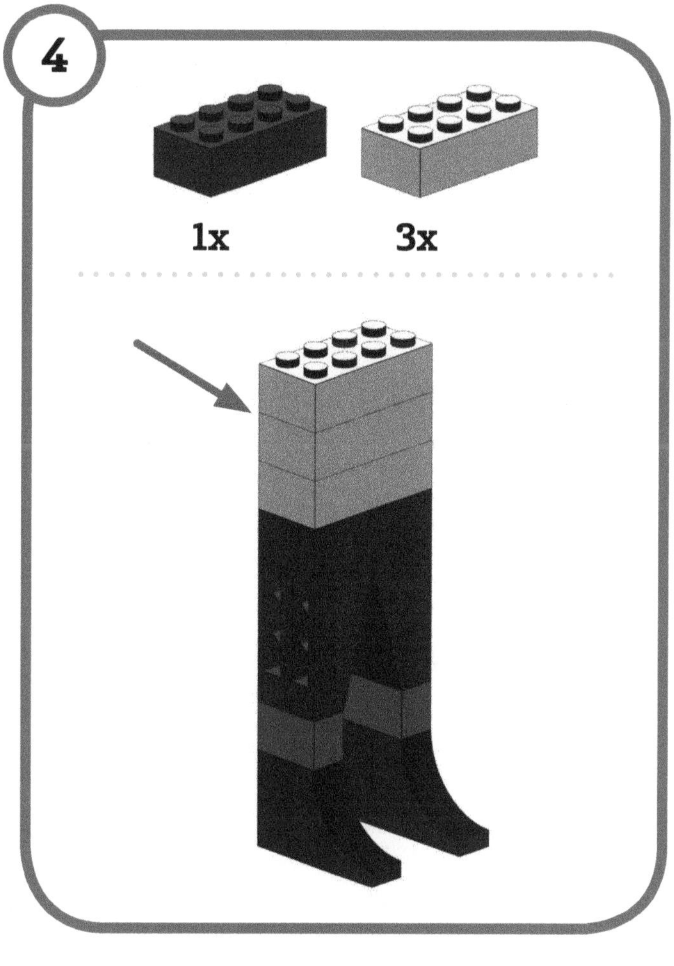
4
1x
3x

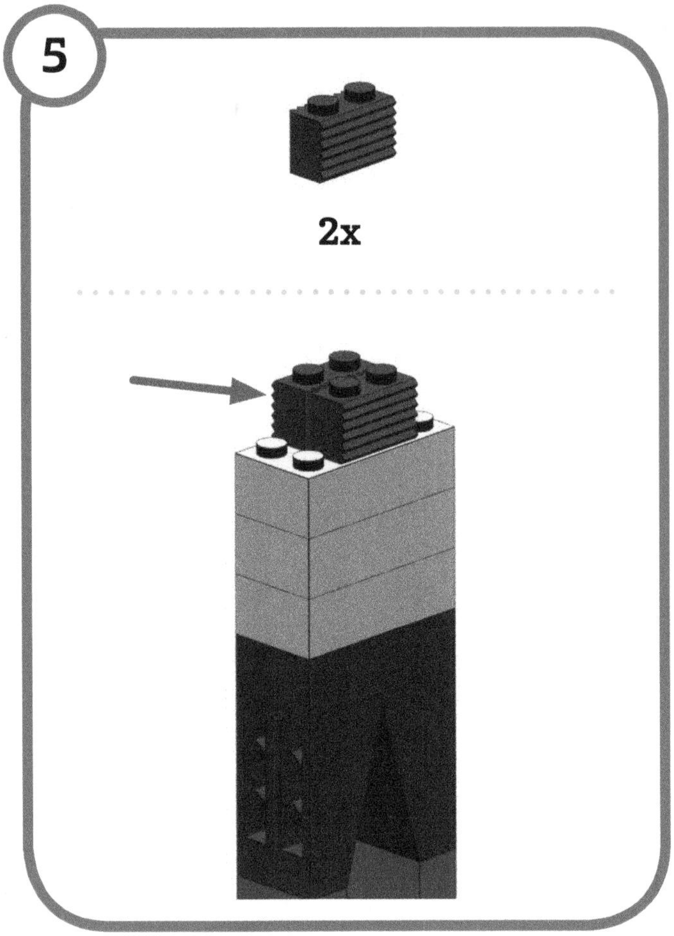
5
2x

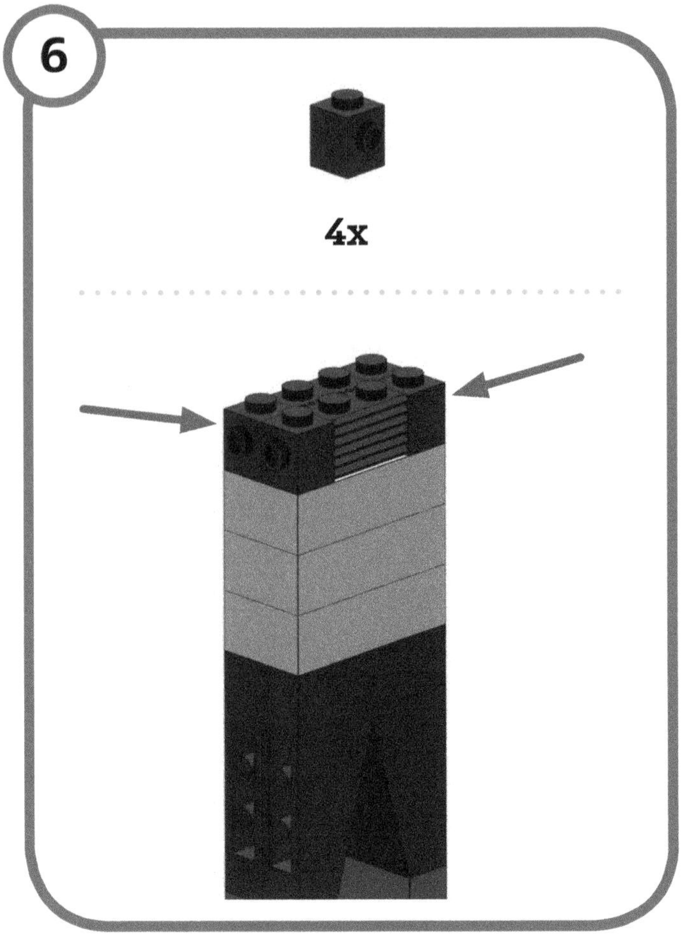
6
4x

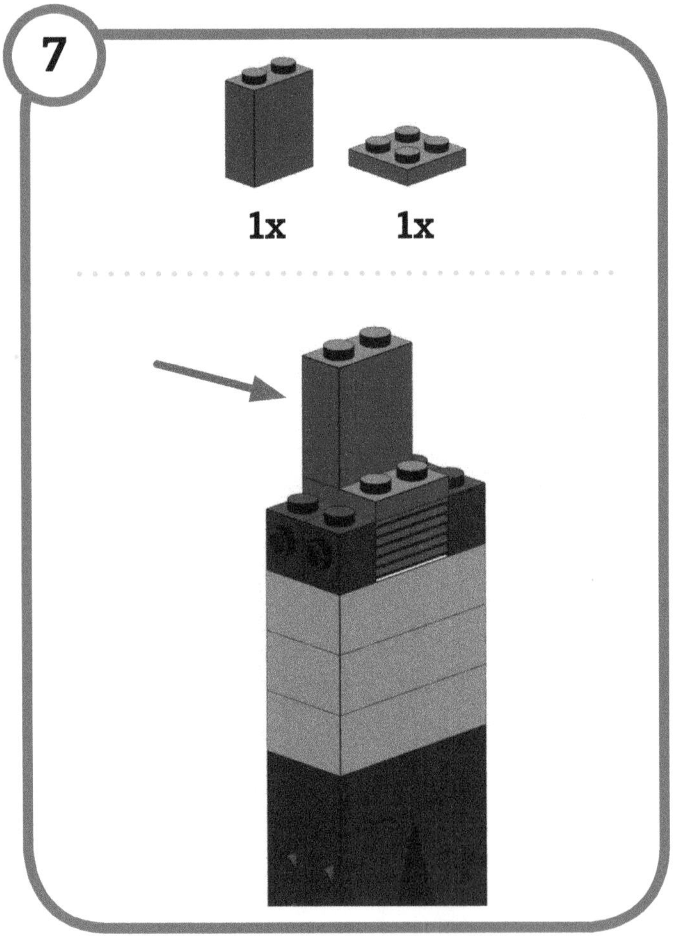
7
1x
1x

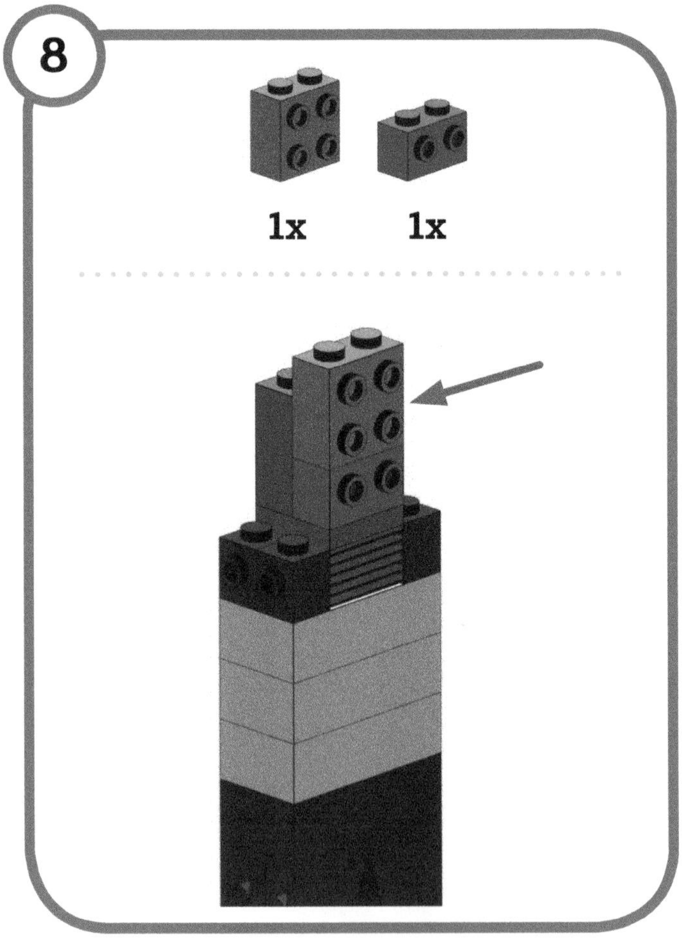
8
1x
1x

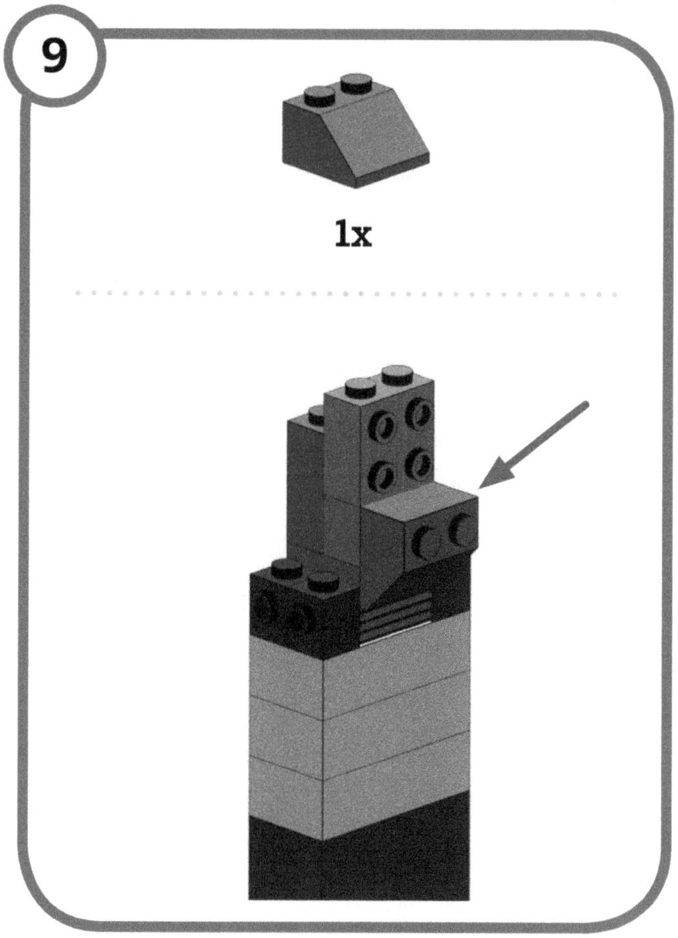
9
1x

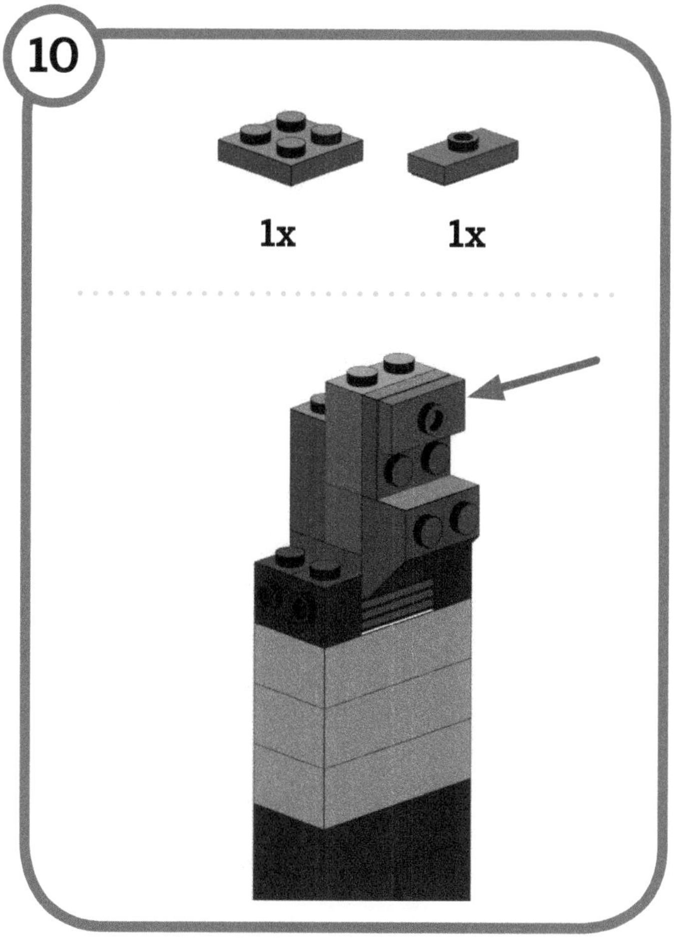
10
1x
1x

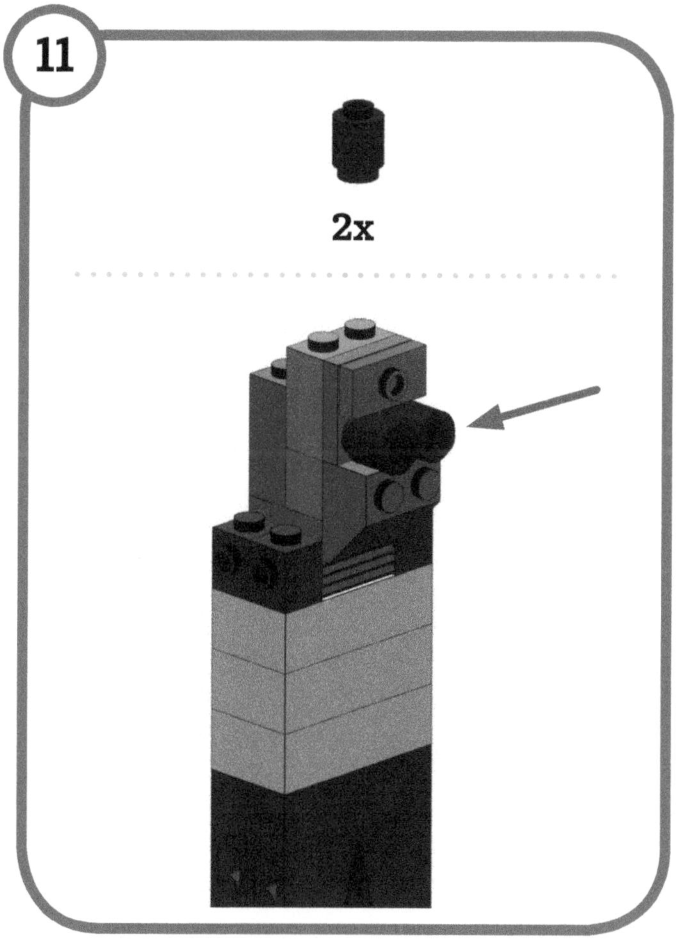
11
2x

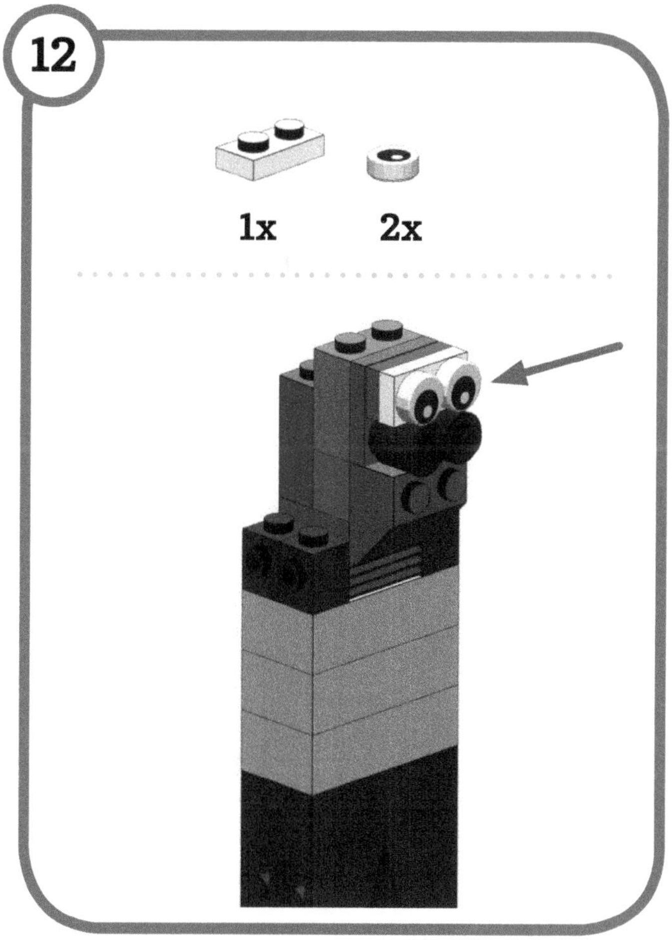
12
1x
2x

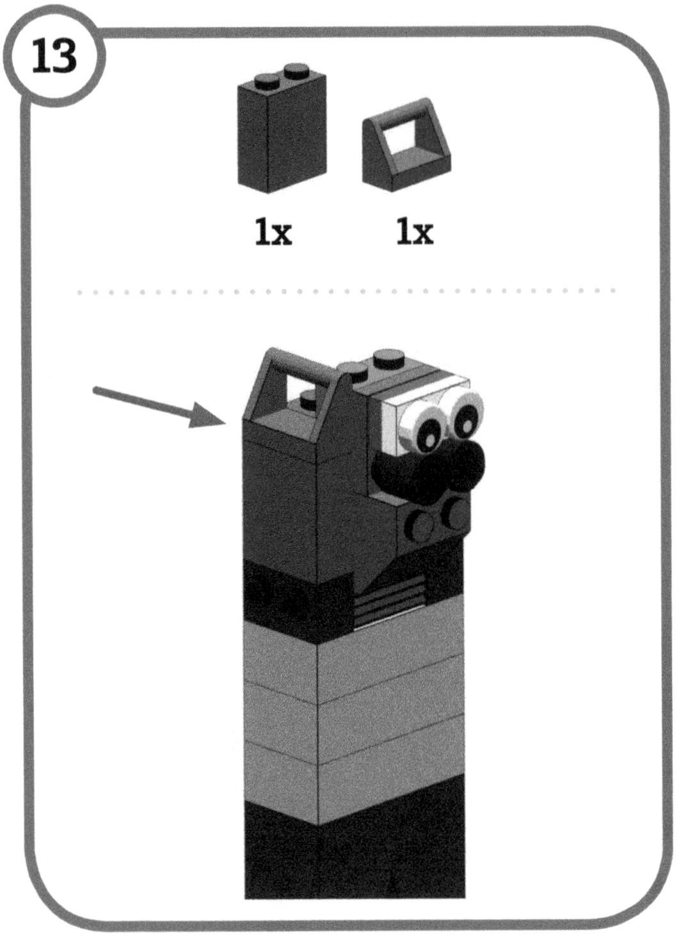
13
1x
1x

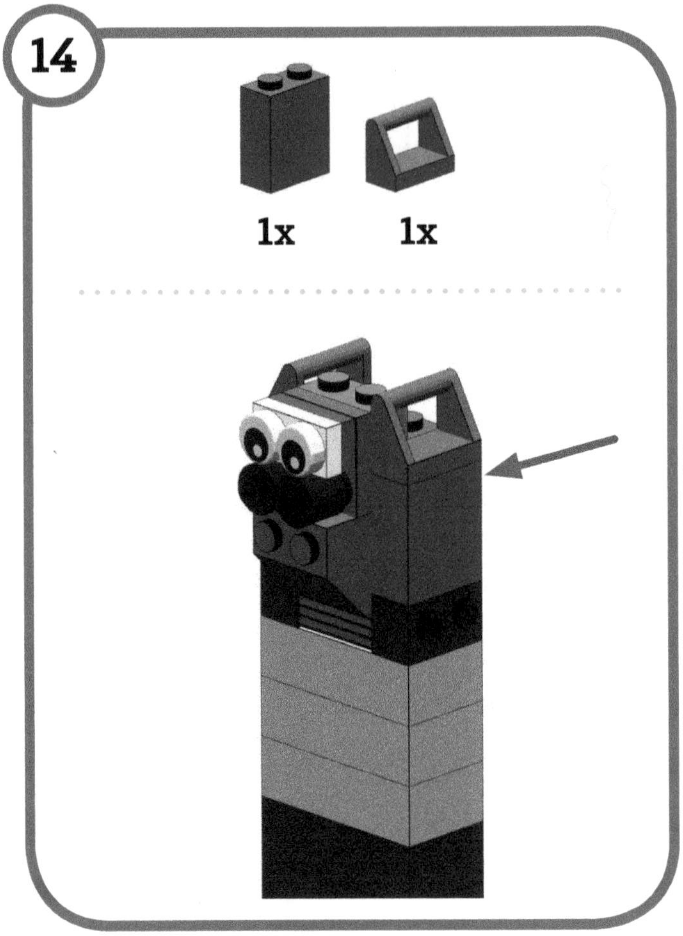
14
1x
1x

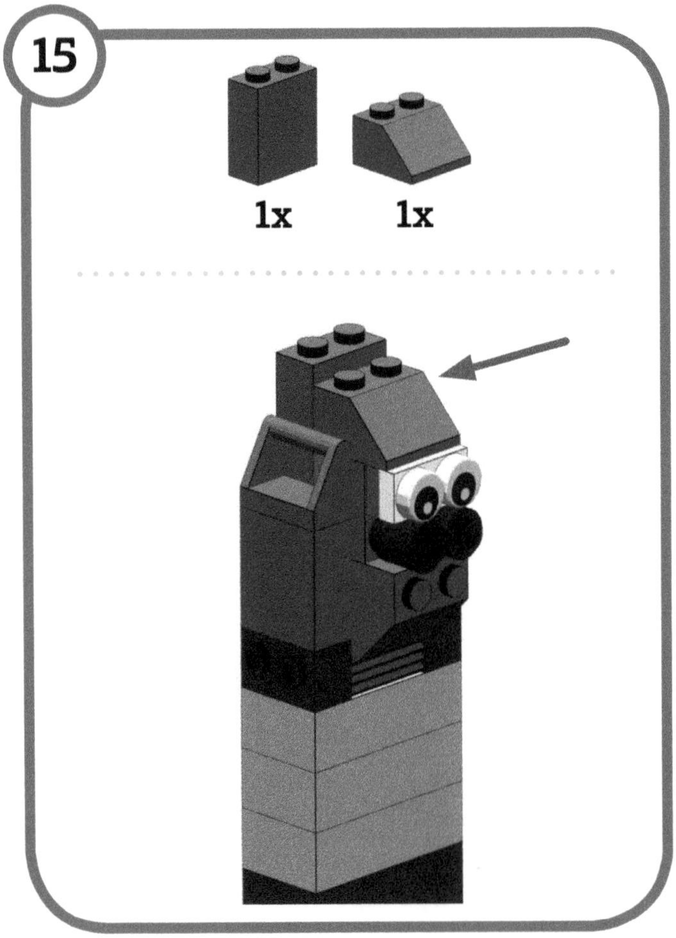
15
1x
1x

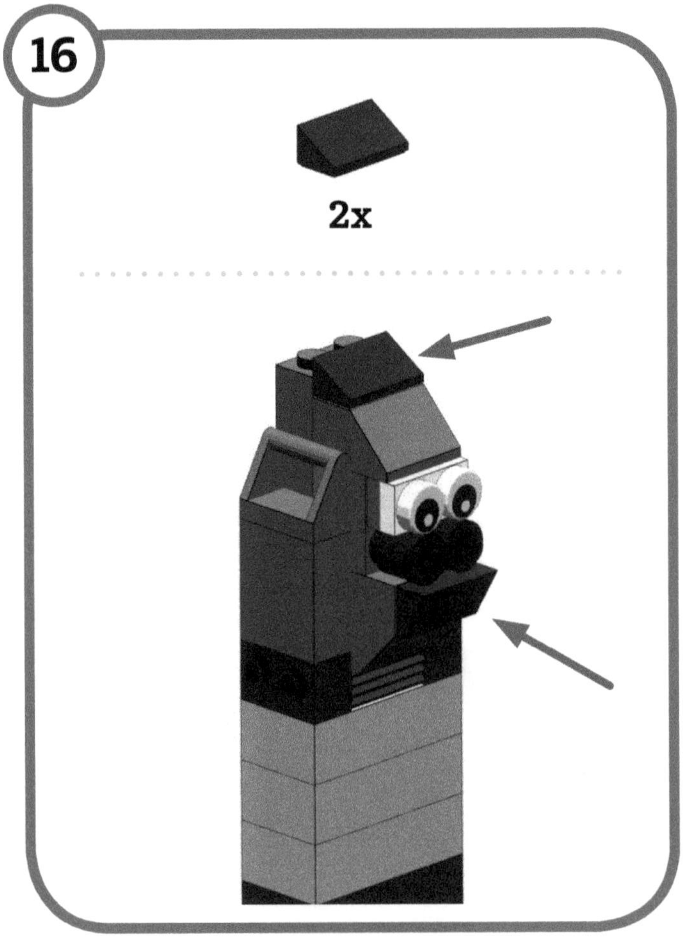
16
2x

17

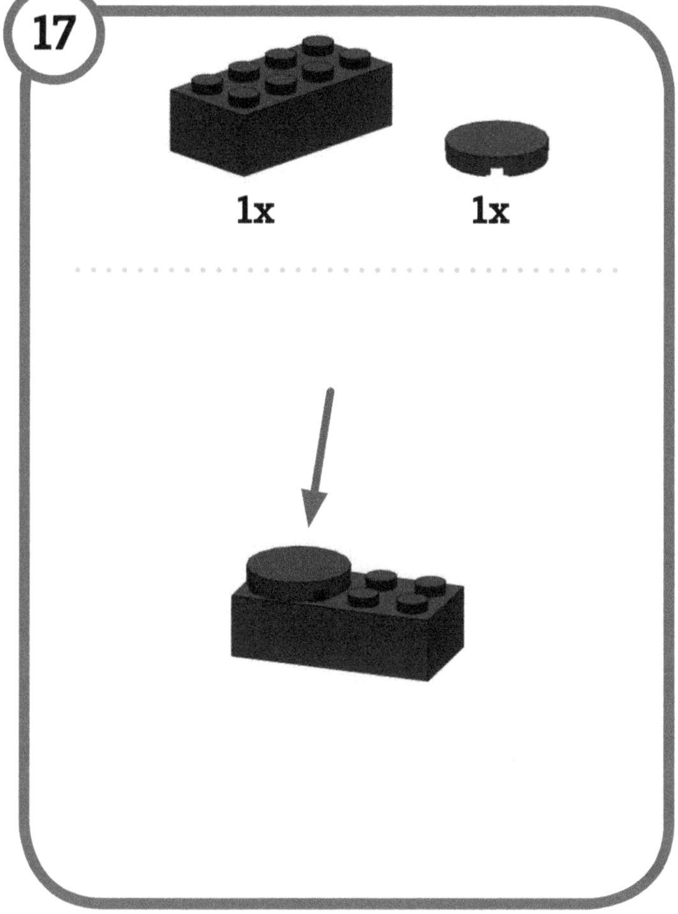

18

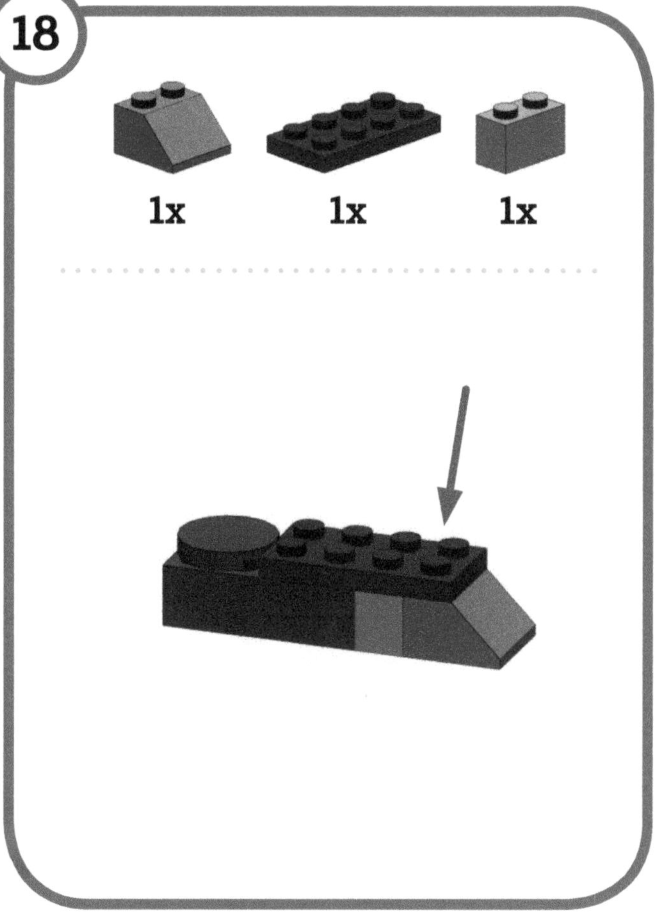

19

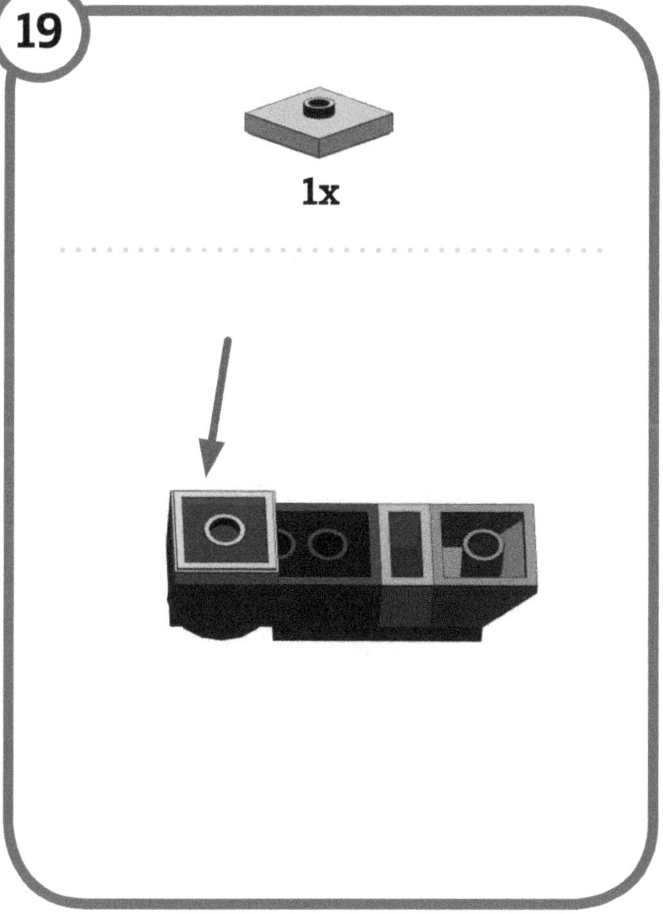

20

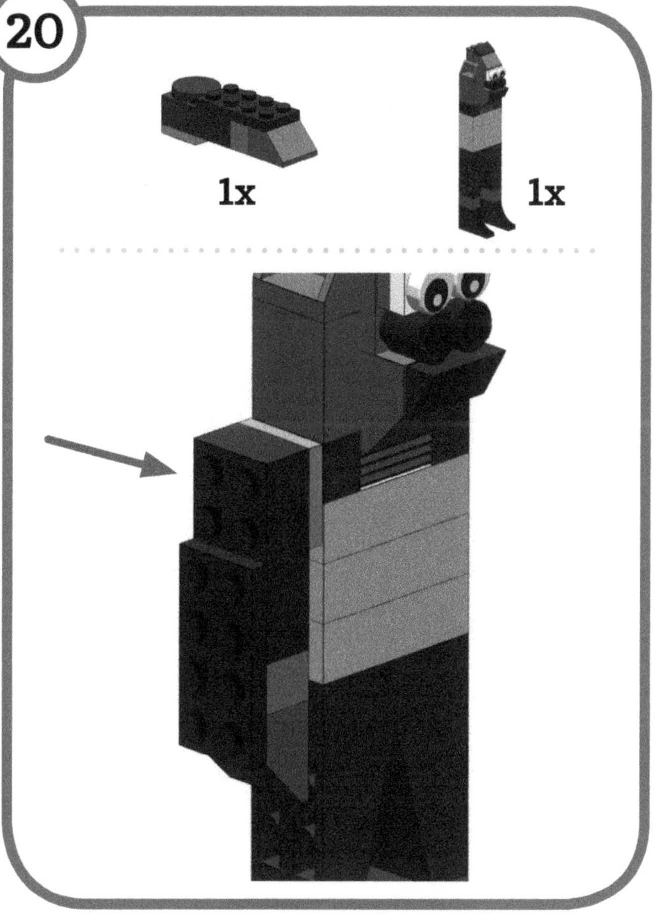

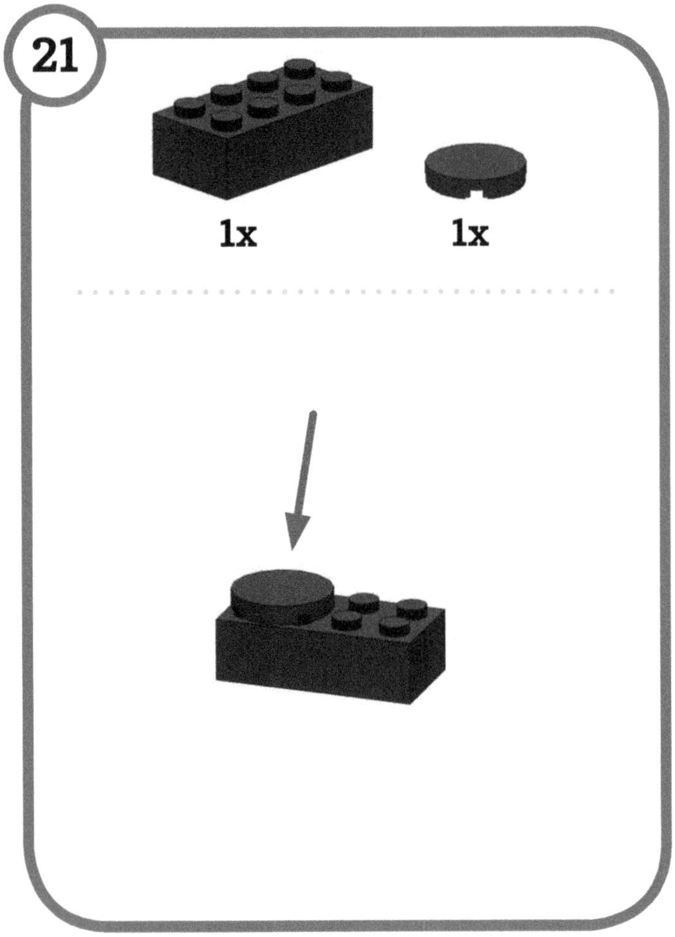
21
1x
1x

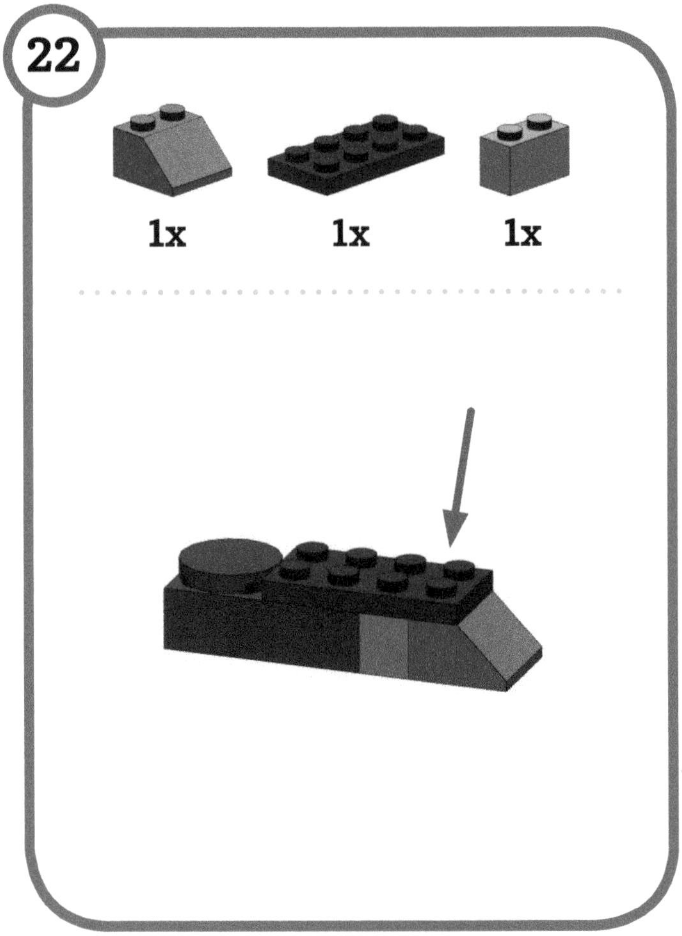
22
1x
1x
1x

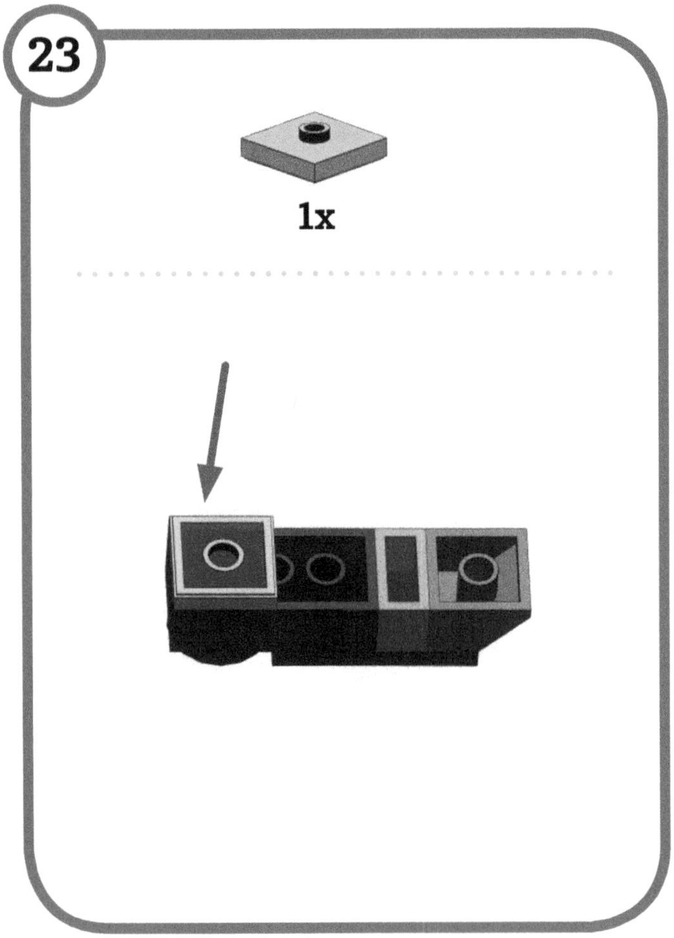
23
1x

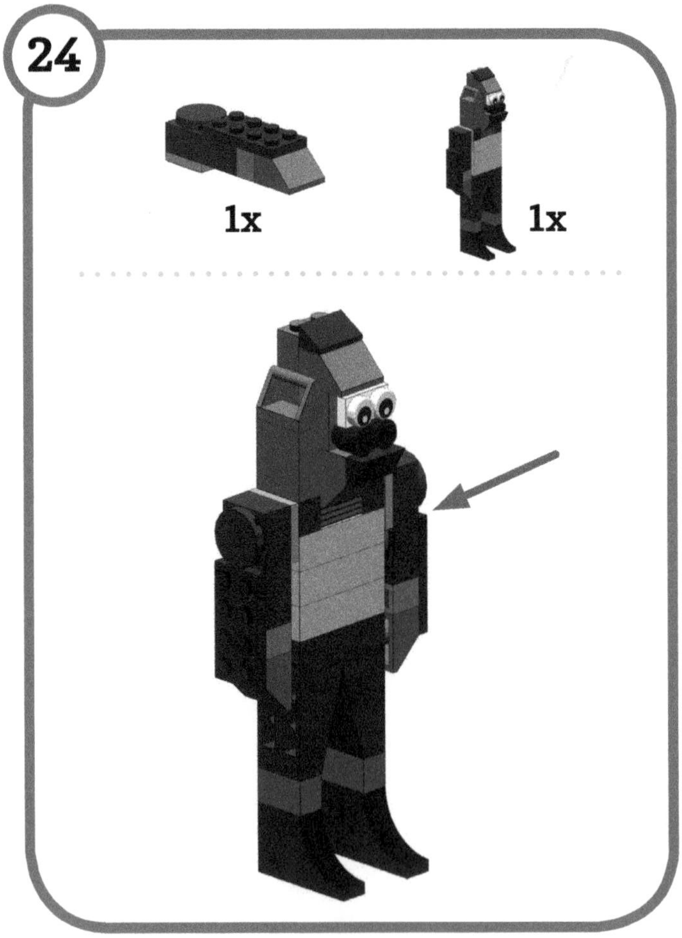
24
1x
1x

Build a Chinese Dragon

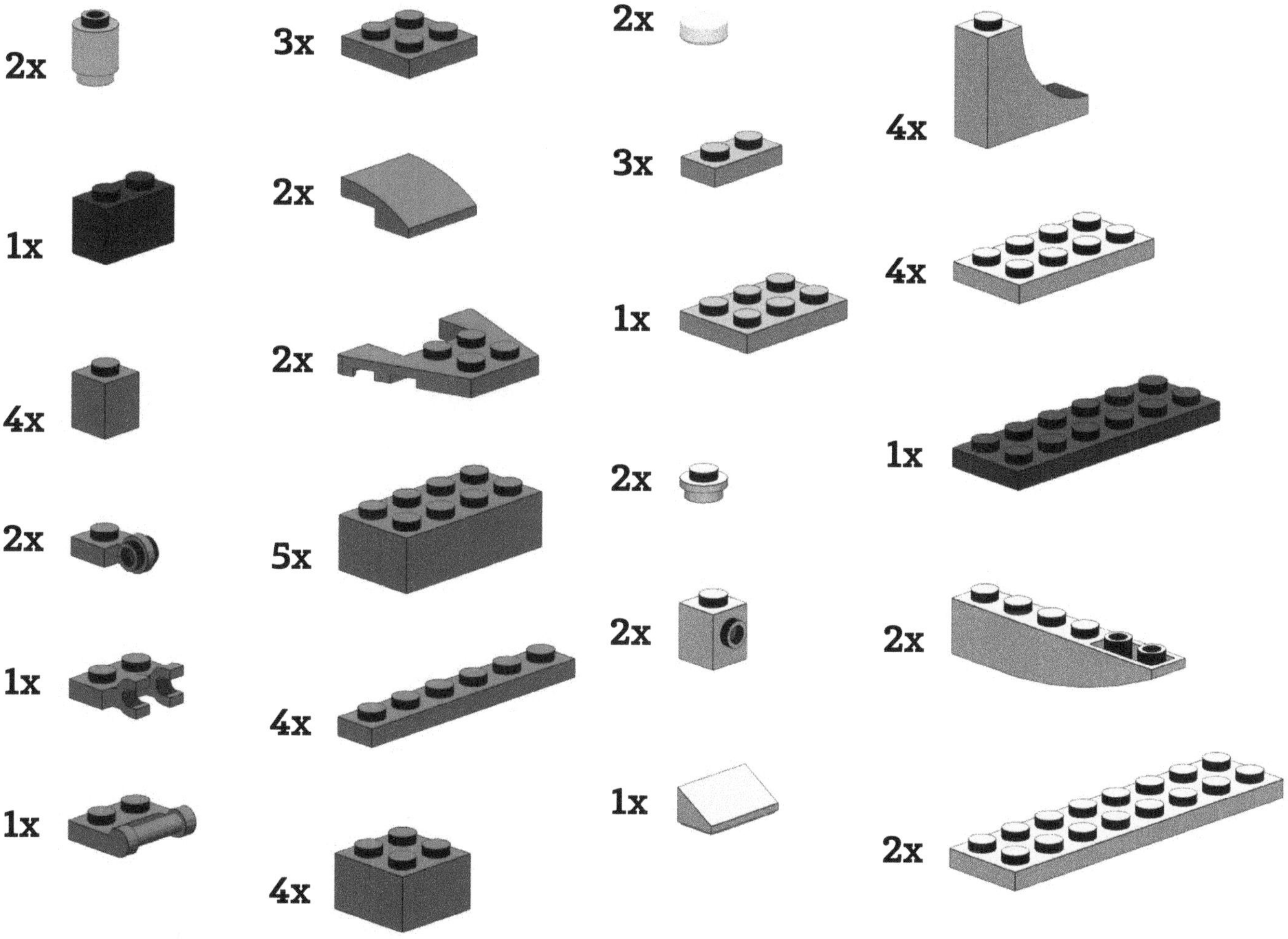

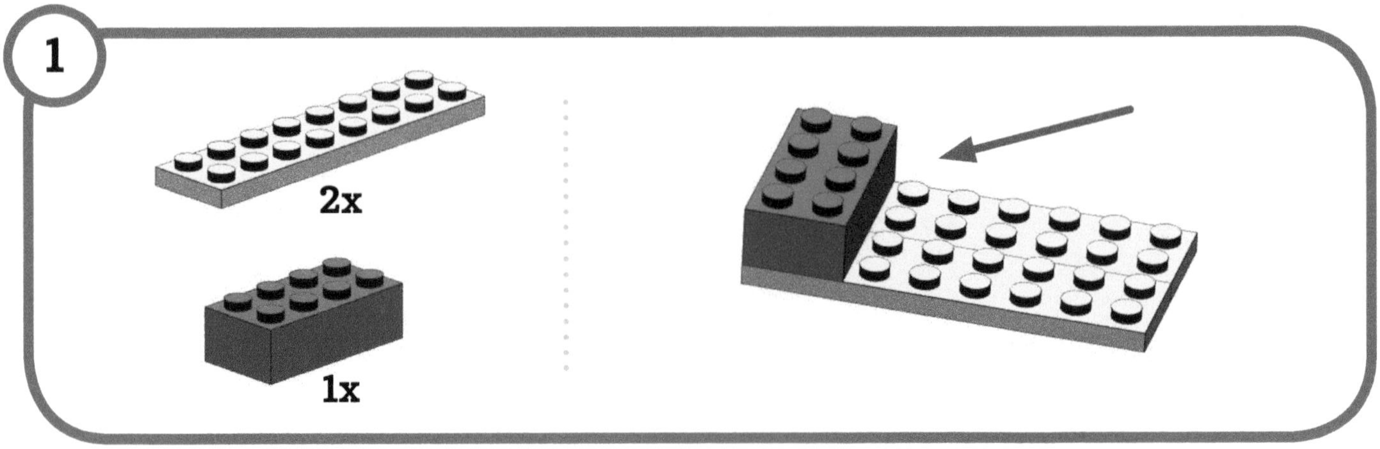
1
2x
1x

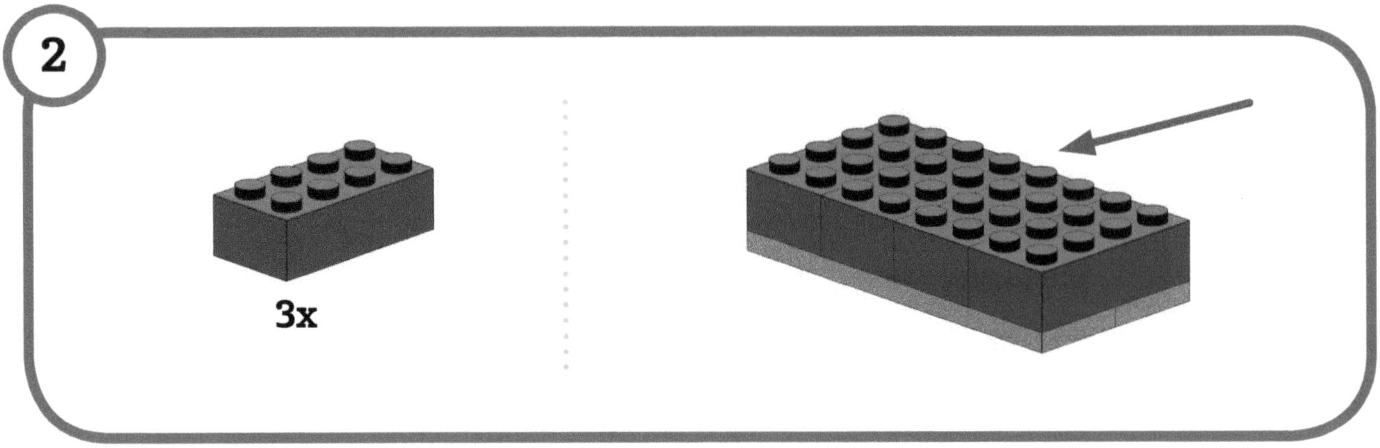
2
3x

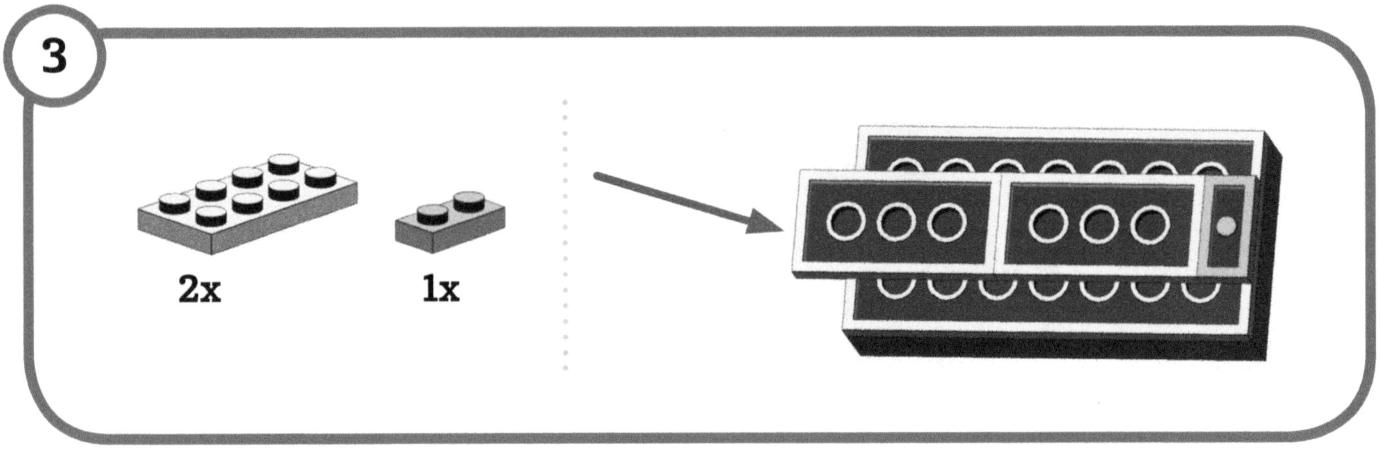
3
2x
1x

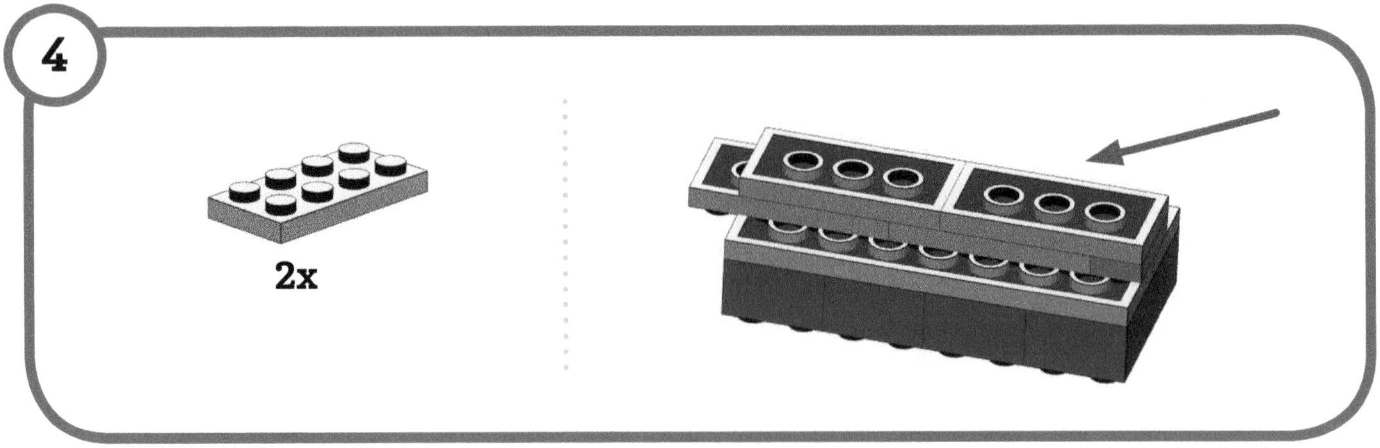
4
2x

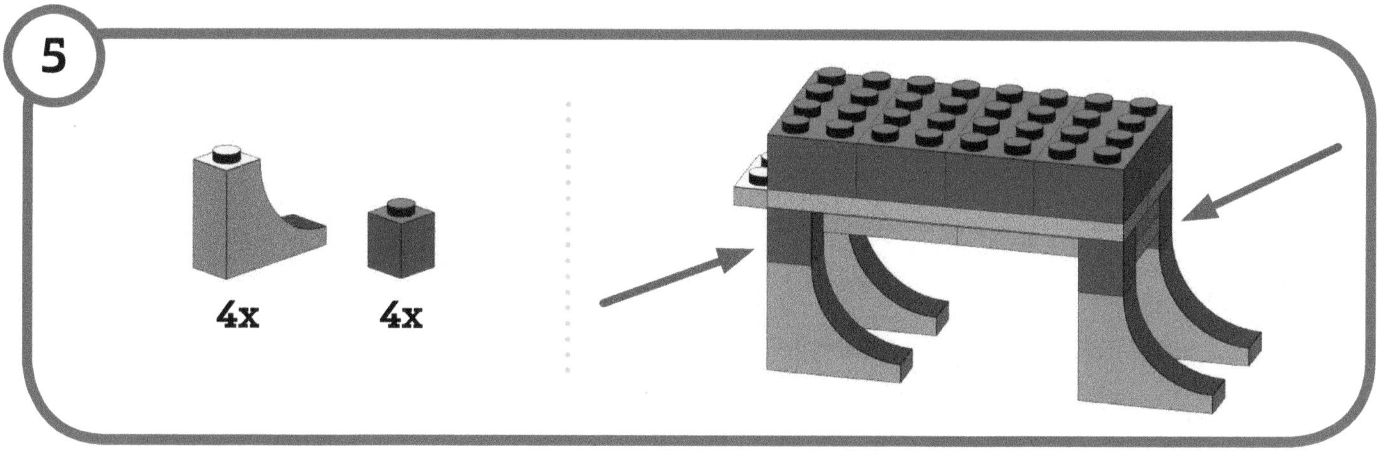
5
4x
4x

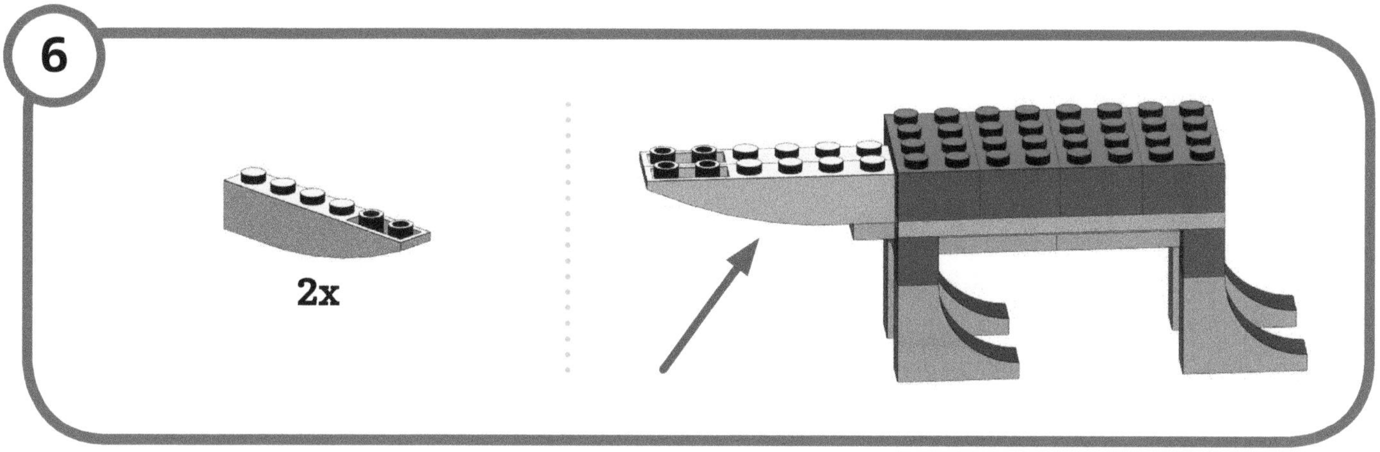
6
2x

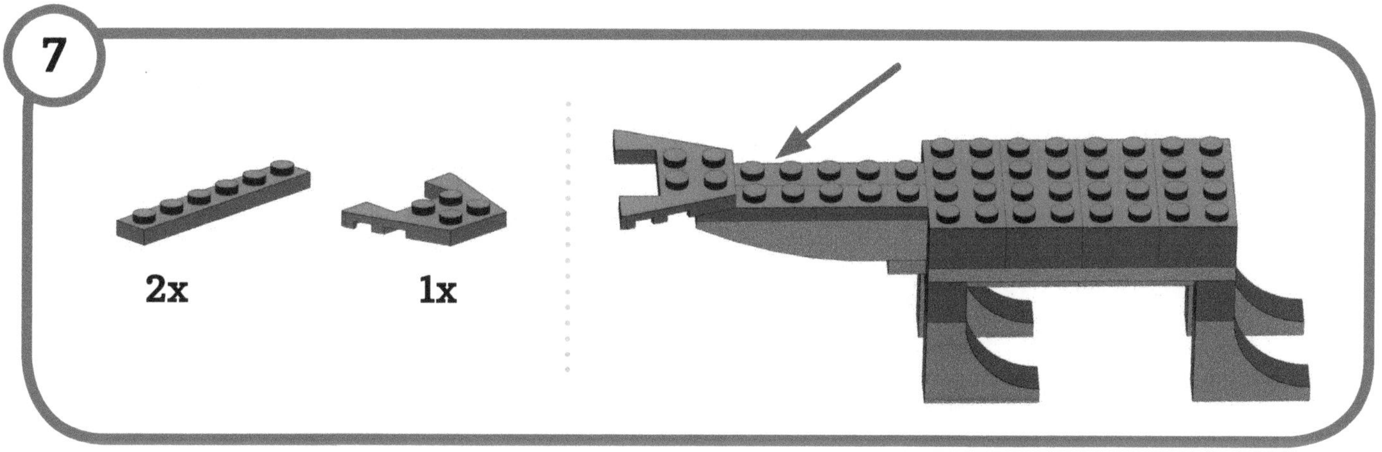
7
2x
1x

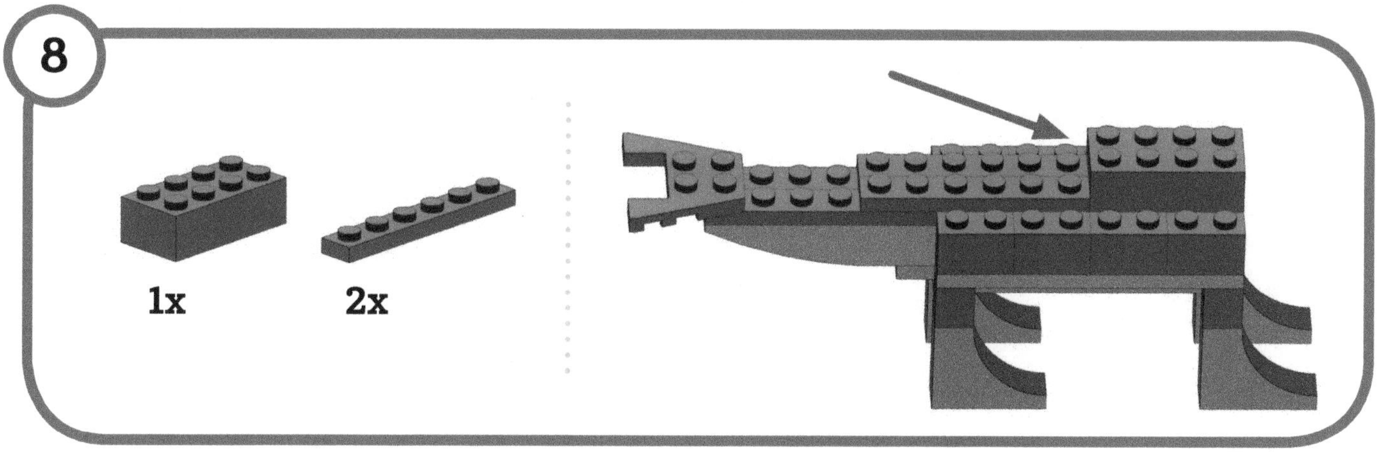
8
1x
2x

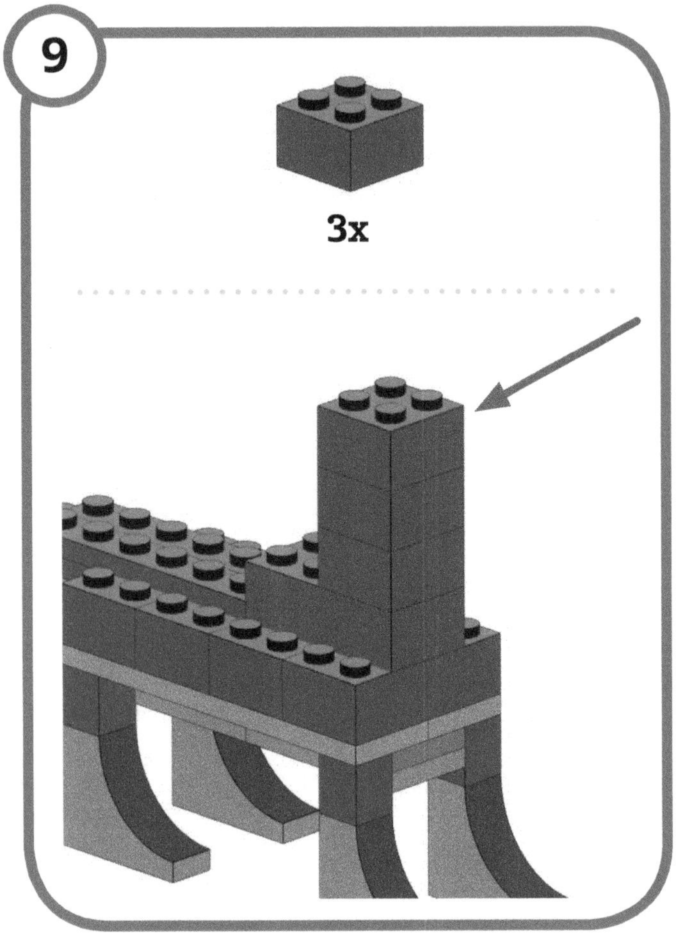
9
3x

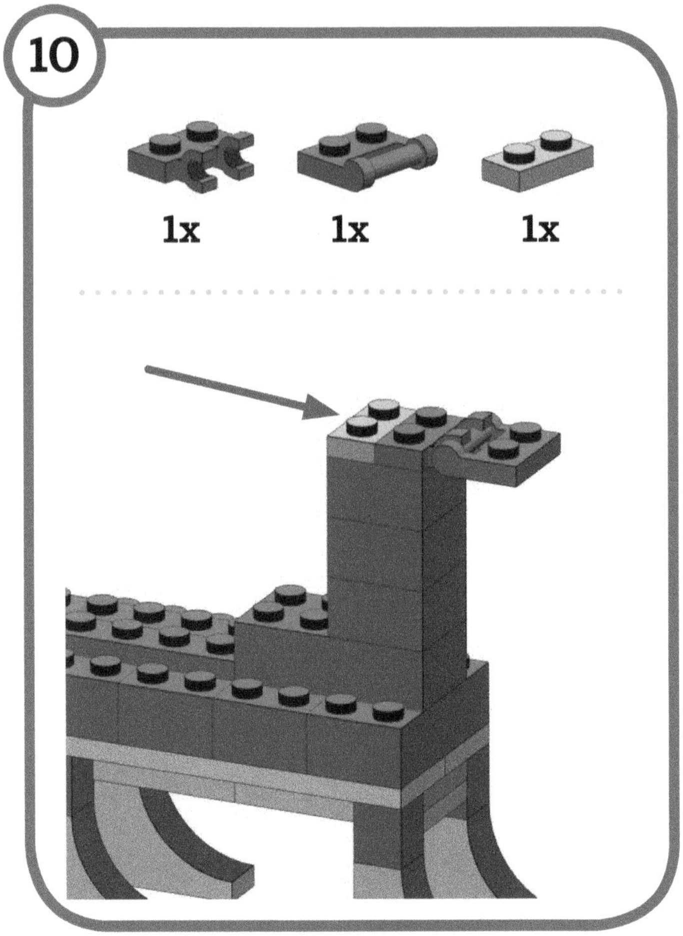
10
1x
1x
1x

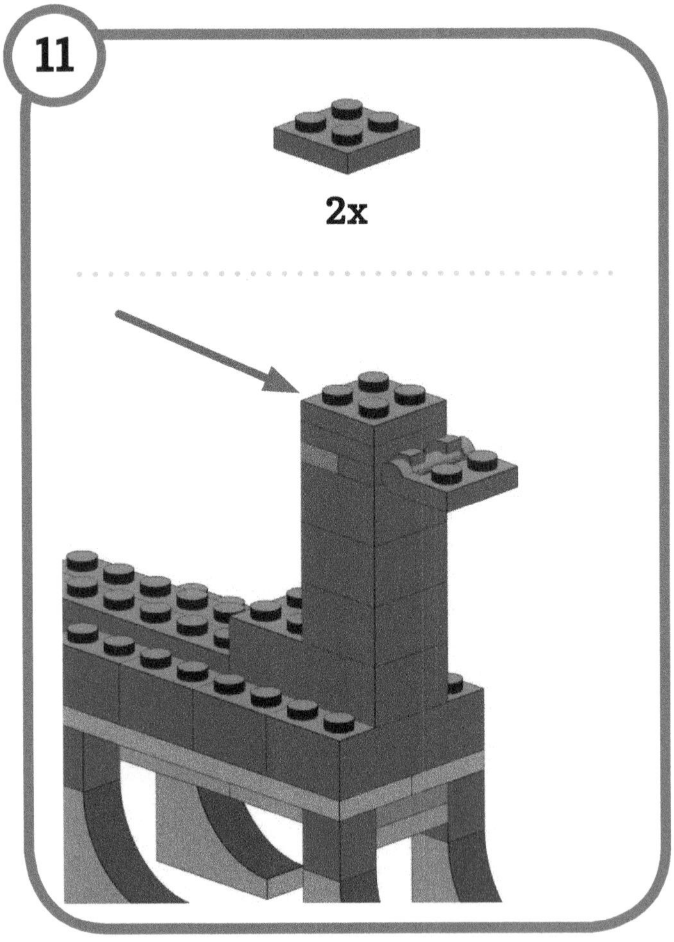
11
2x

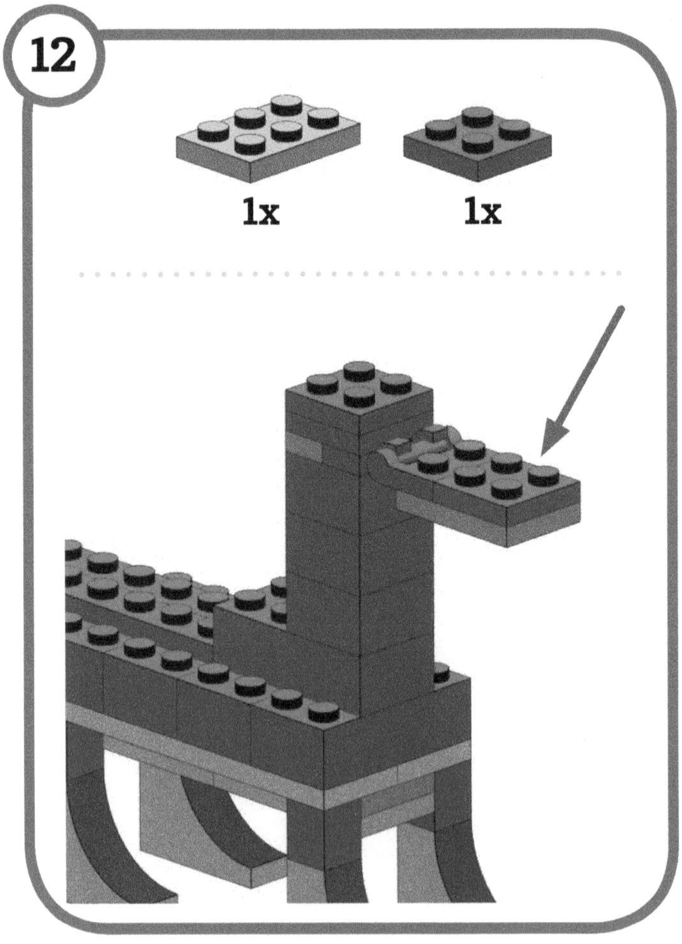
12
1x
1x

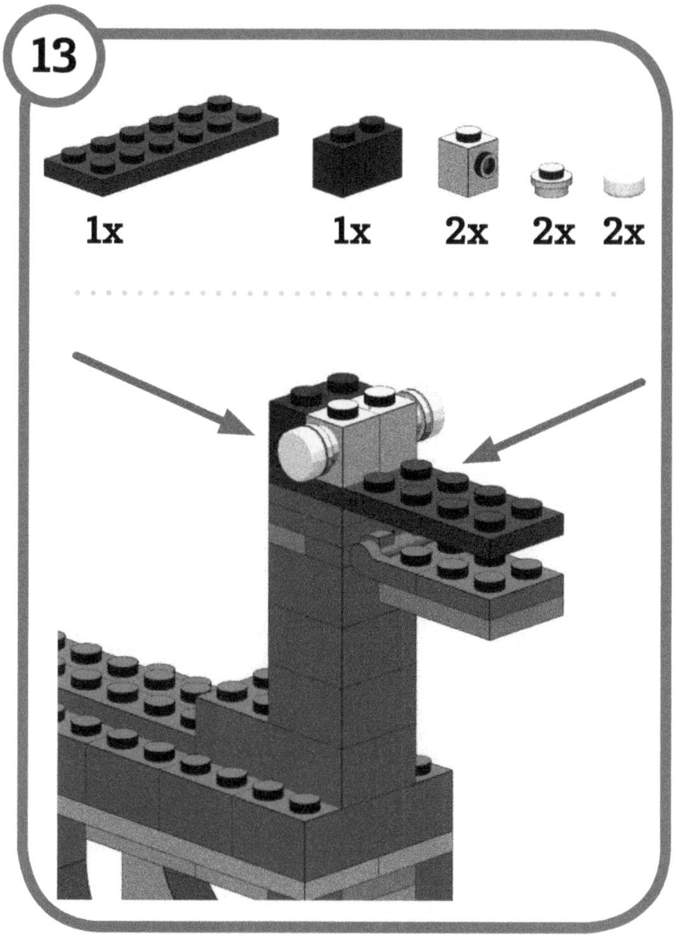
13
1x
1x
2x
2x
2x

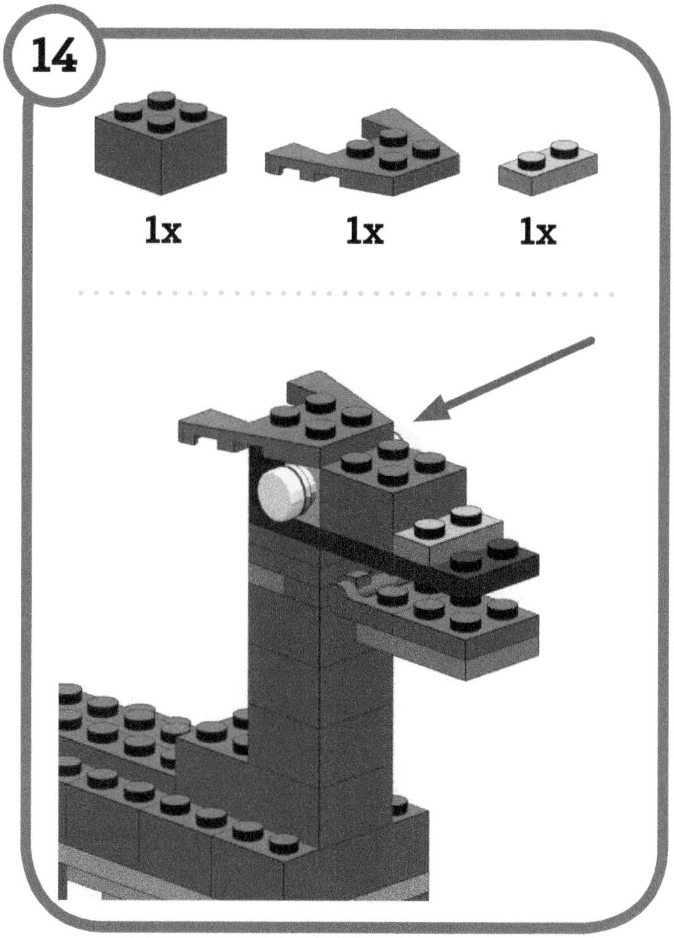
14
1x
1x
1x

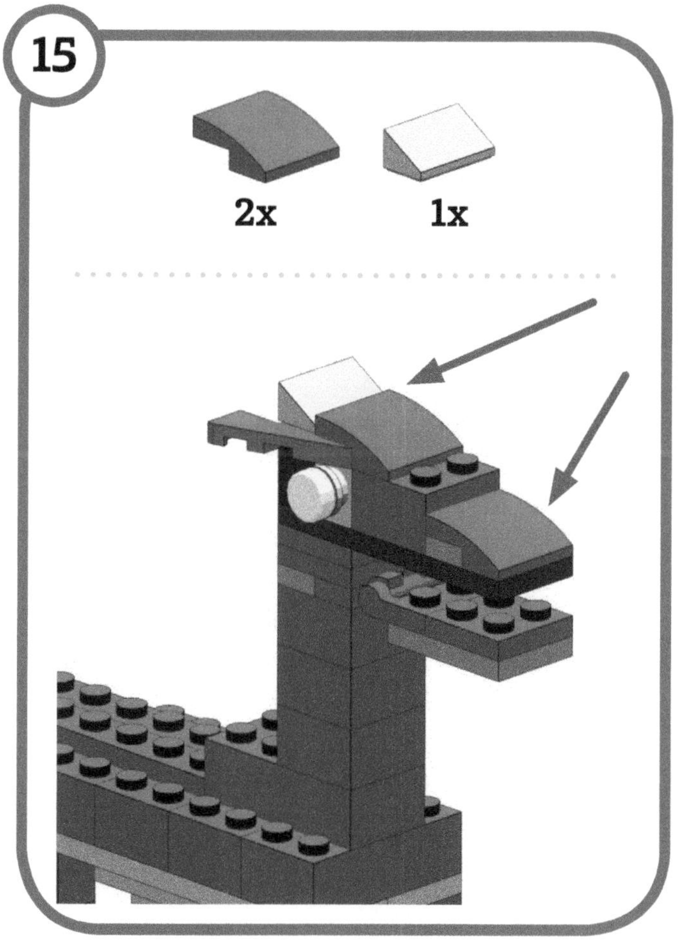
15
2x
1x

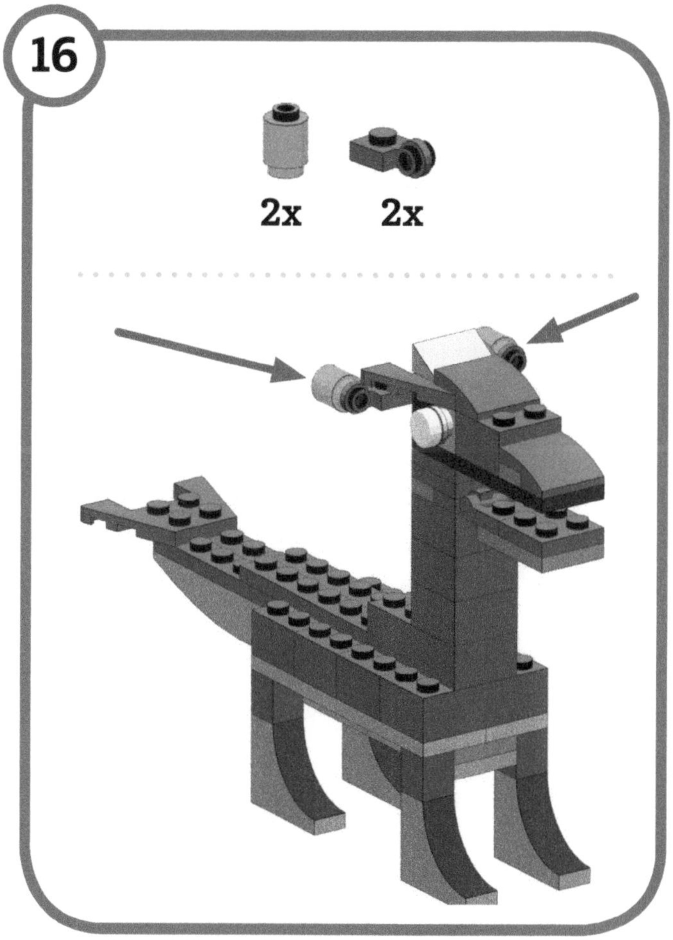
16
2x
2x

Build the Yeti

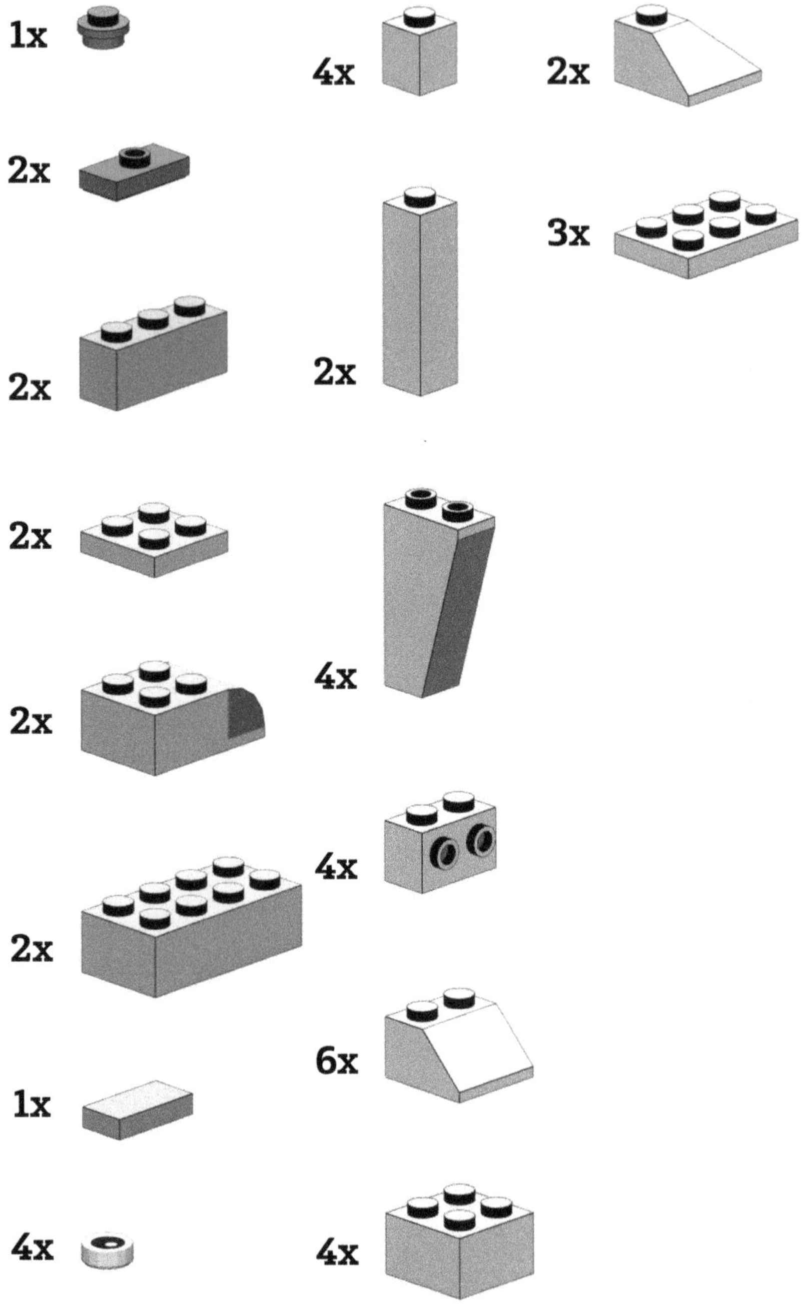

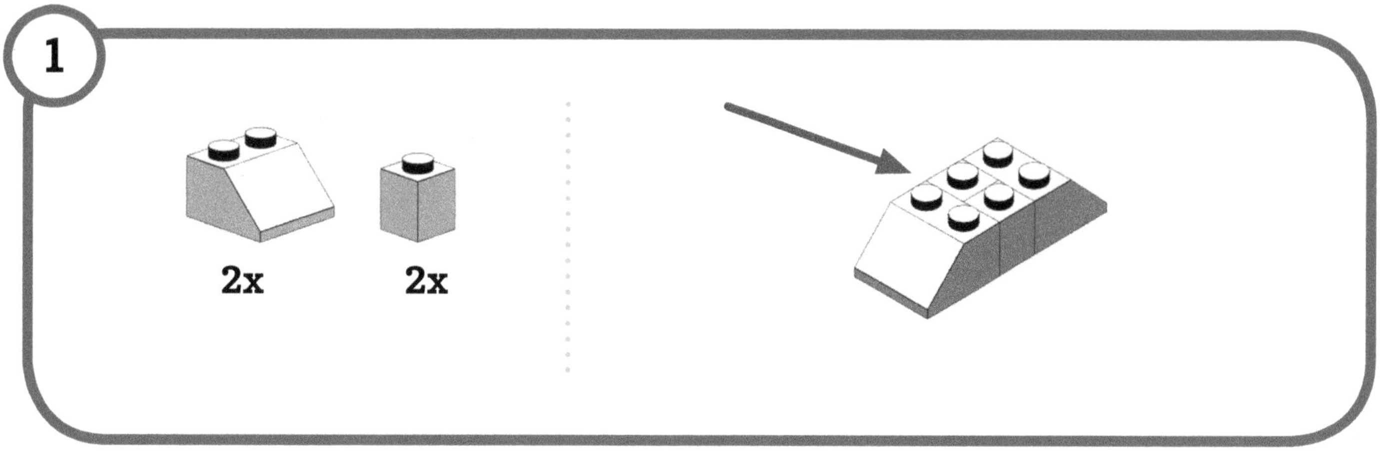
1
2x
2x

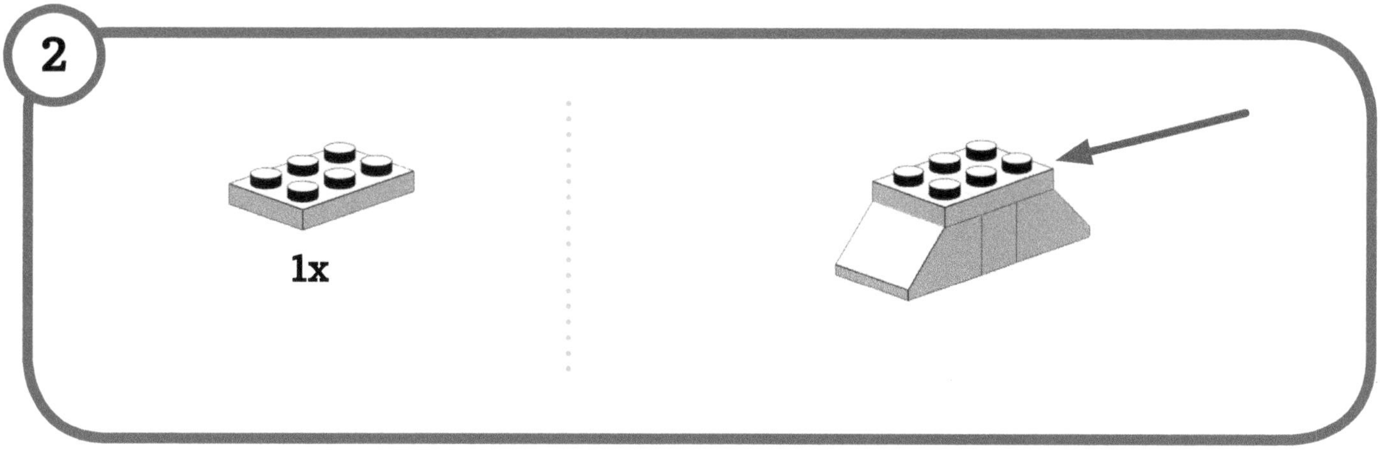
2
1x

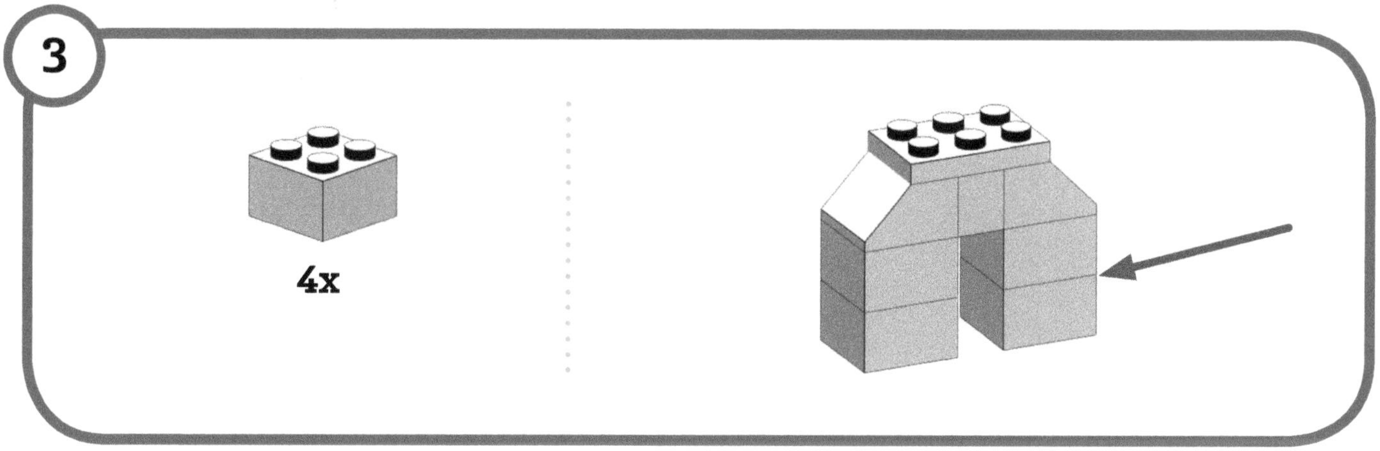
3
4x

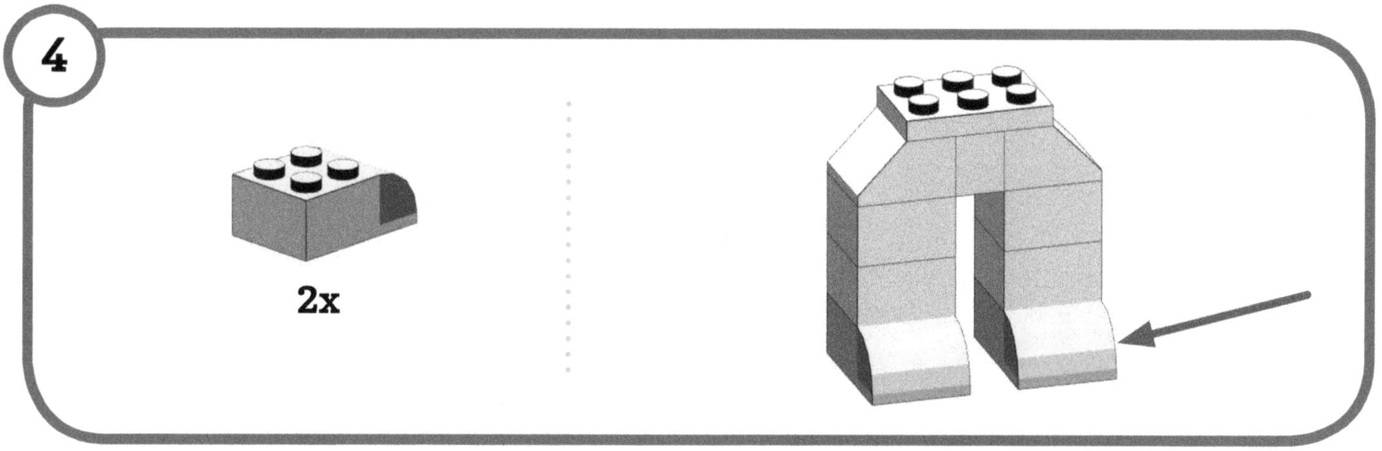
4
2x

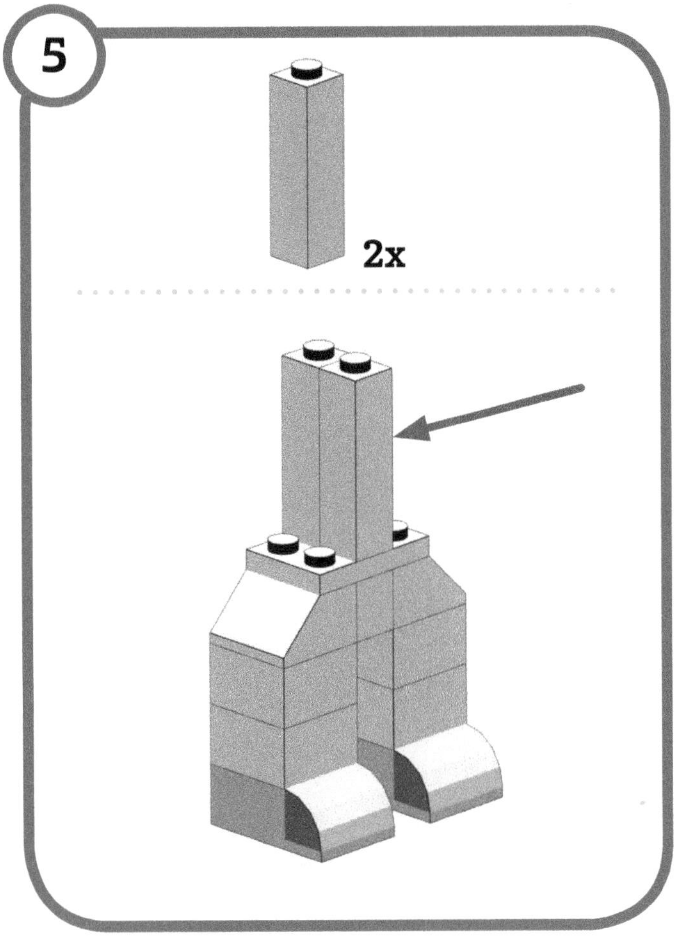
5
2x

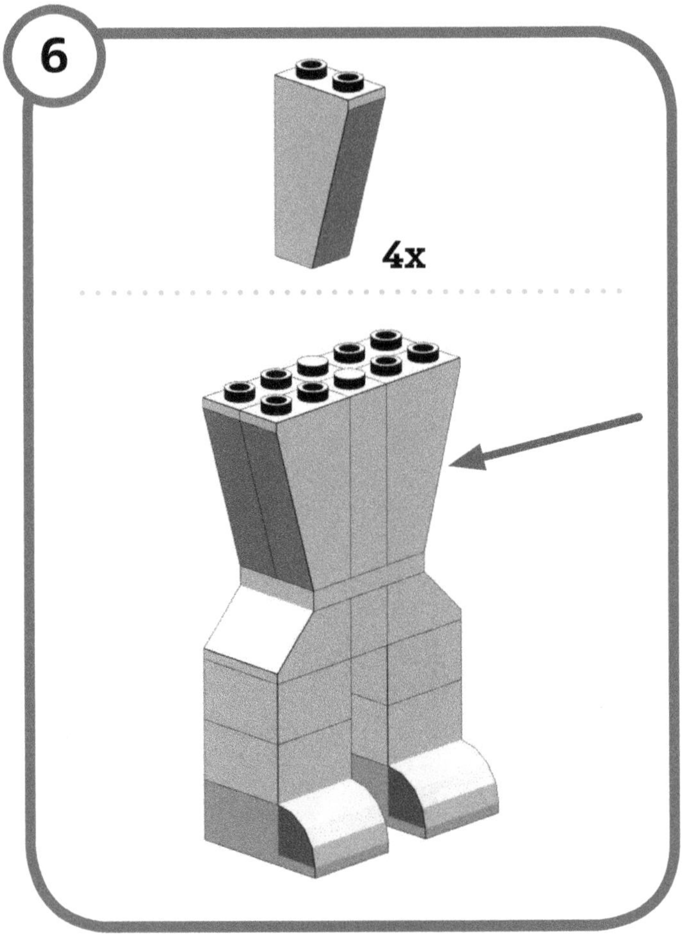
6
4x

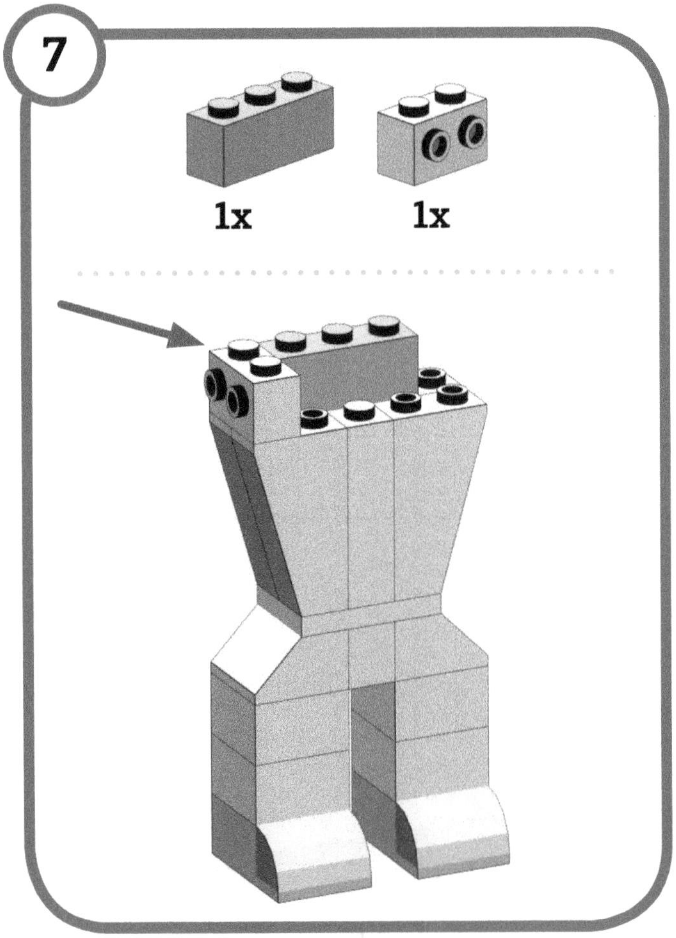
7
1x
1x

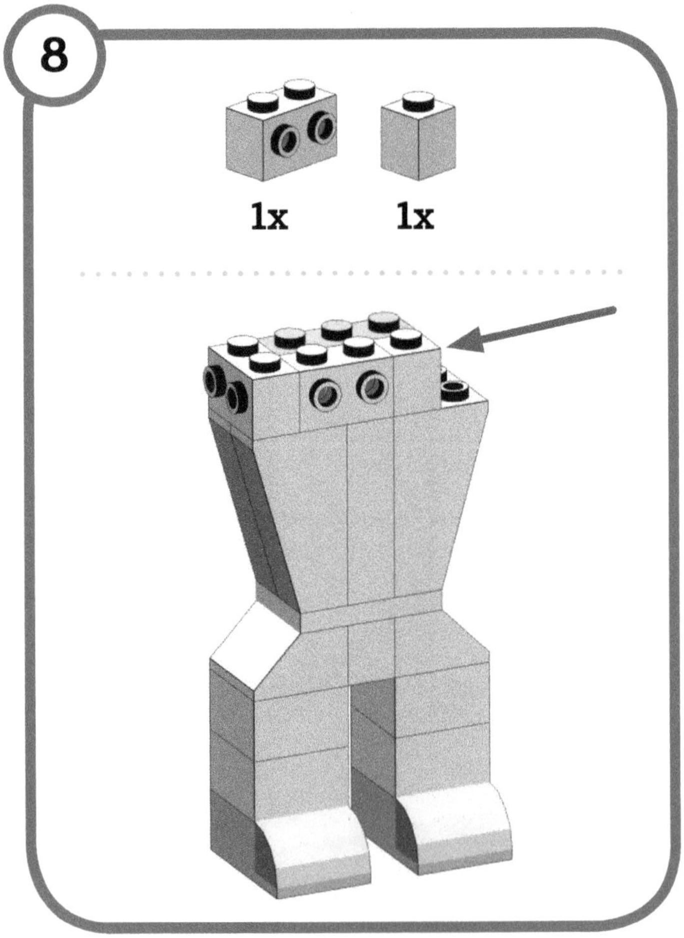
8
1x
1x

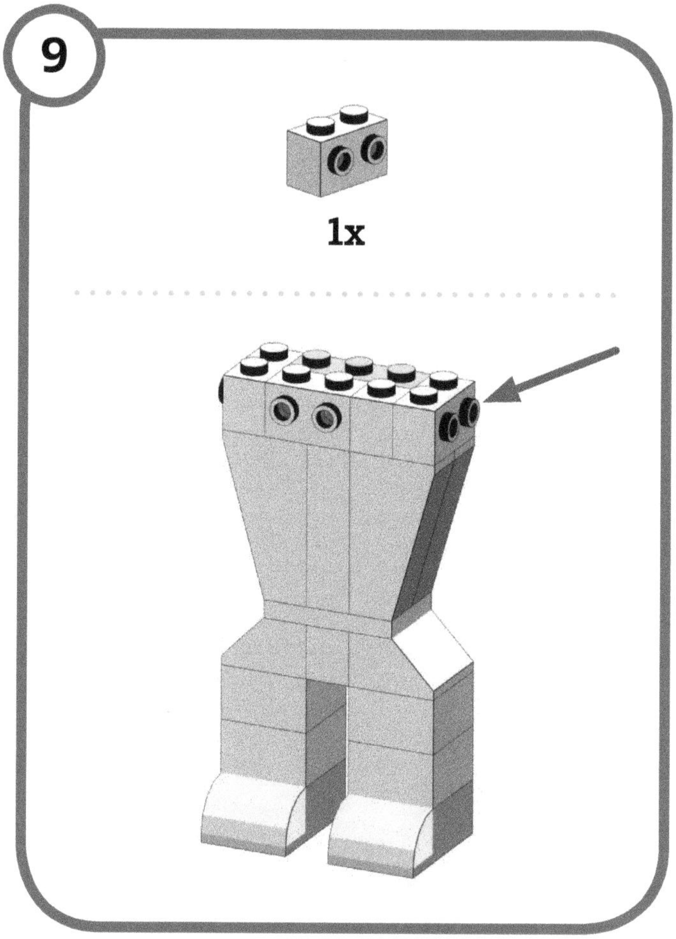
9
1x

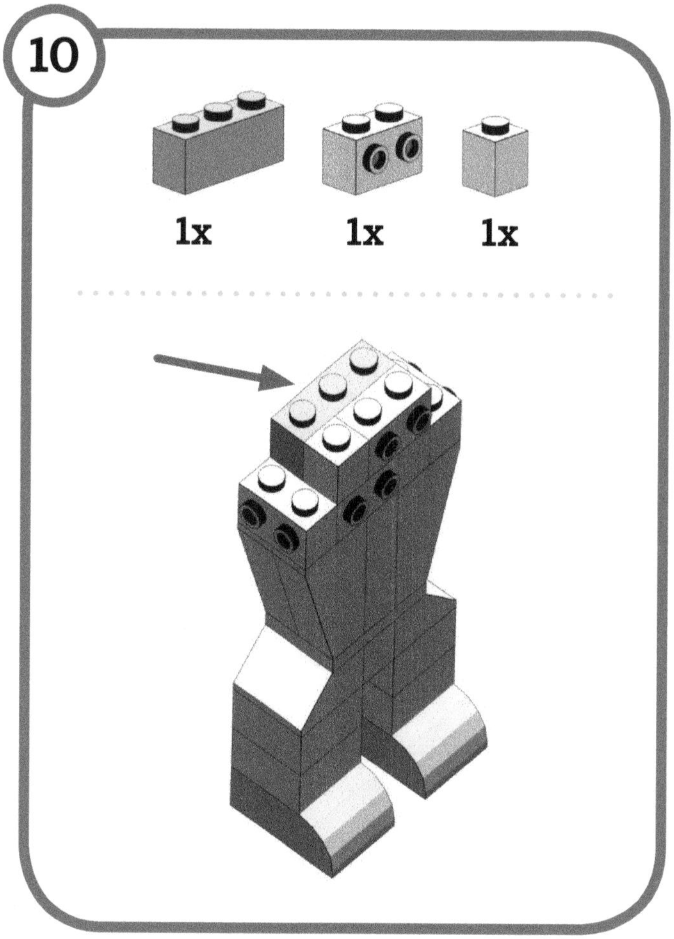
10
1x
1x
1x

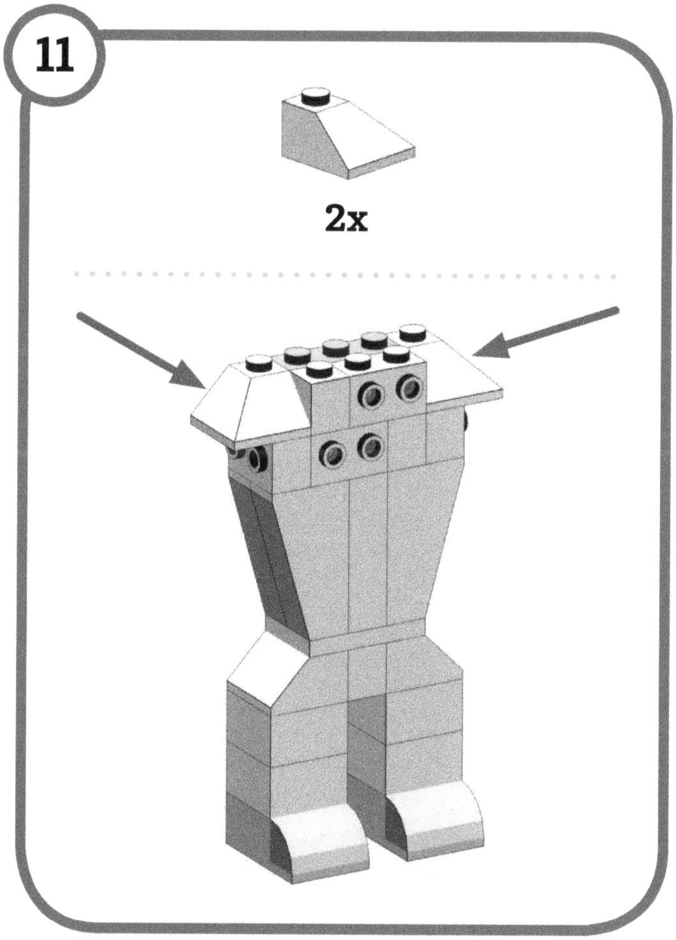
11
2x

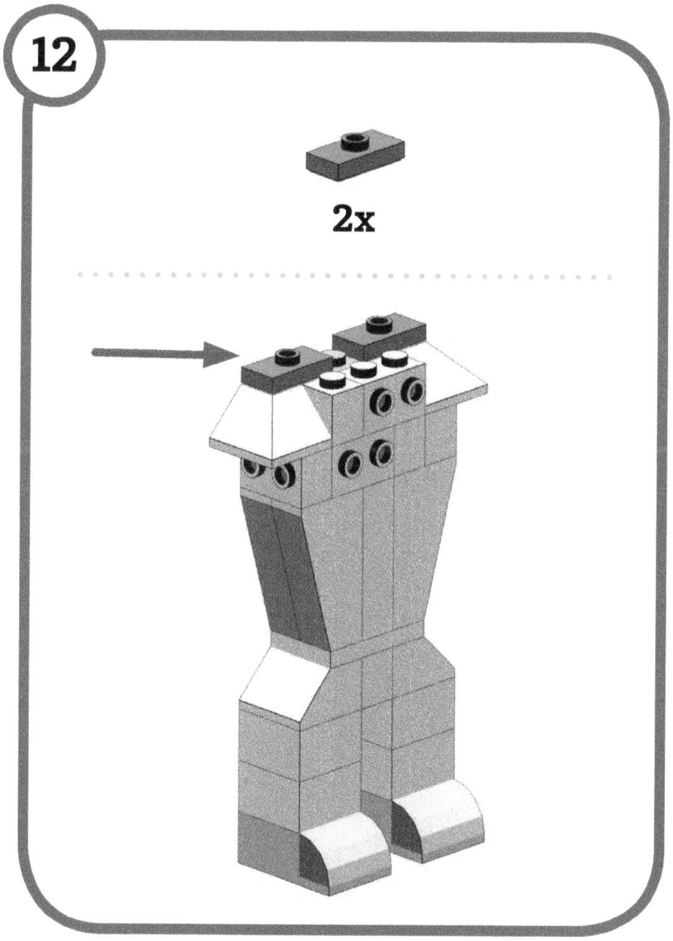
12
2x

13

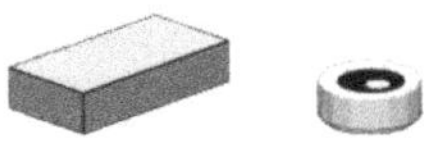

1x 2x

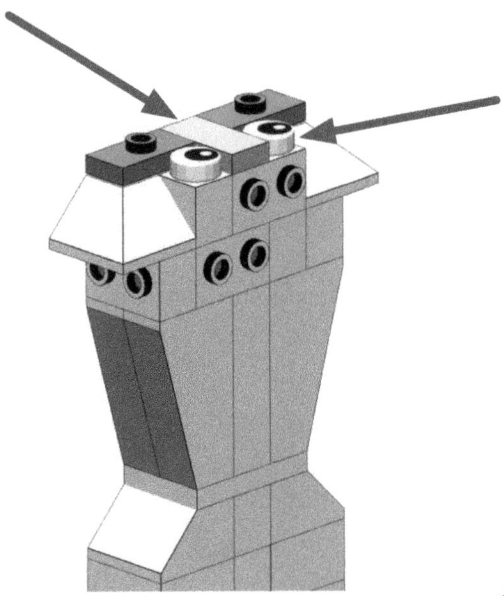

14

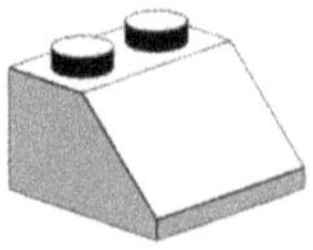

2x

15

2x

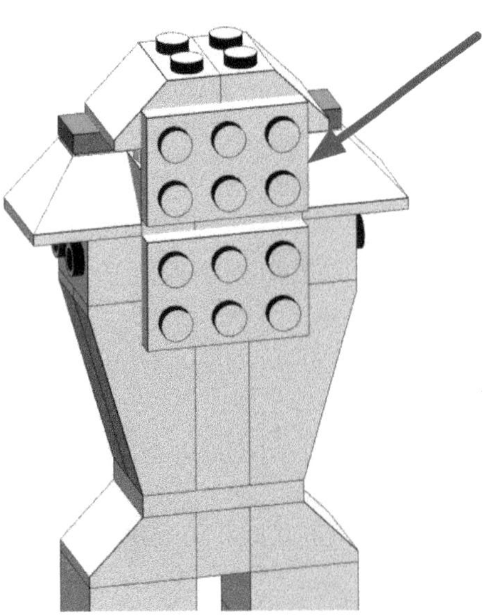

16

1x 2x

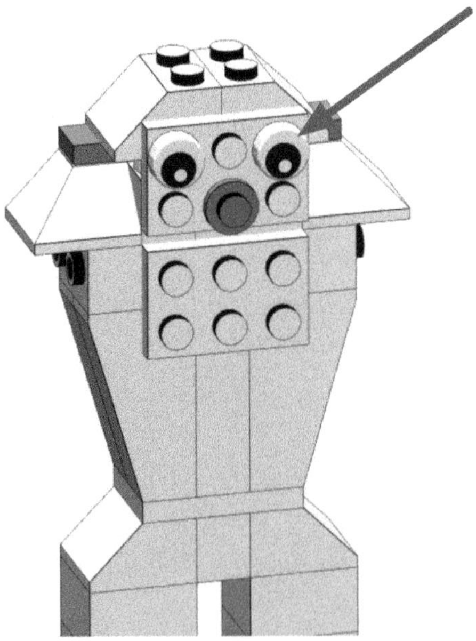

17

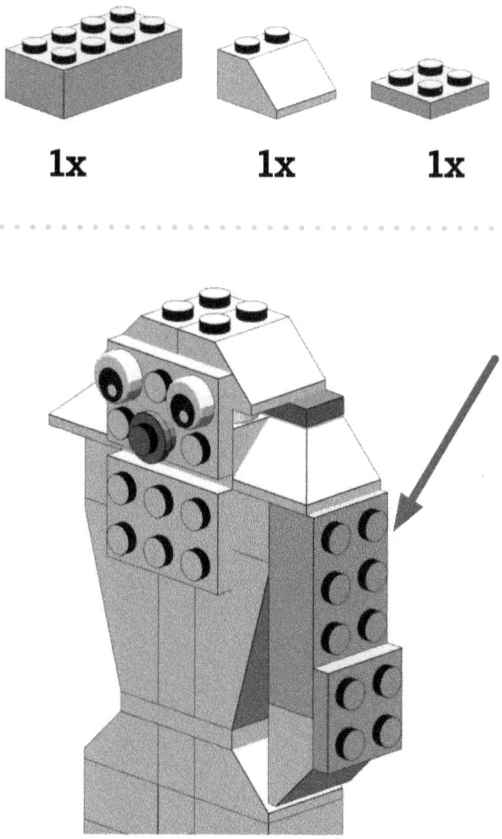

18

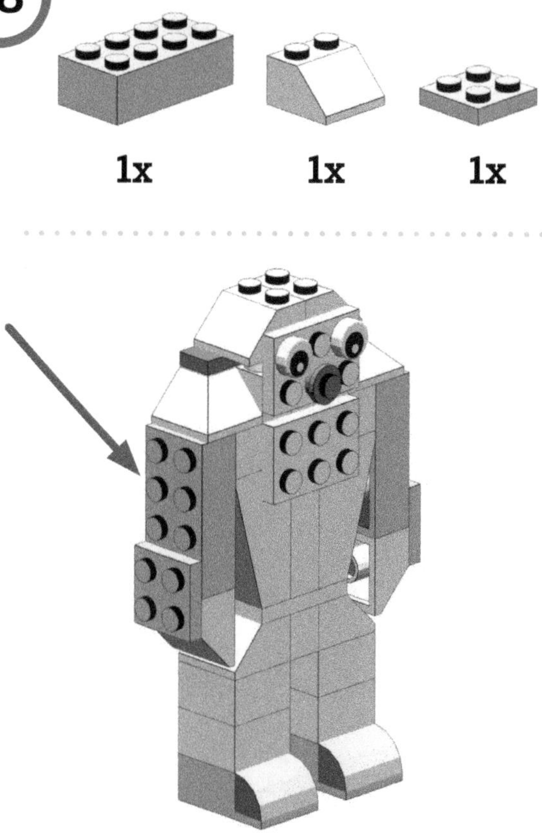

Build the Loch Ness Monster

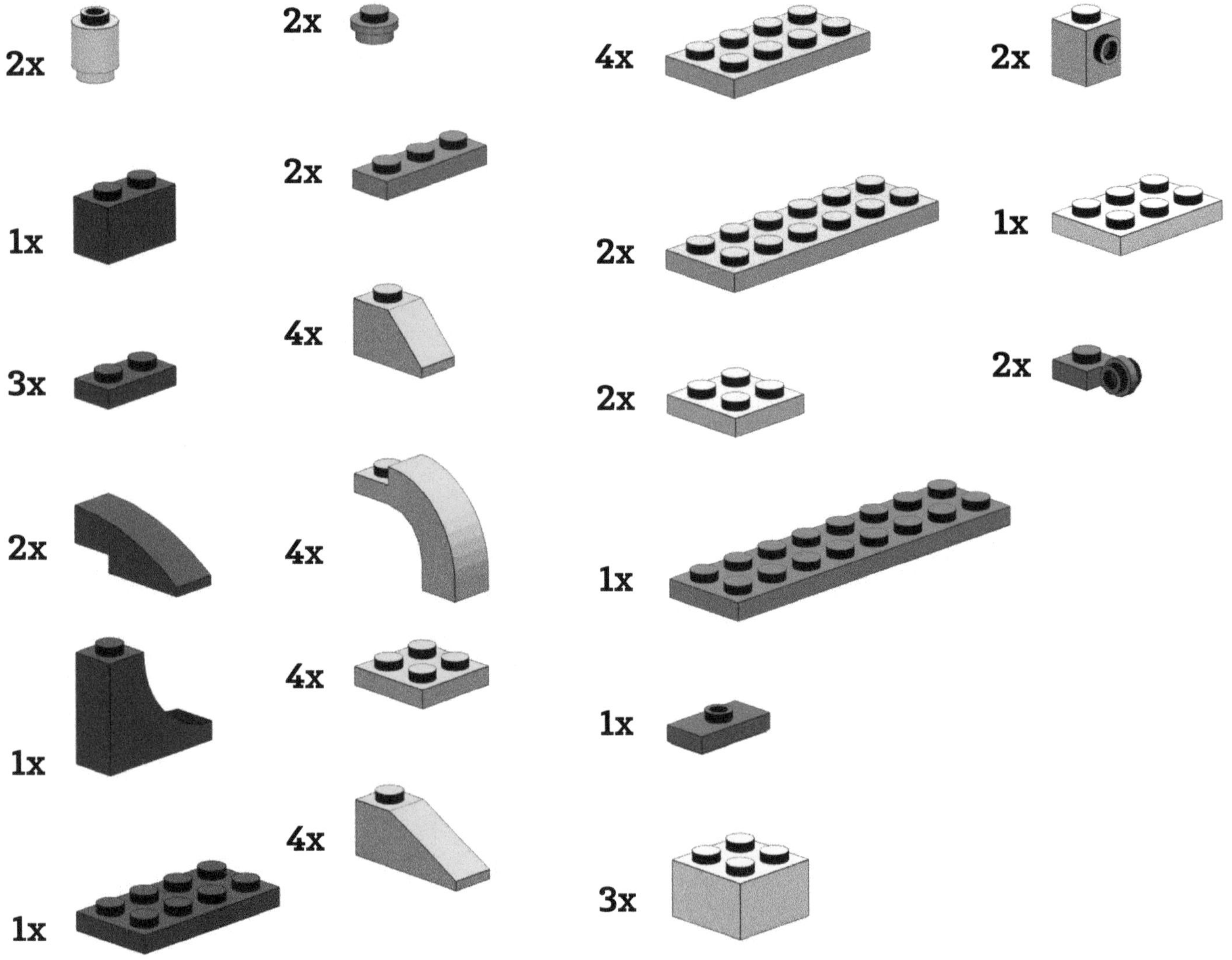

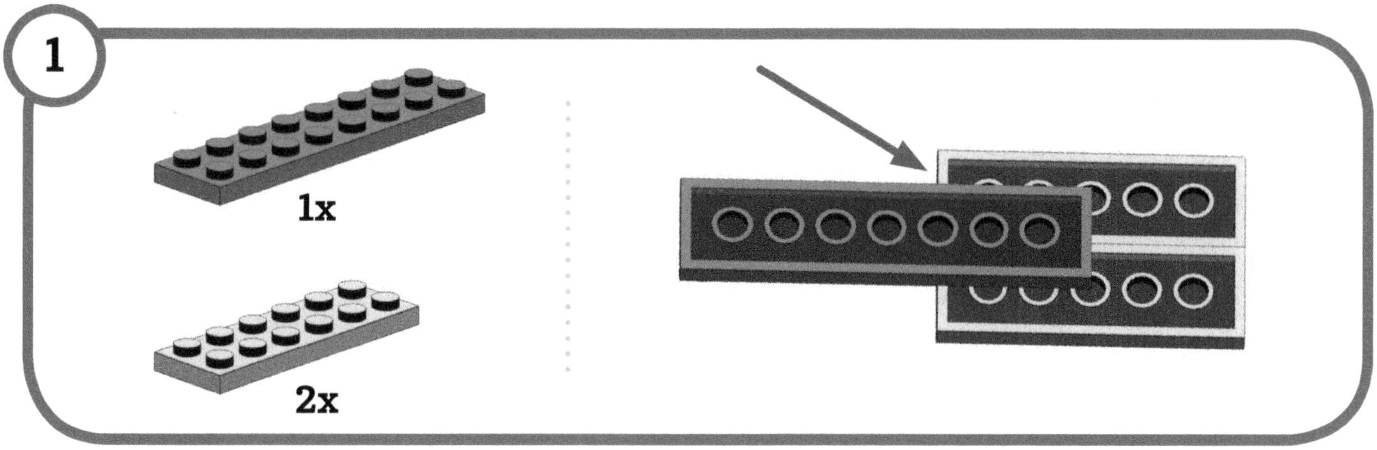
1
1x
2x

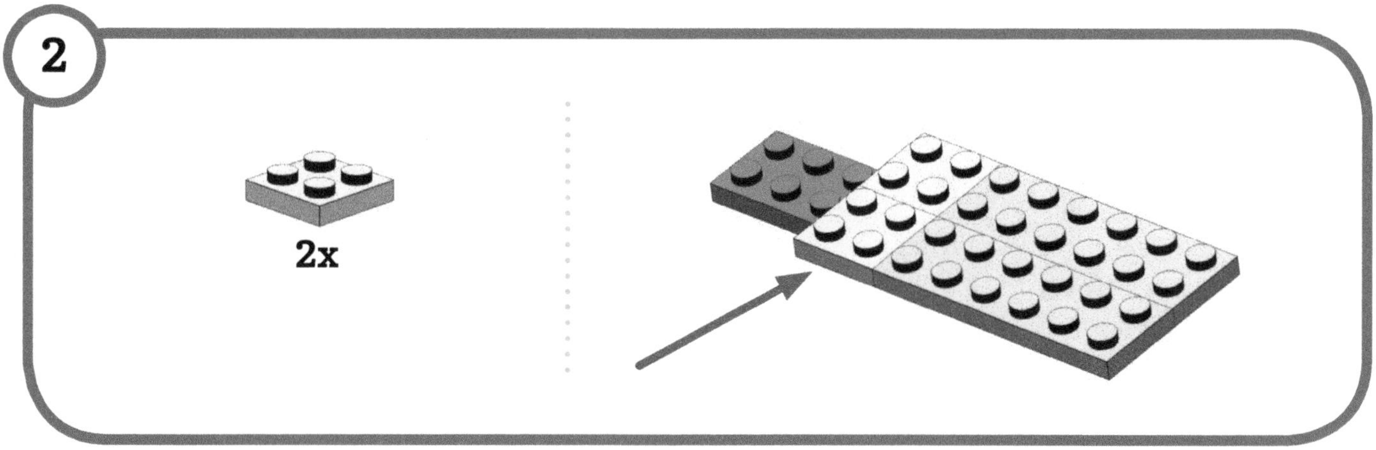
2
2x

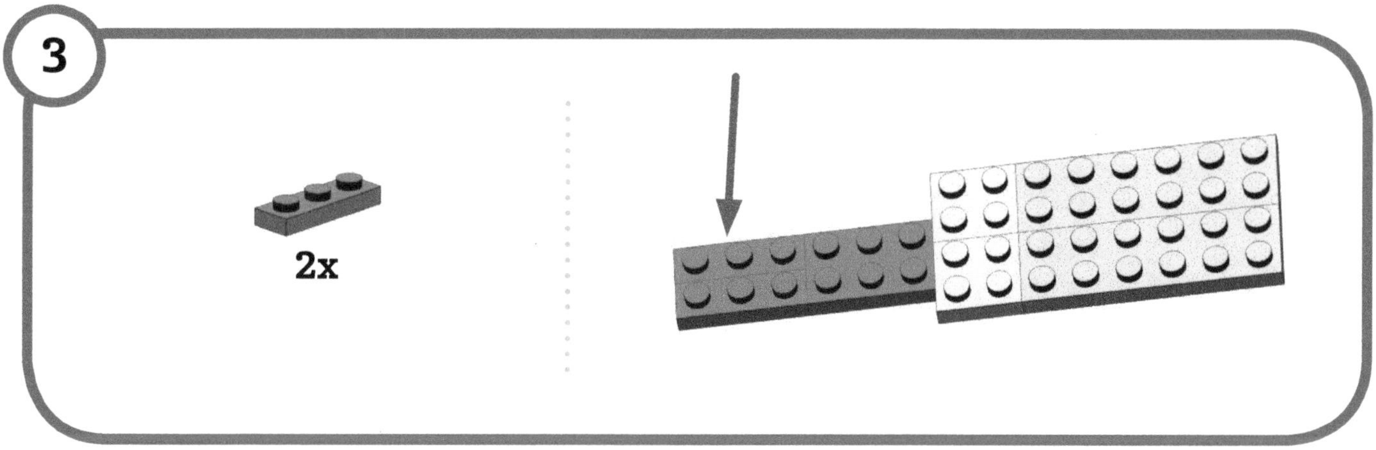
3
2x

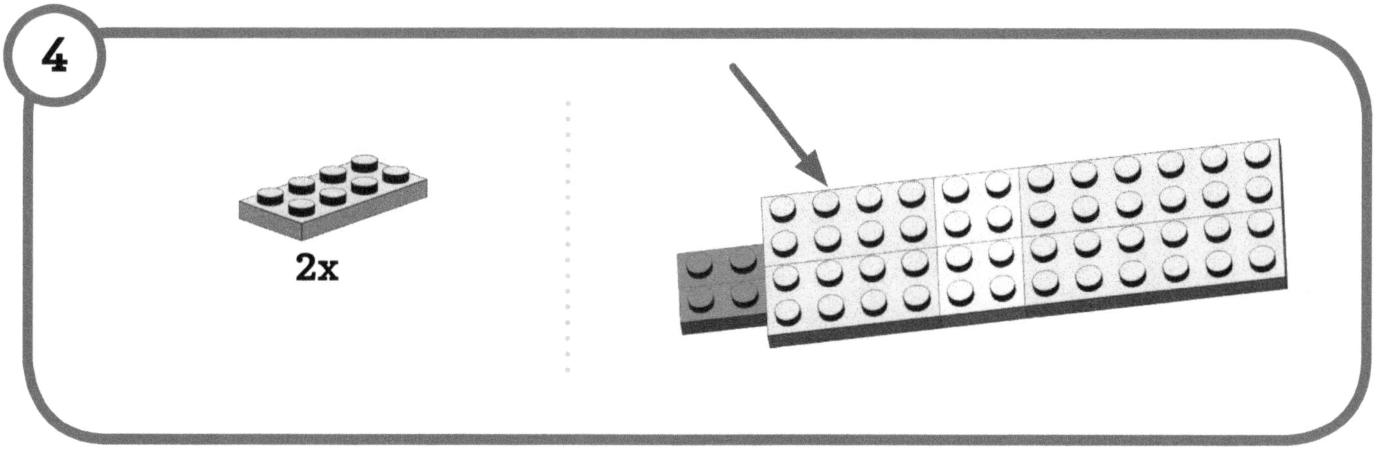
4
2x

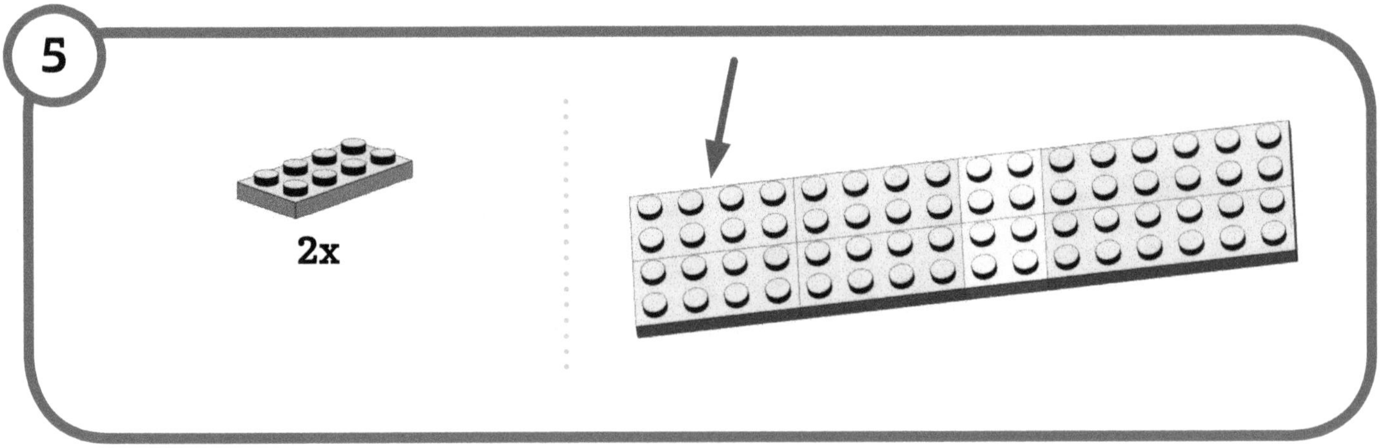
5
2x

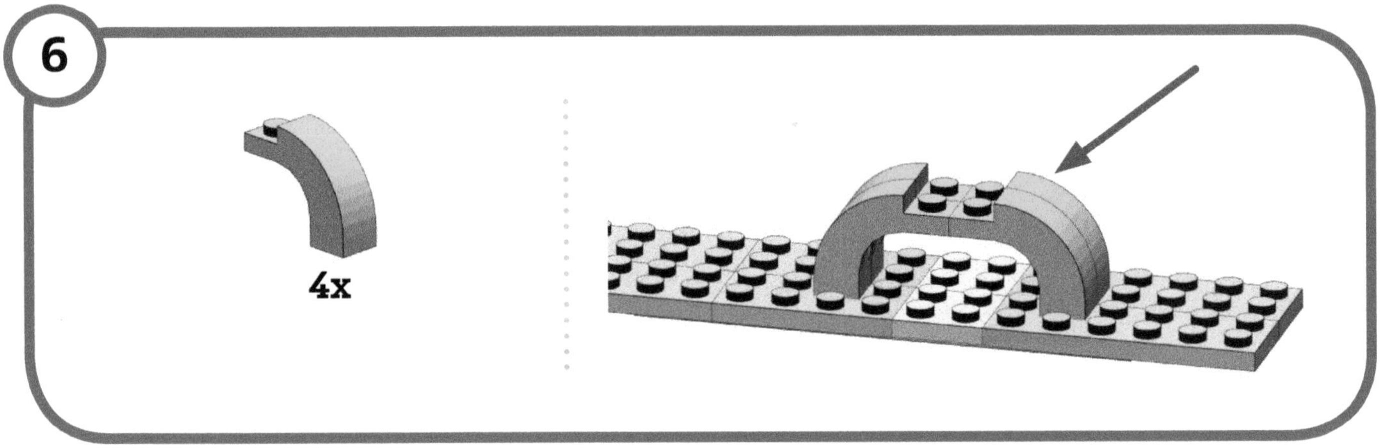
6
4x

7
1x

8
3x
3x

9

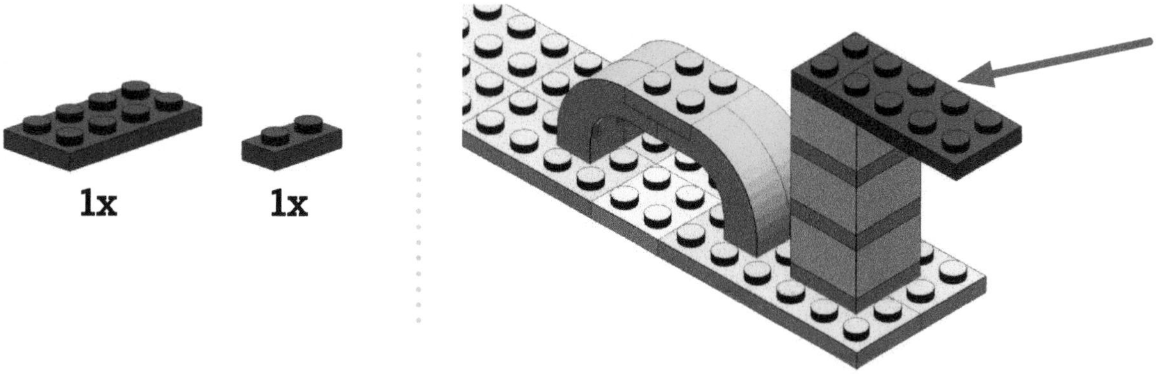

10

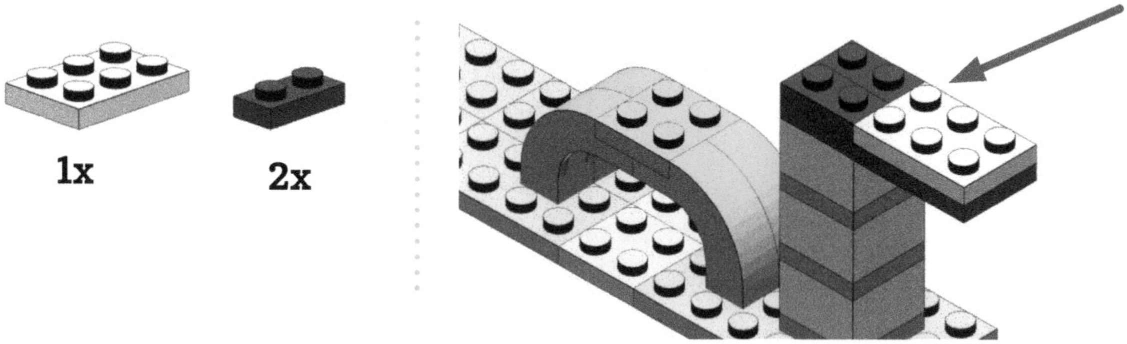

11

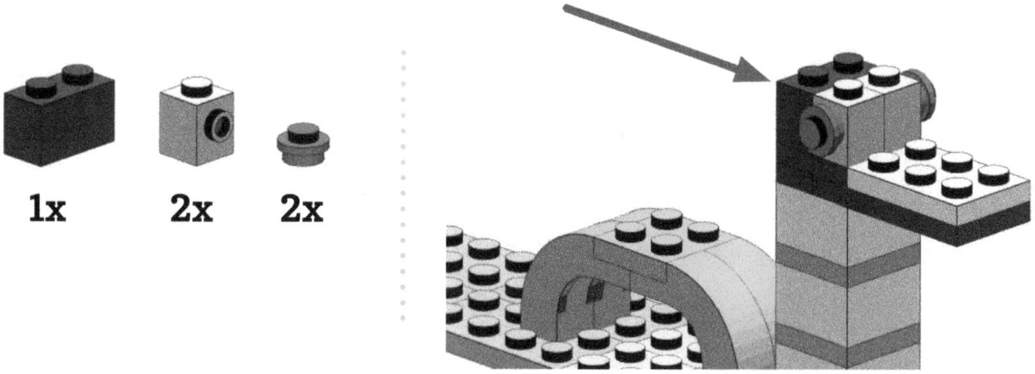

12

13

2x

2x

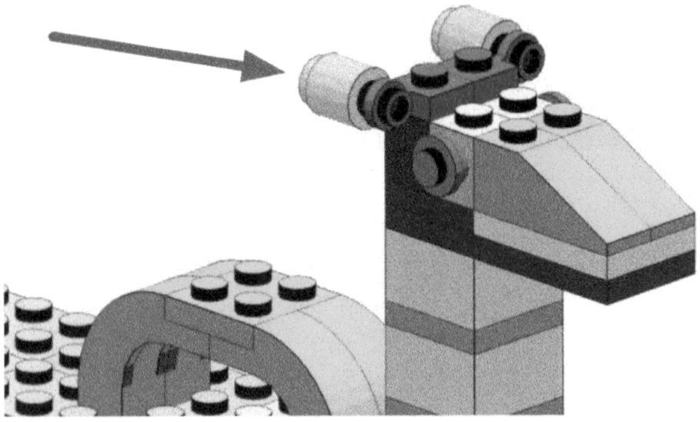

14

2x

15

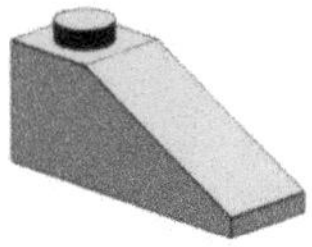
2x

2x

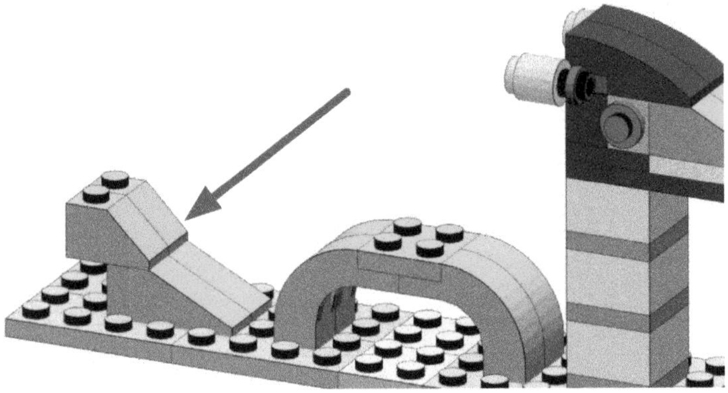

16

2x

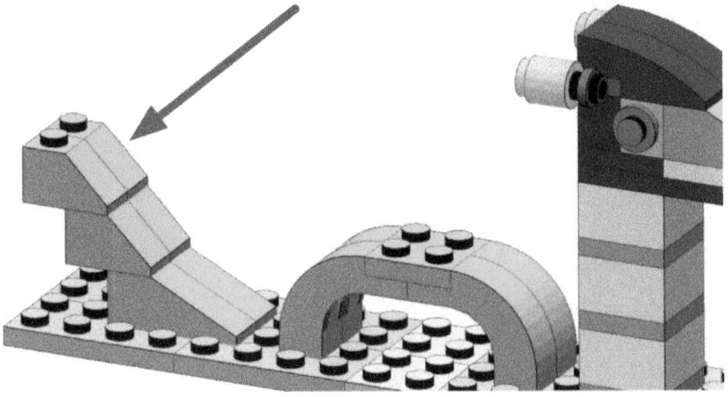

17

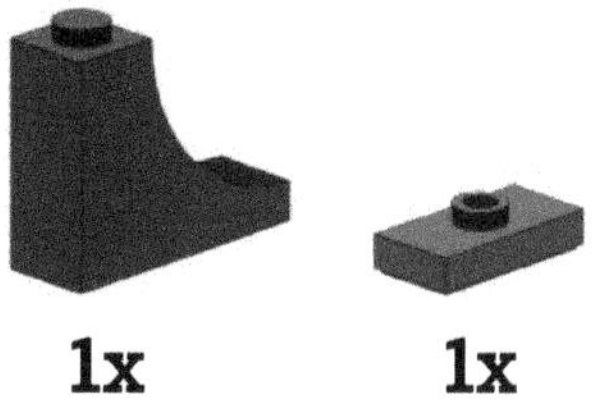

Science Lab

Frankenstein's Lab

Frankenstein's Monster

Build a Science Lab

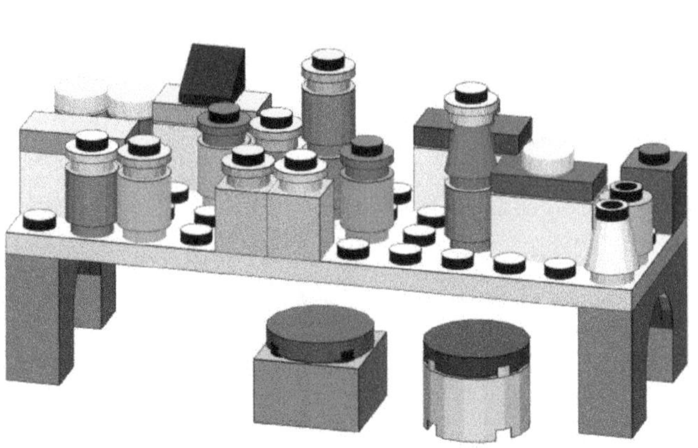

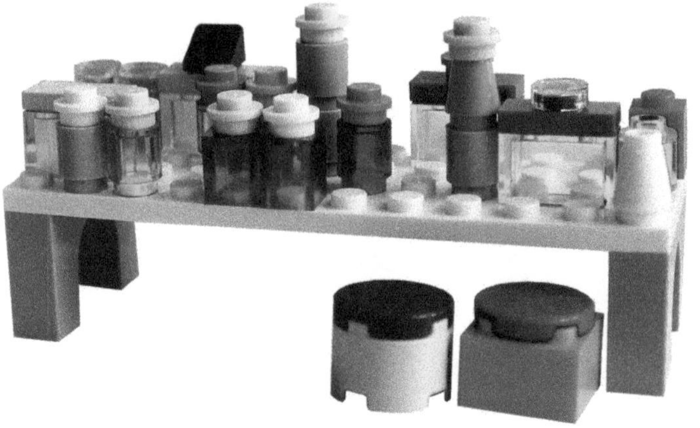

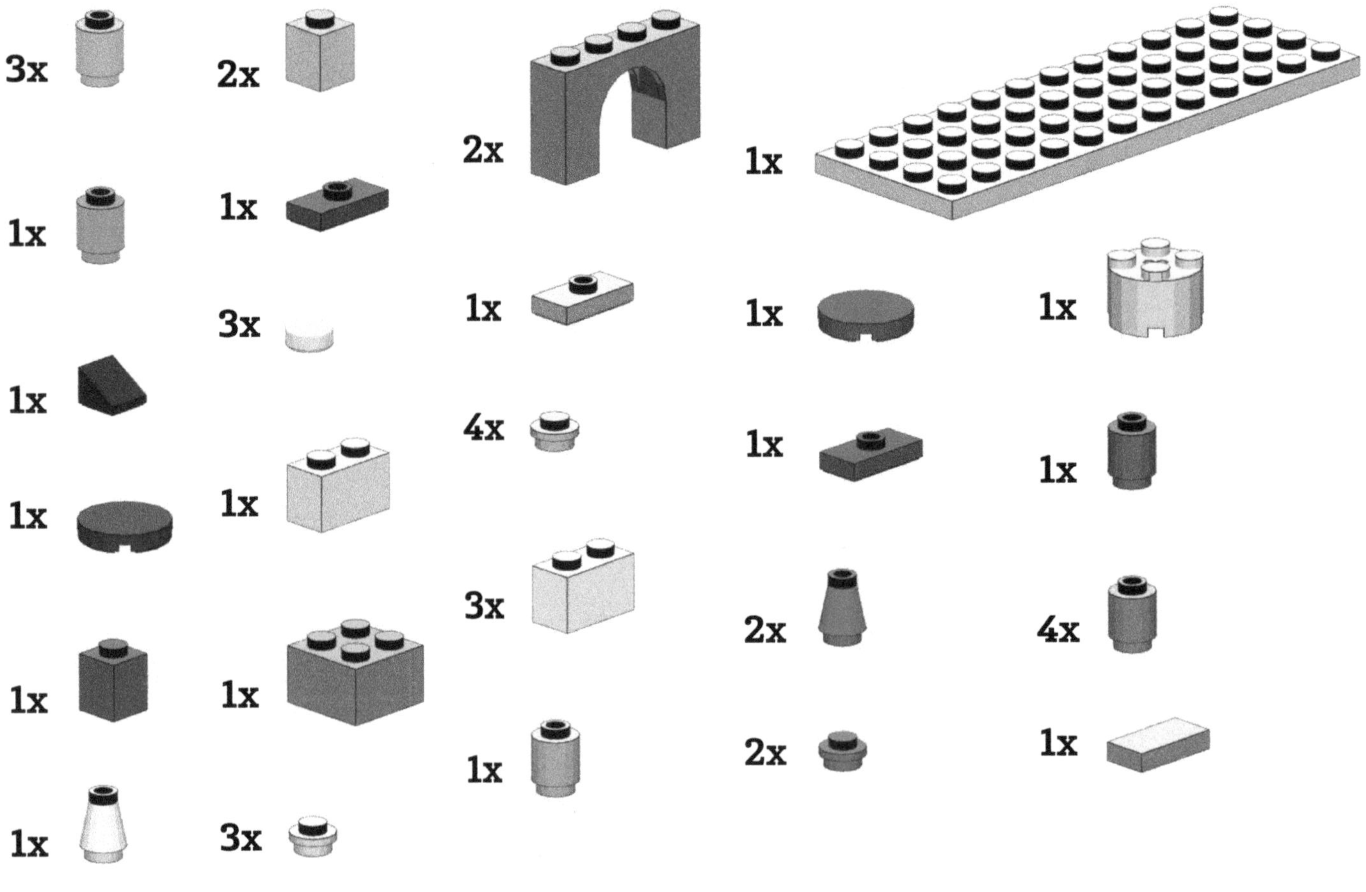

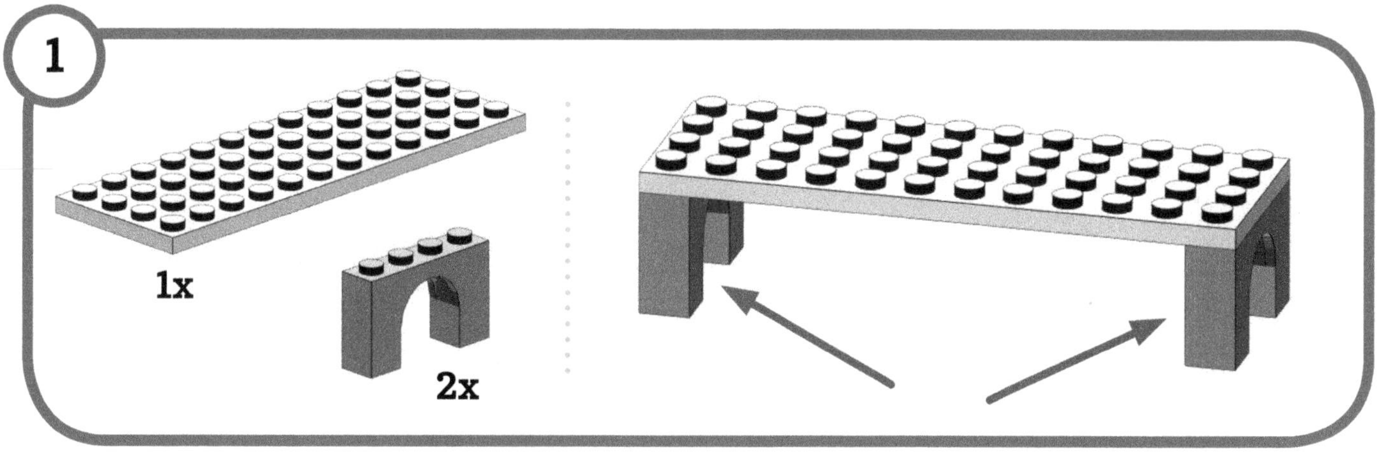
1
1x
2x

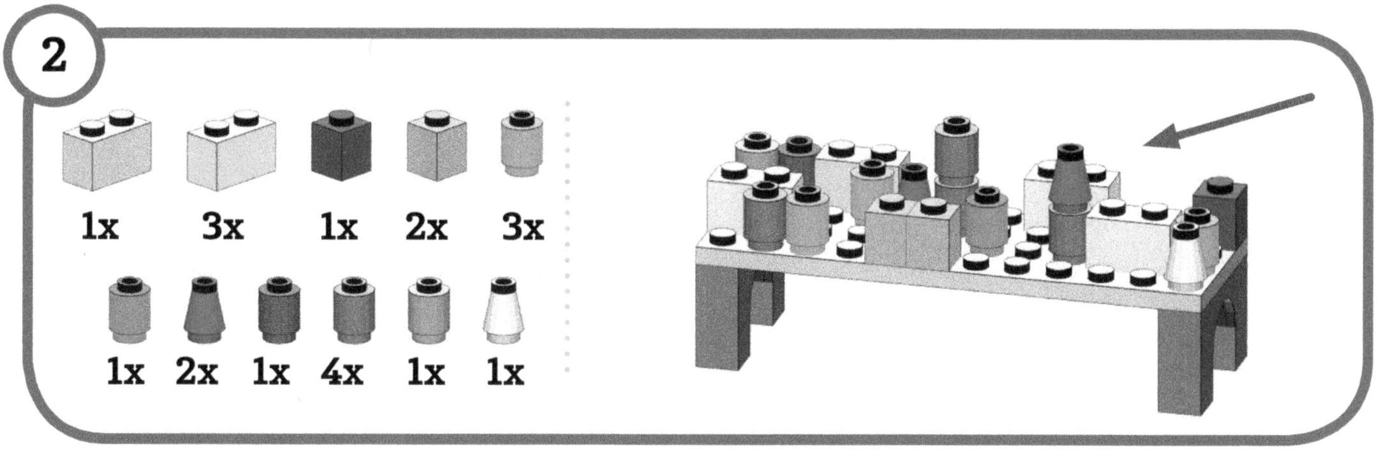
2
1x
3x
1x
2x
3x
1x
2x
1x
4x
1x
1x

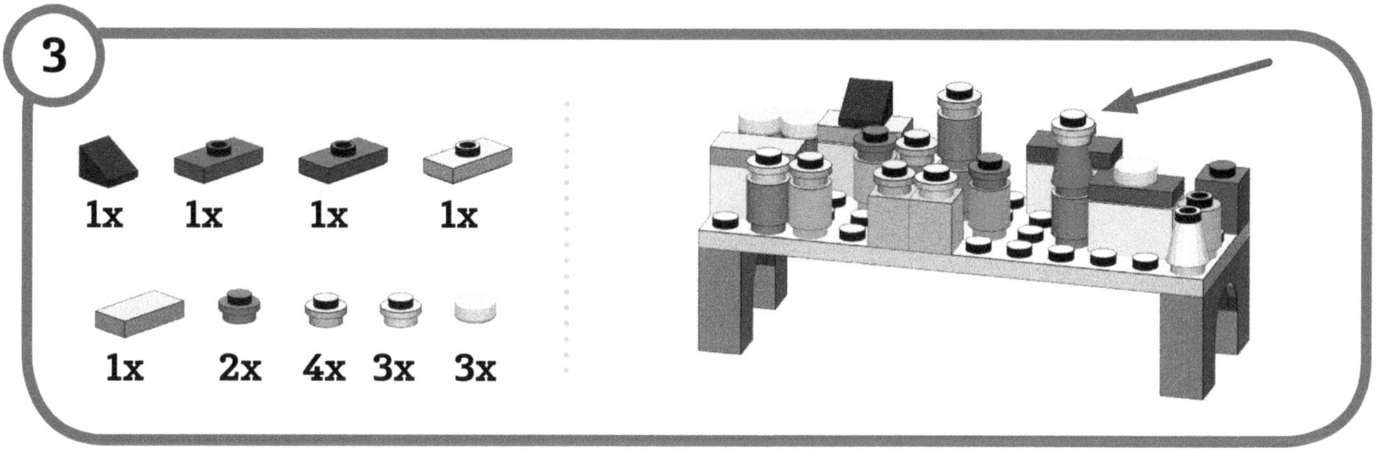
3
1x
1x
1x
1x
1x
2x
4x
3x
3x

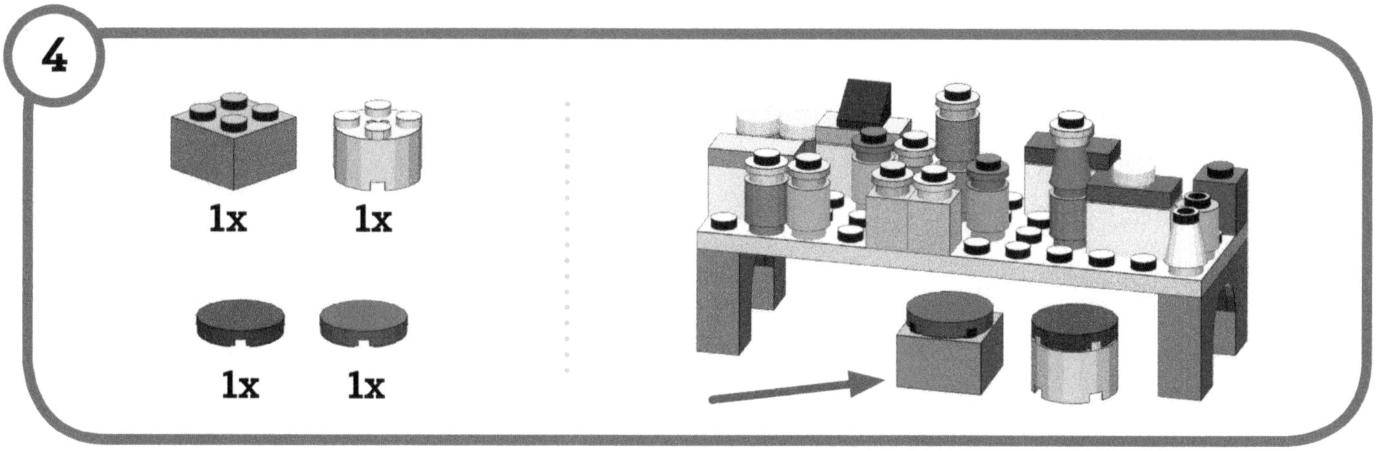
4
1x
1x
1x
1x

Build Frankenstein's Monster

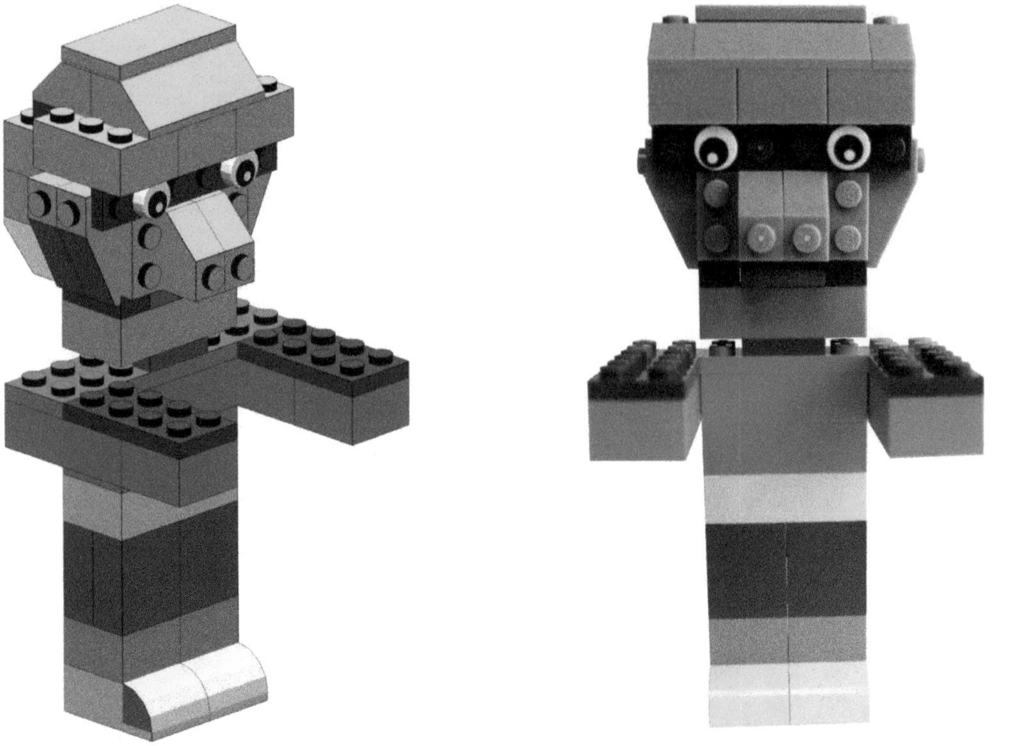

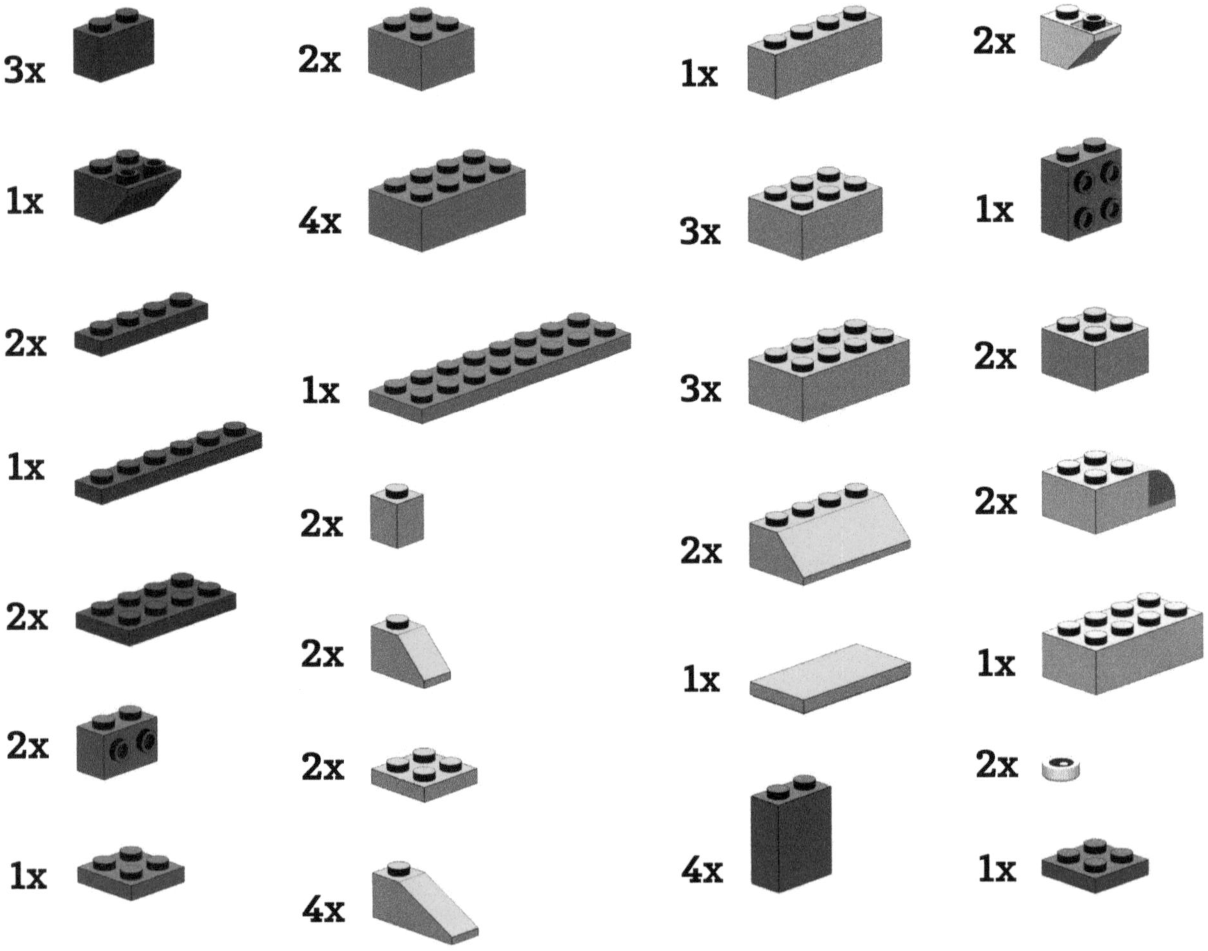

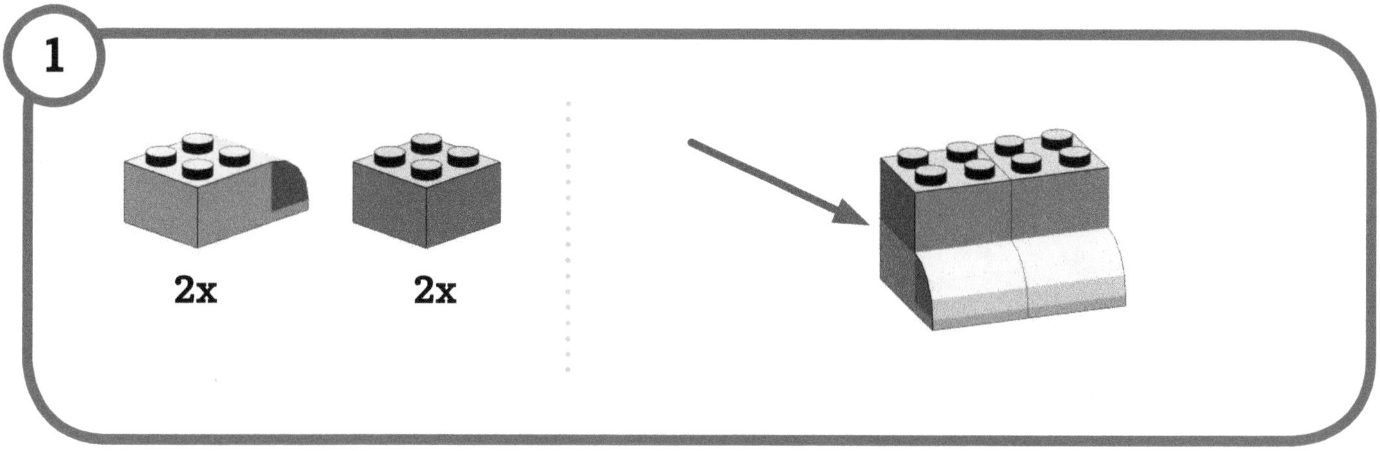
1
2x
2x

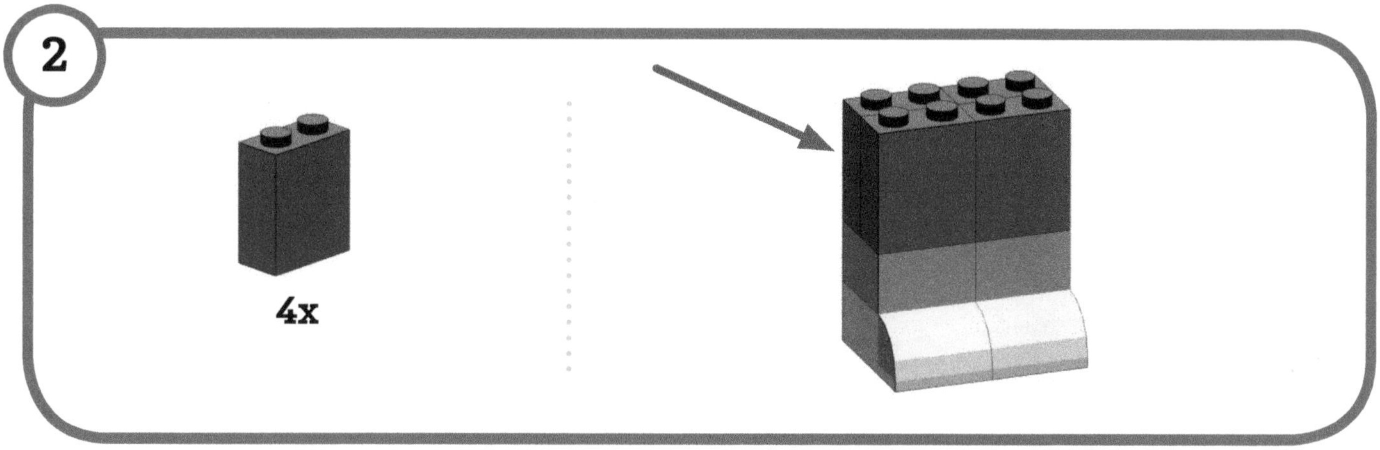
2
4x

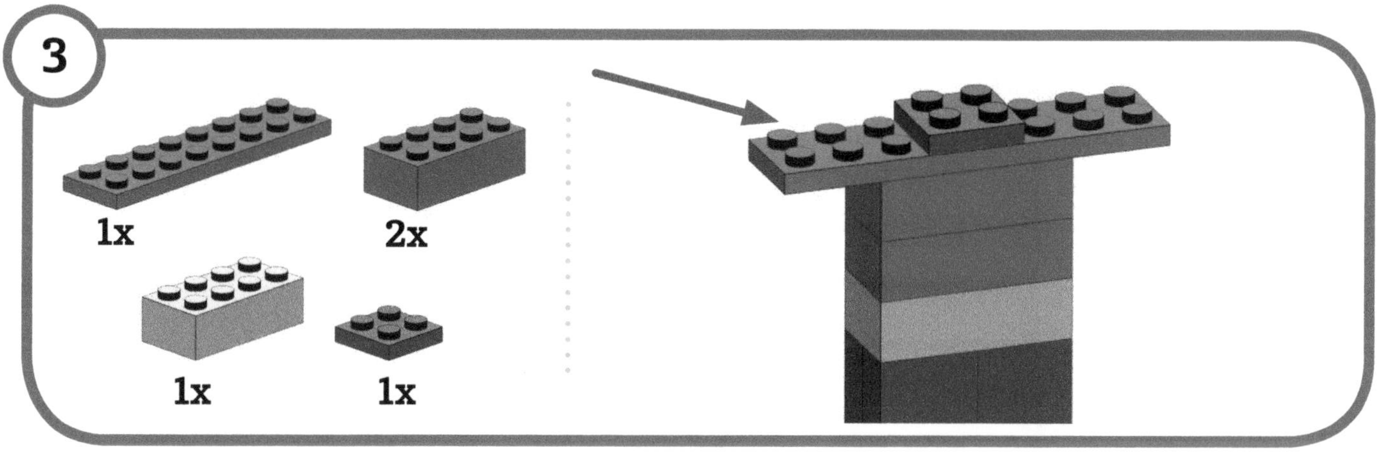
3
1x
2x
1x
1x

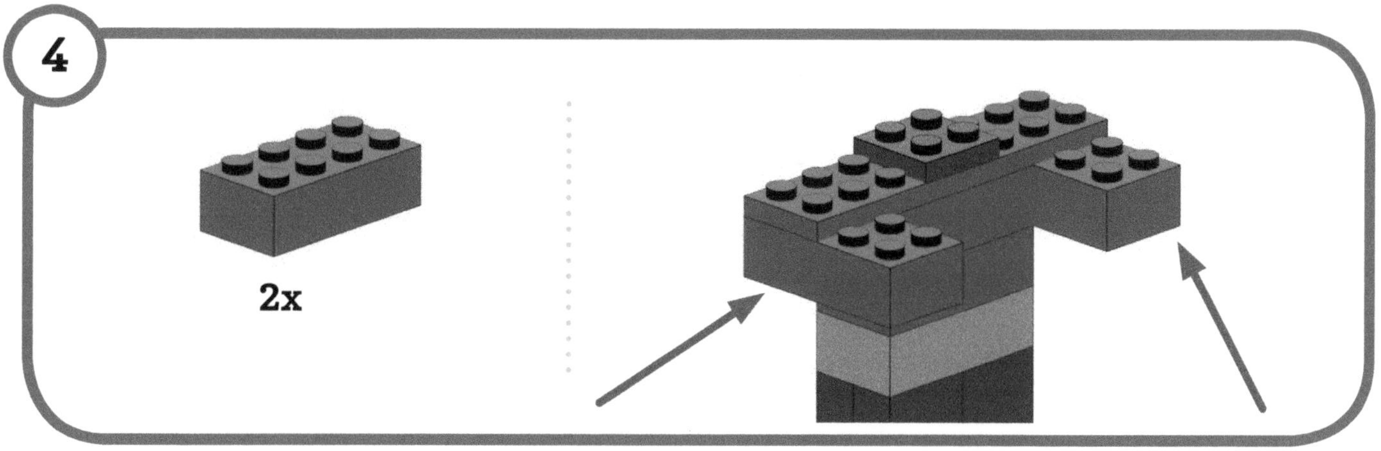
4
2x

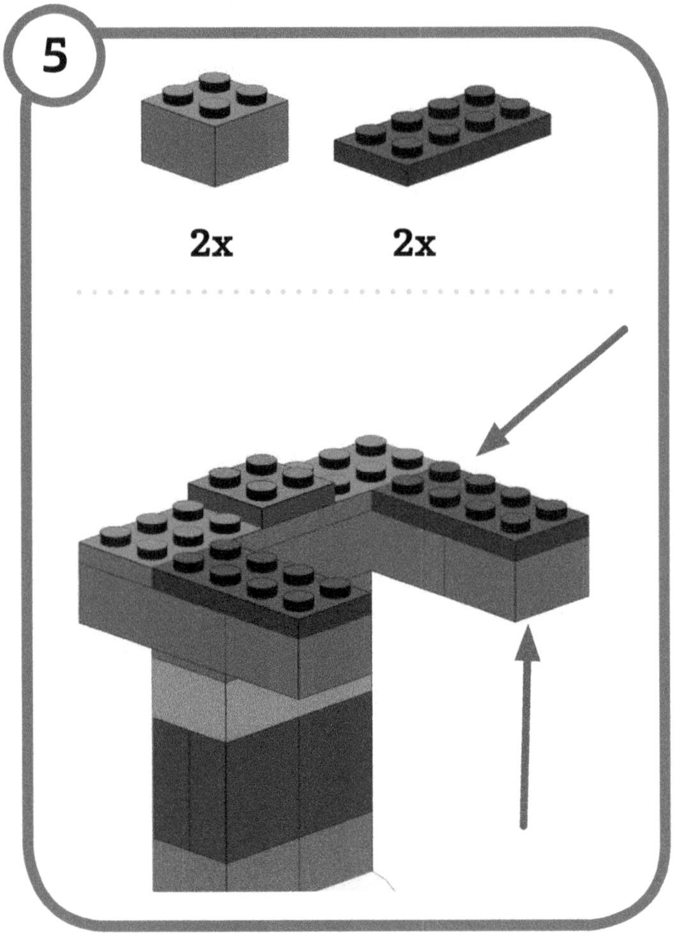
5
2x
2x

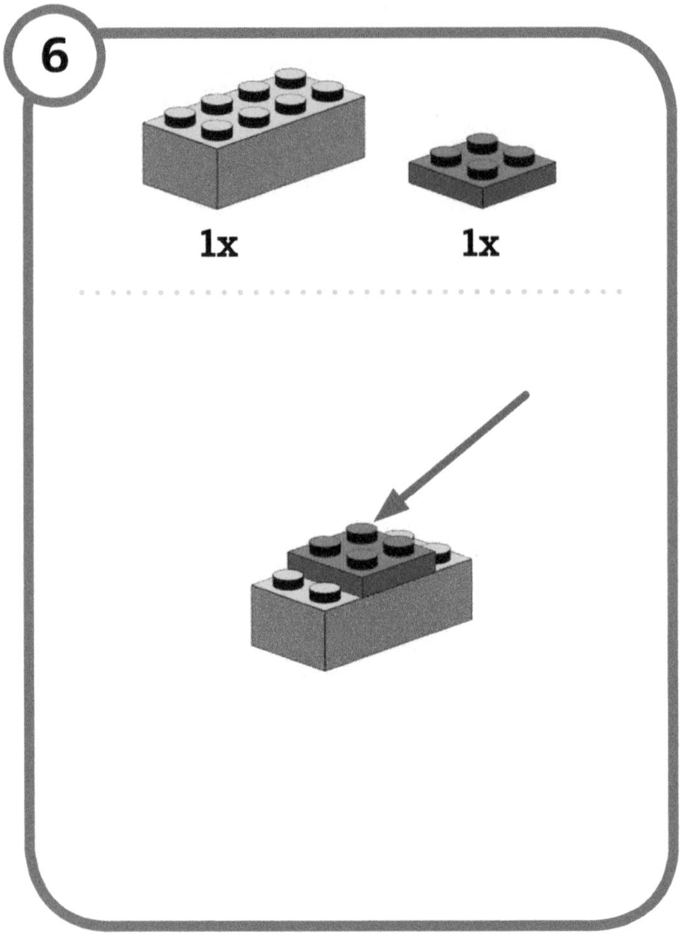
6
1x
1x

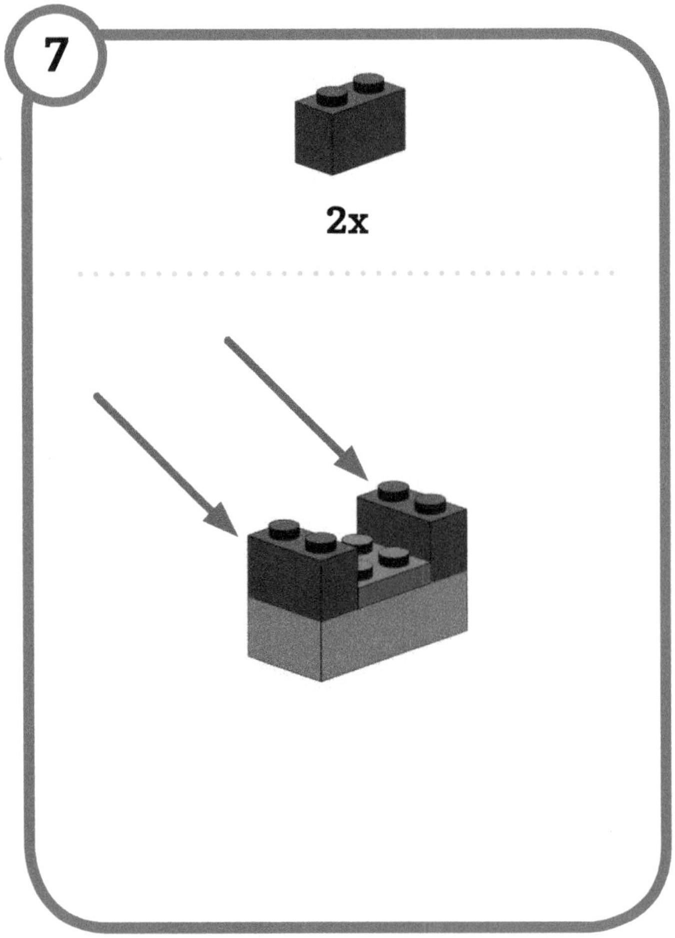
7
2x

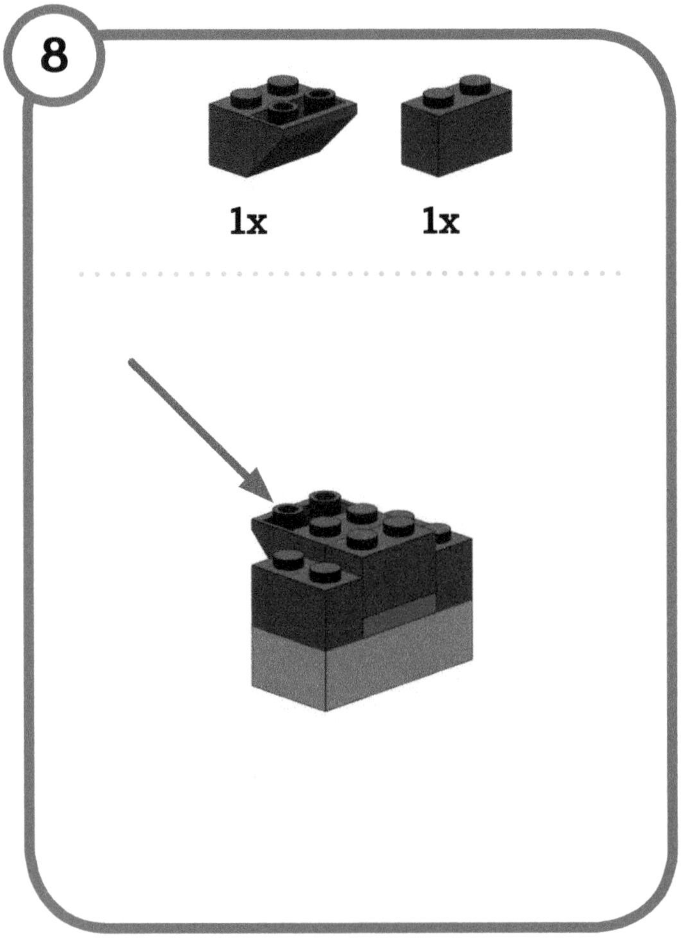
8
1x
1x

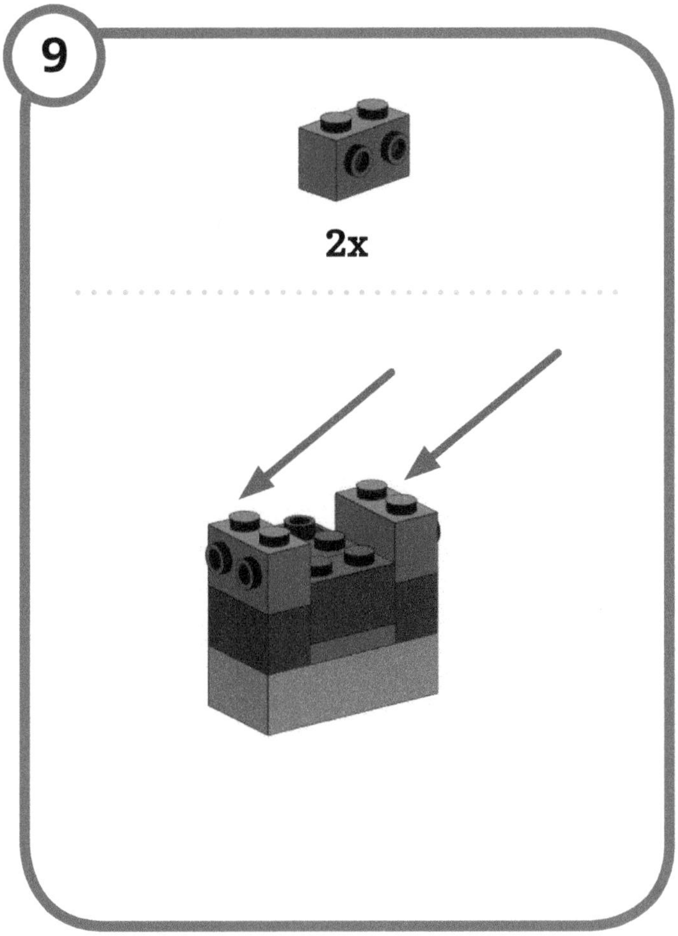
9
2x

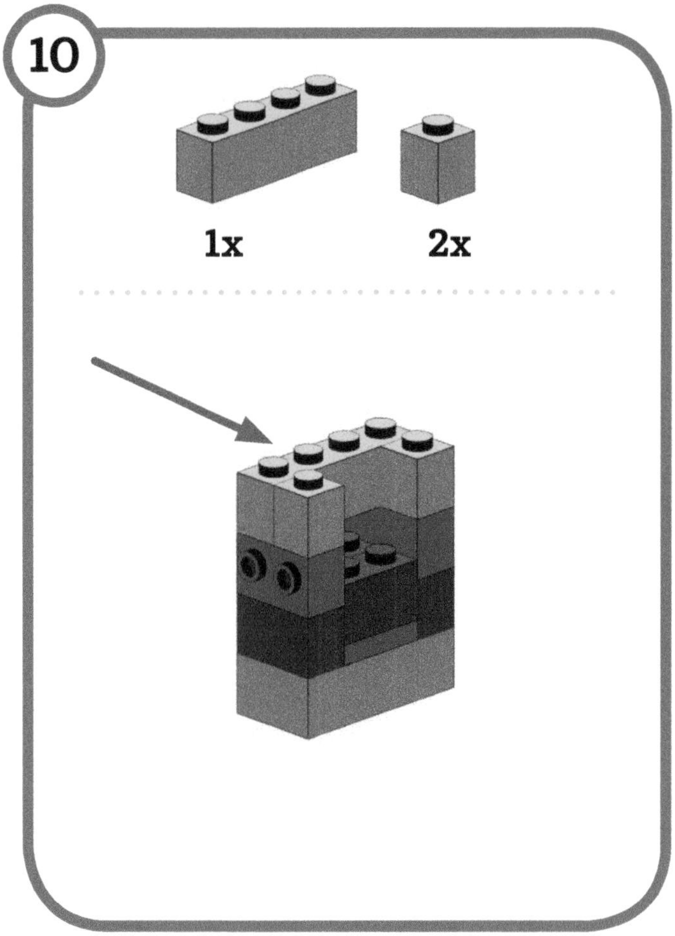
10
1x
2x

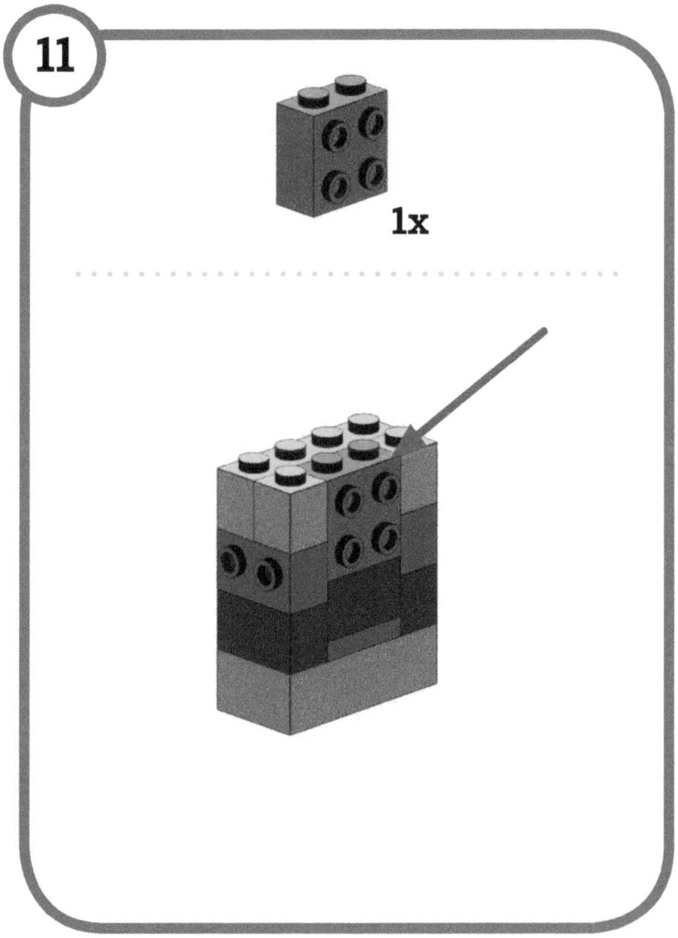
11
1x

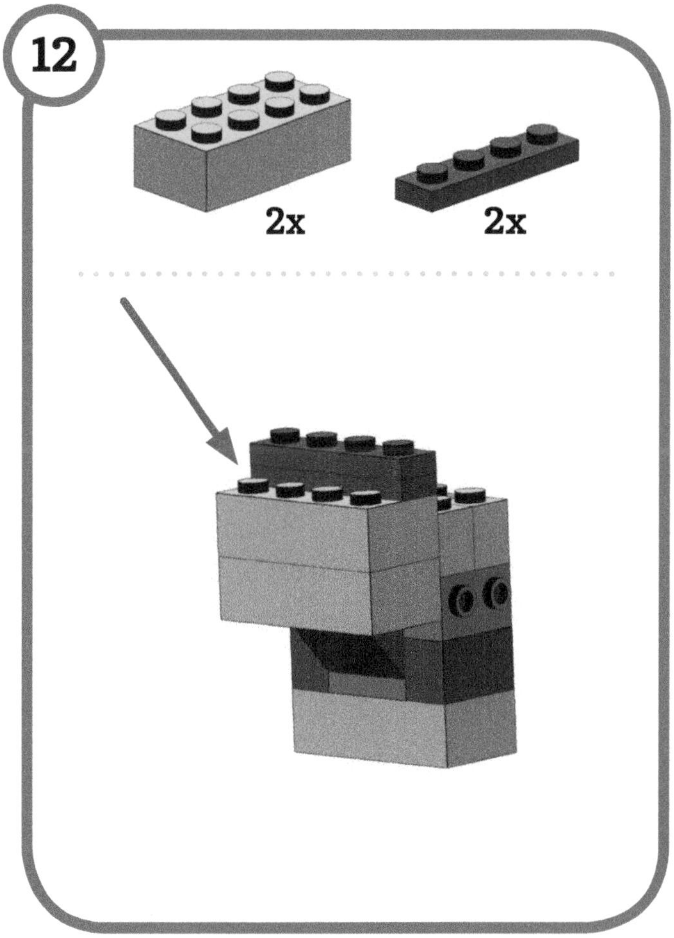
12
2x
2x

13

3x

14

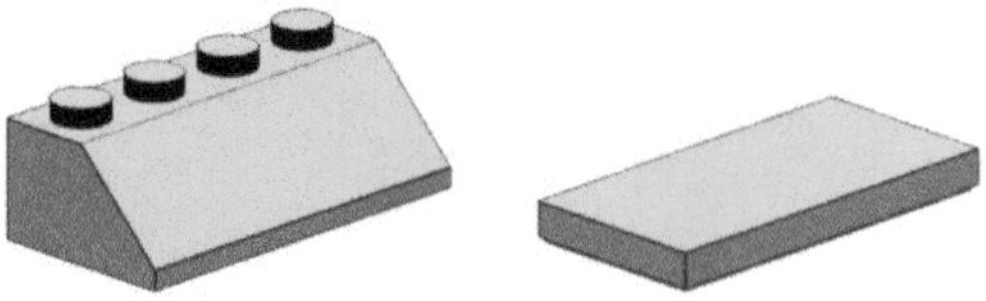

2x 1x

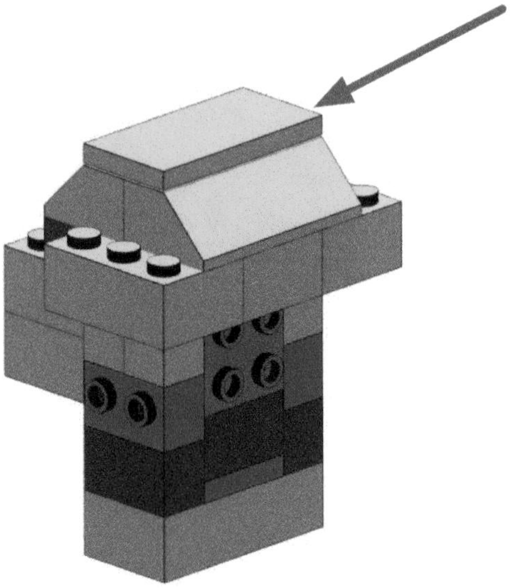

15

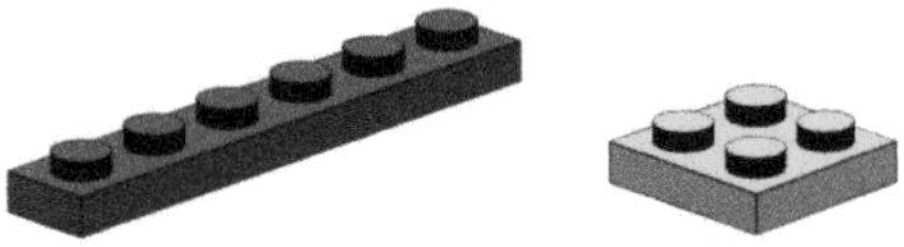

1x 2x

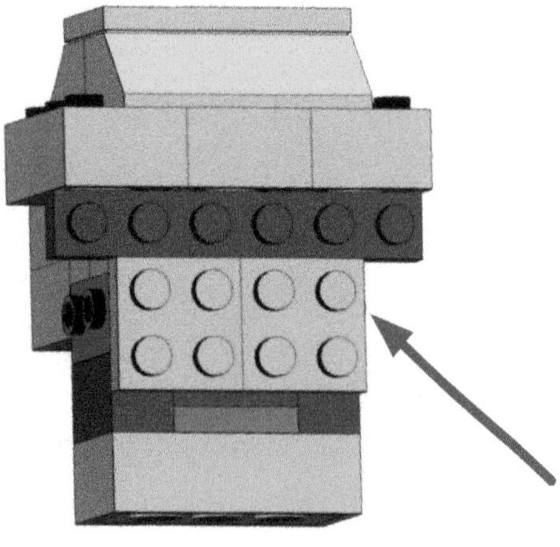

16

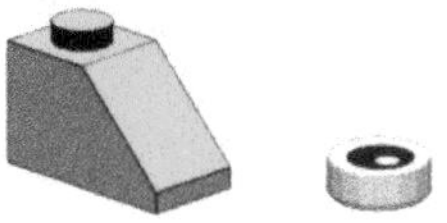

2x 2x

17

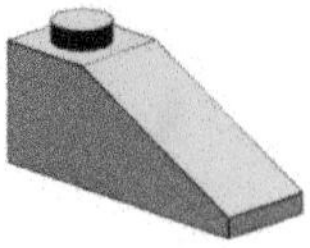

4x

2x

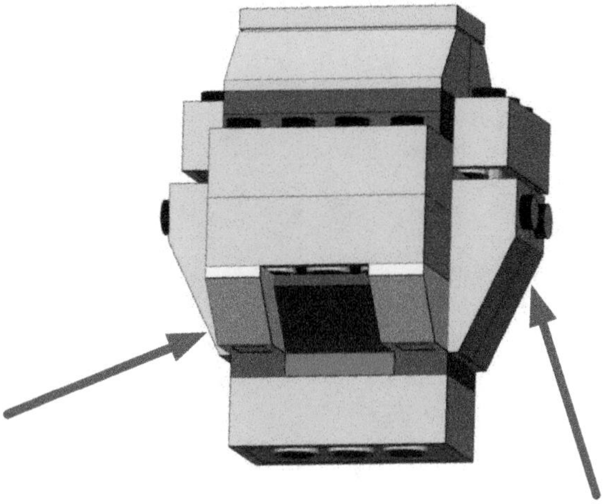

18

1x

1x

Dracula's Castle

Vampire Bats

Dracula

Build Vampire Bats

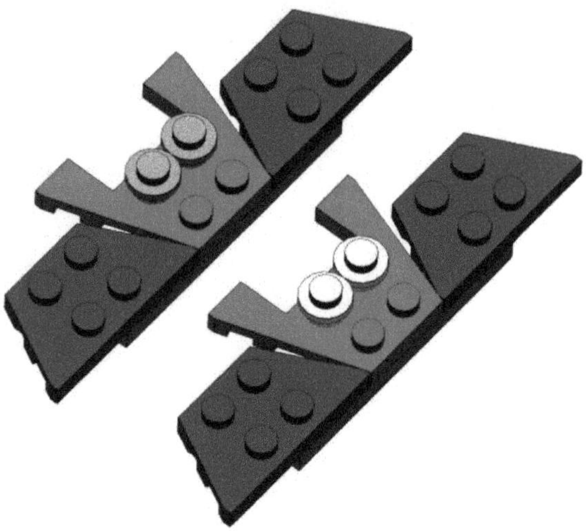

4x 

2x 

2x 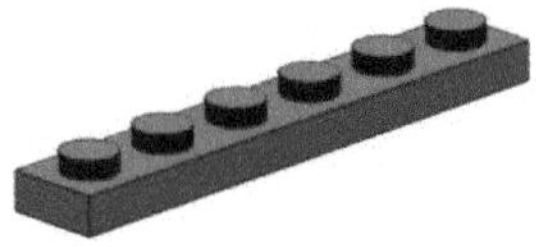

2x 

2x 

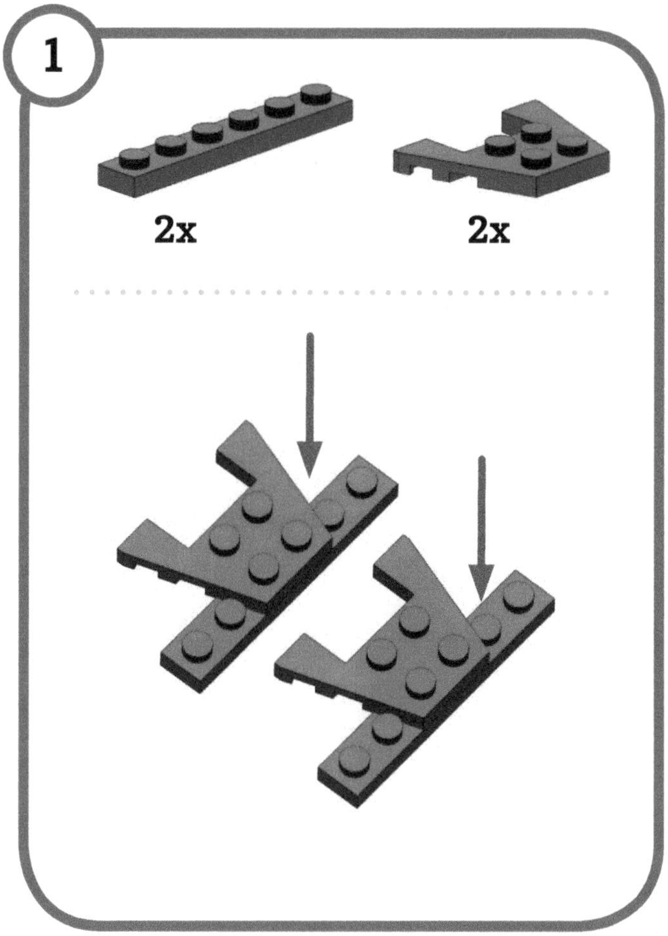
1
2x
2x

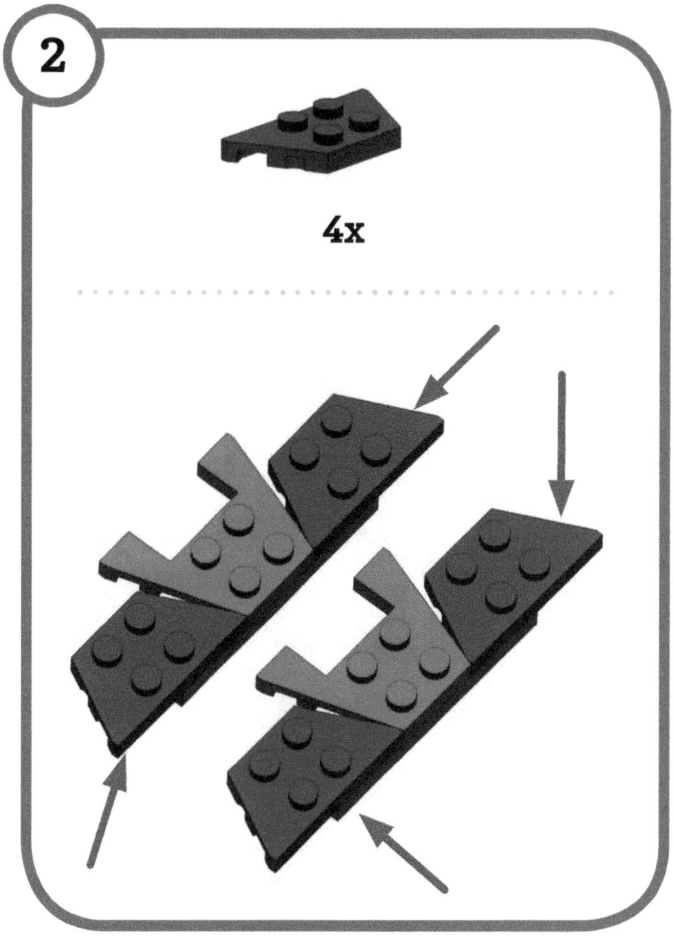
2
4x

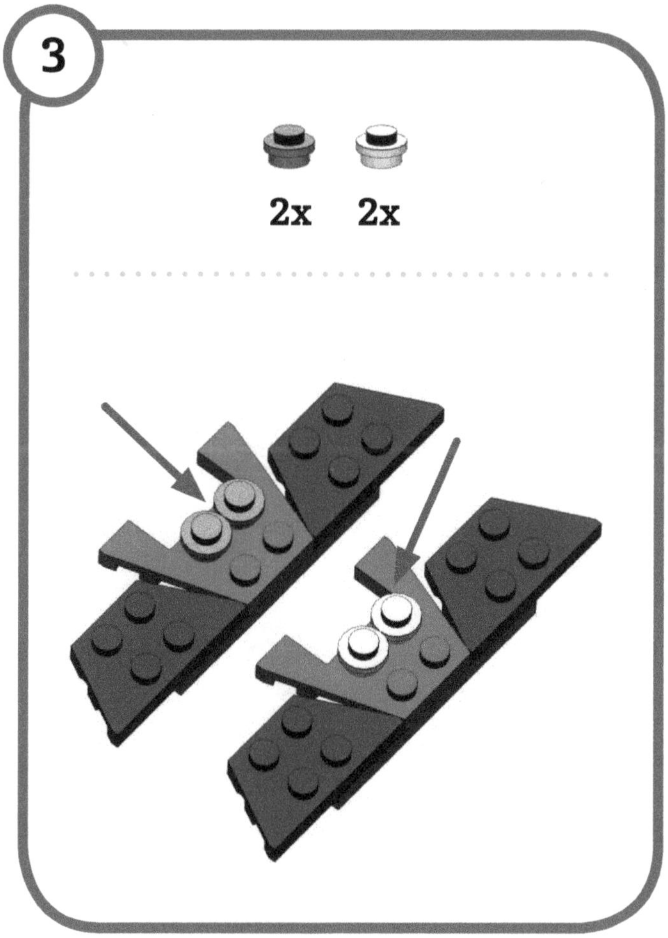
3
2x
2x

Build Dracula

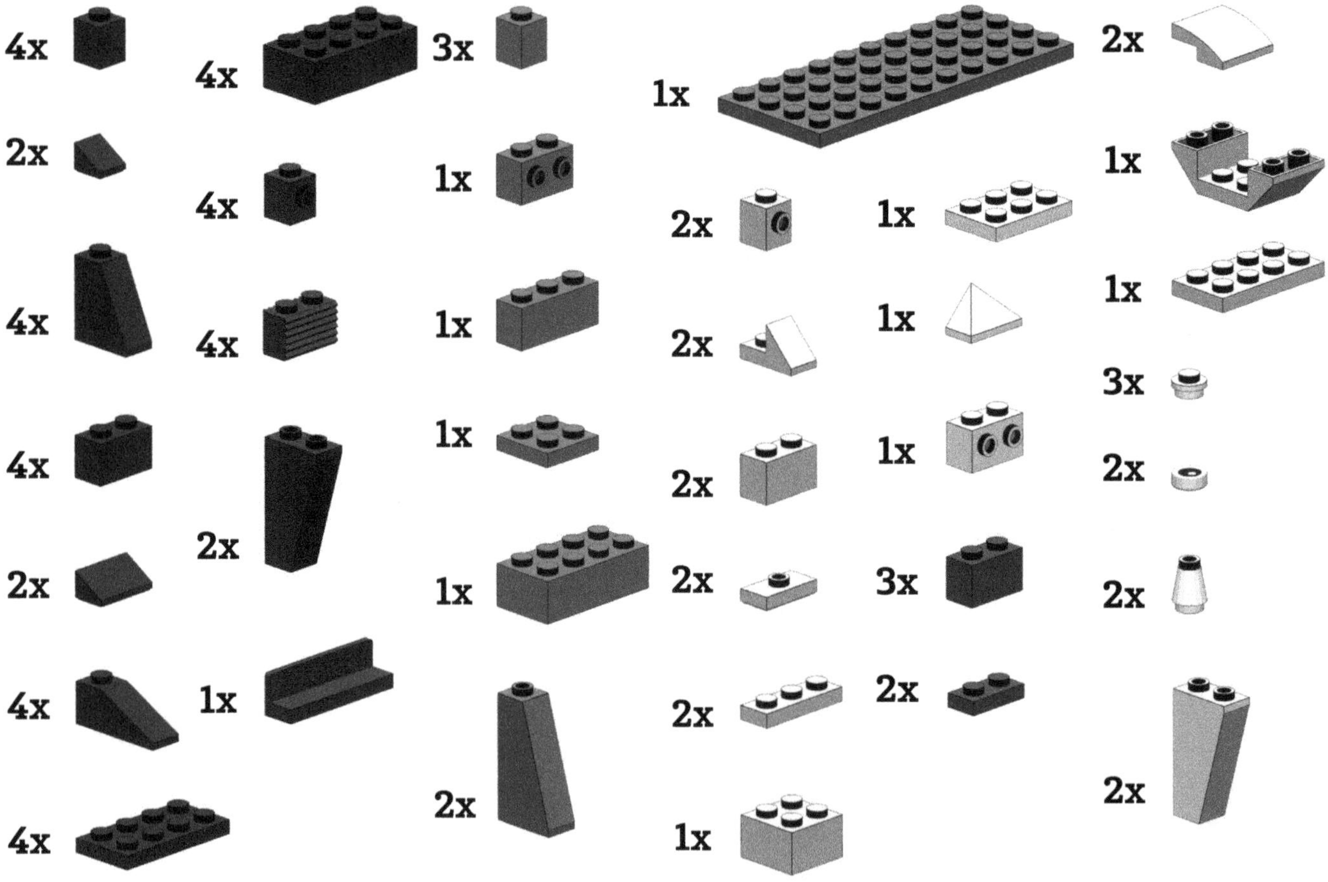

1
1x
3x
2x

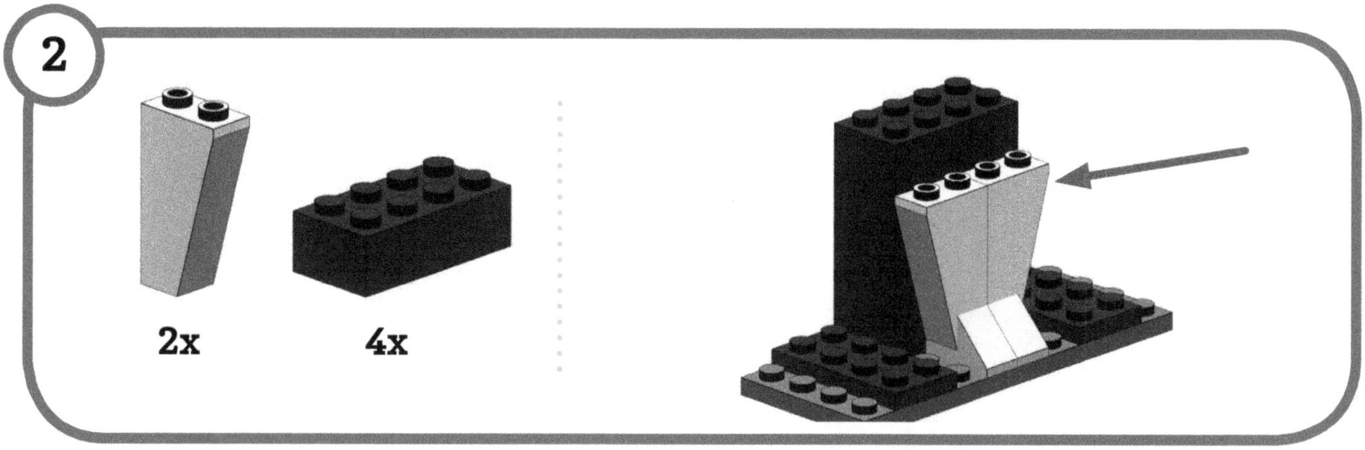
2
2x
4x

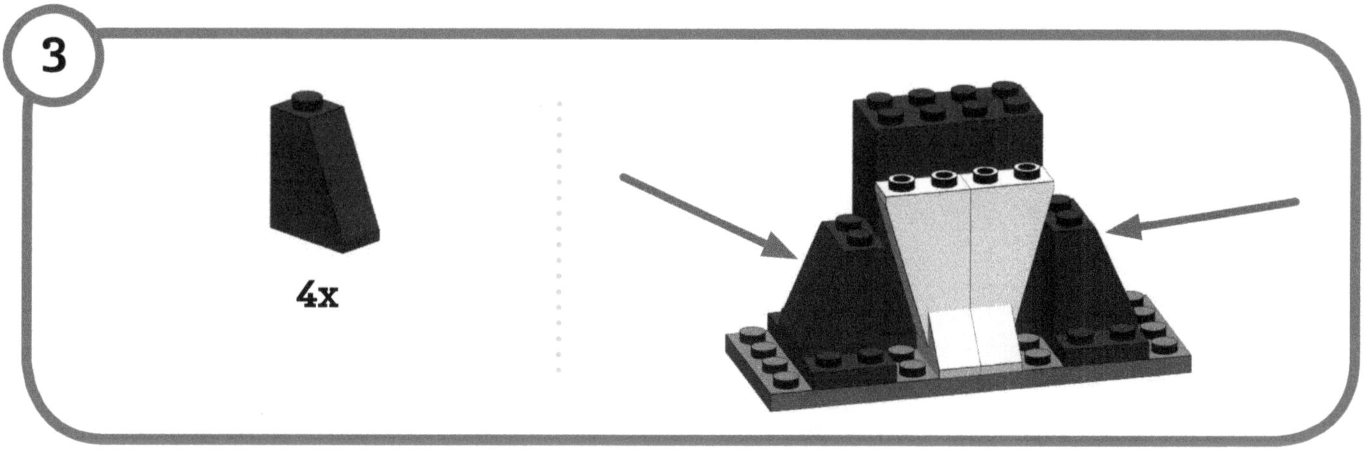
3
4x

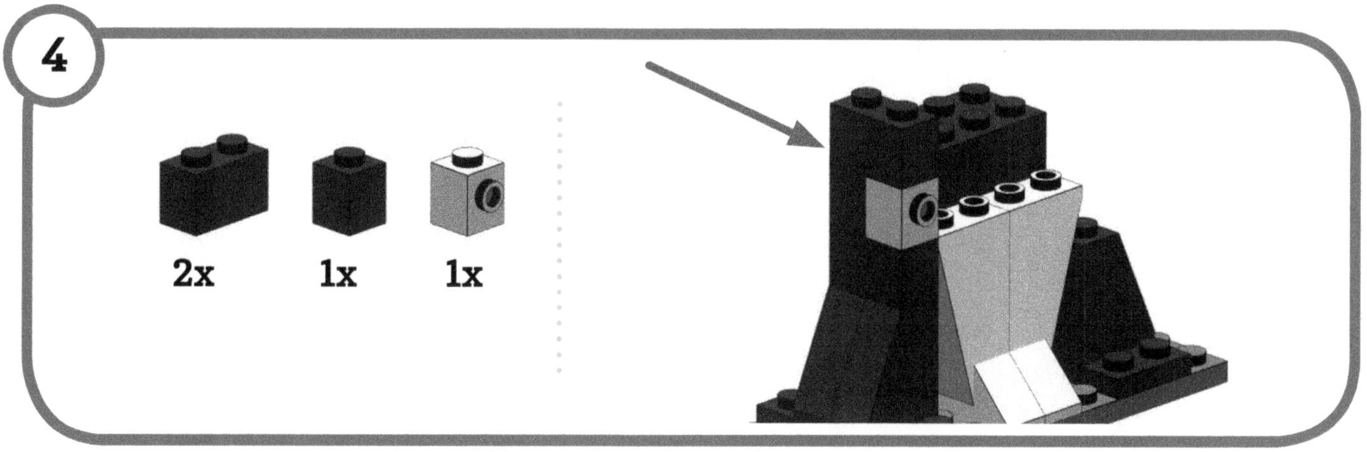
4
2x
1x
1x

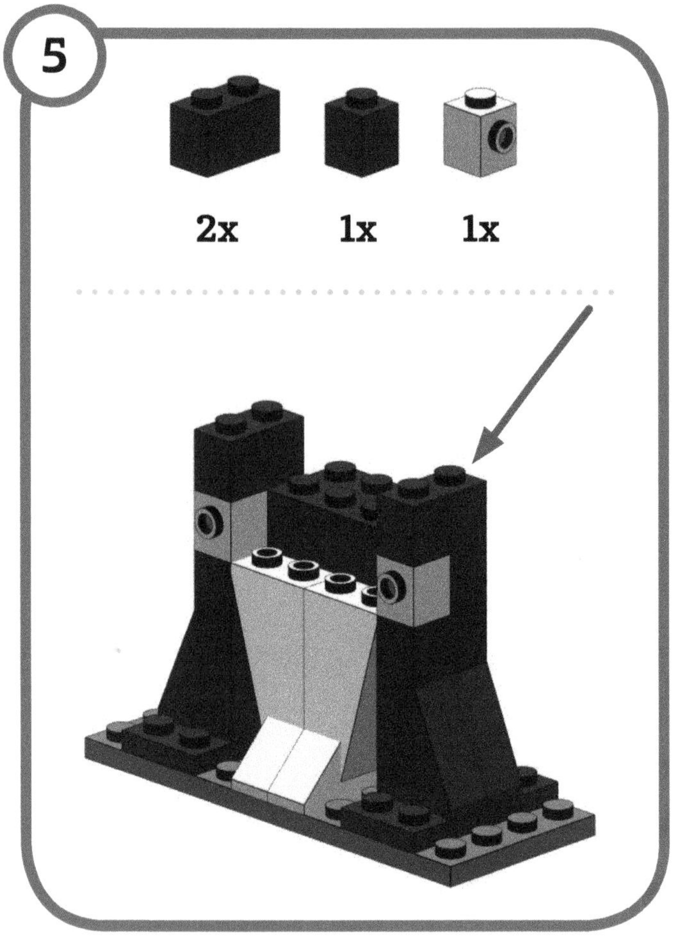
5
2x
1x
1x

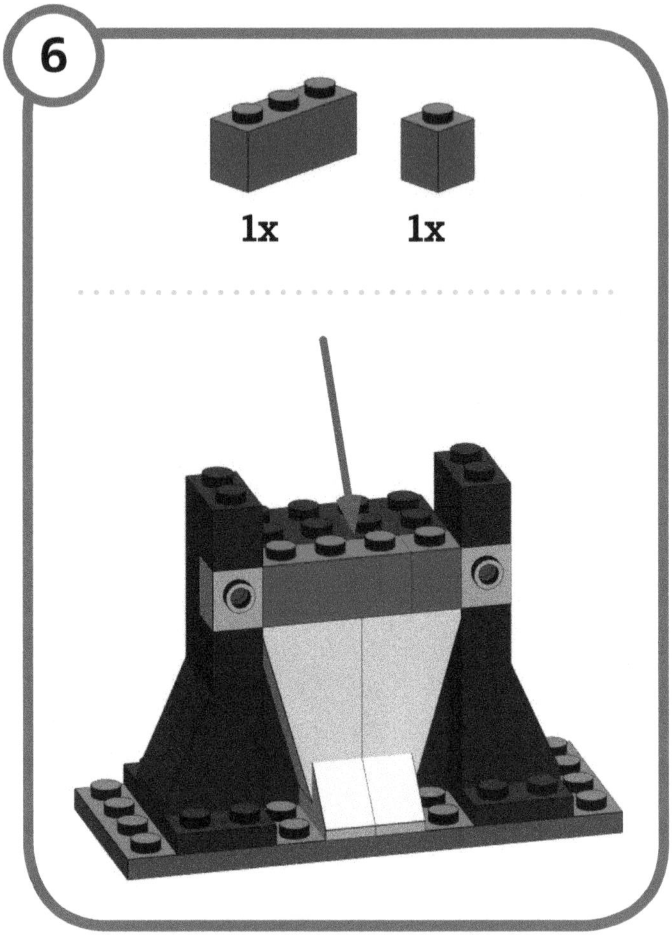
6
1x
1x

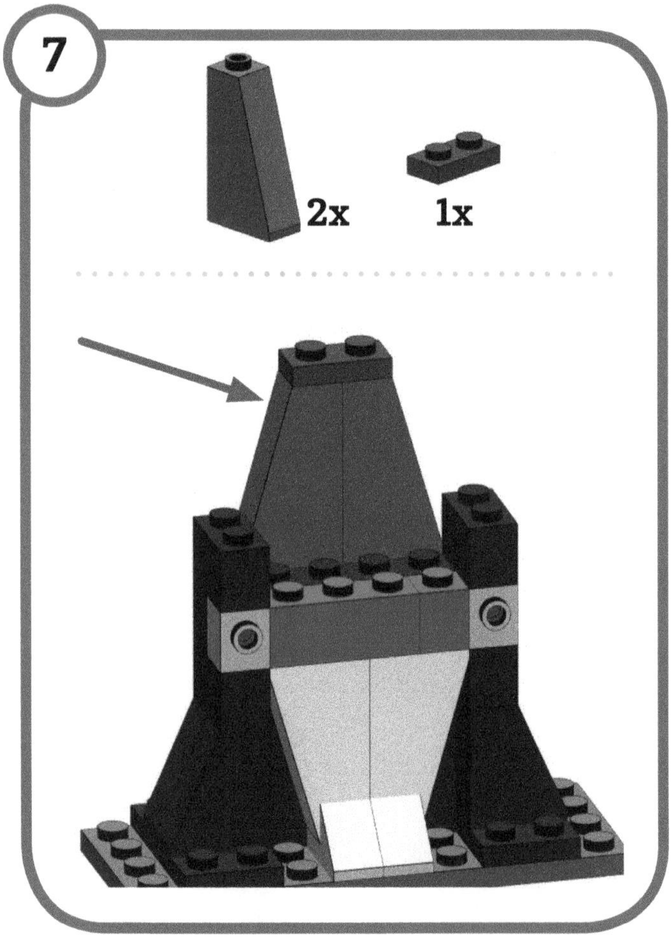
7
2x
1x

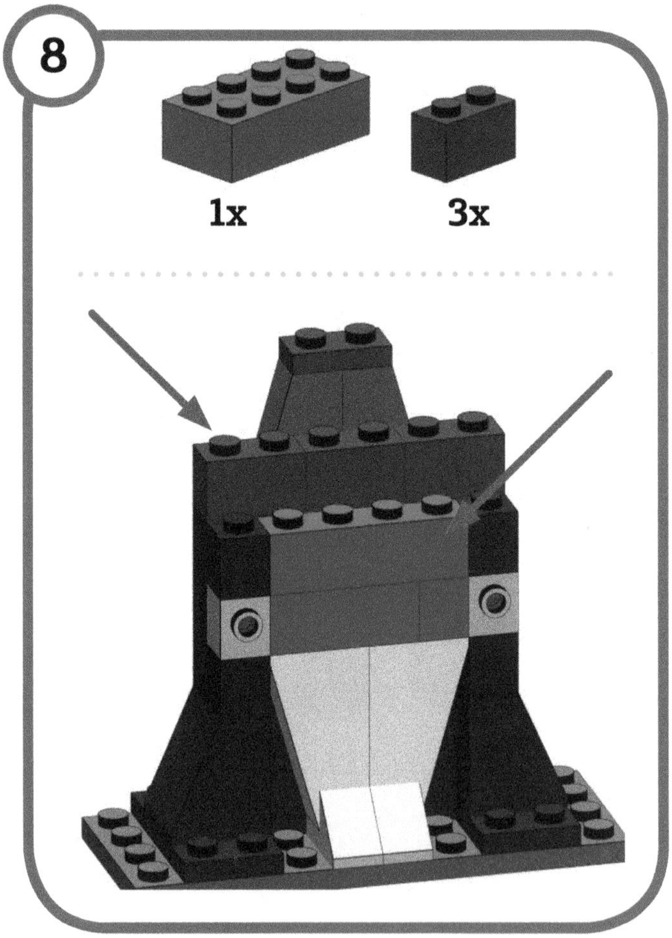
8
1x
3x

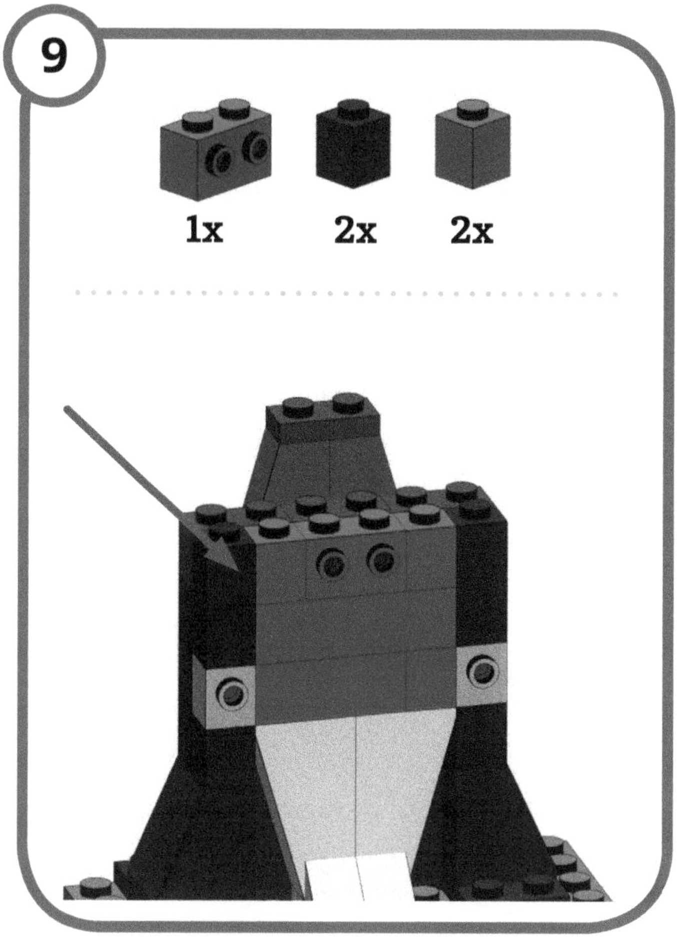
9
1x
2x
2x

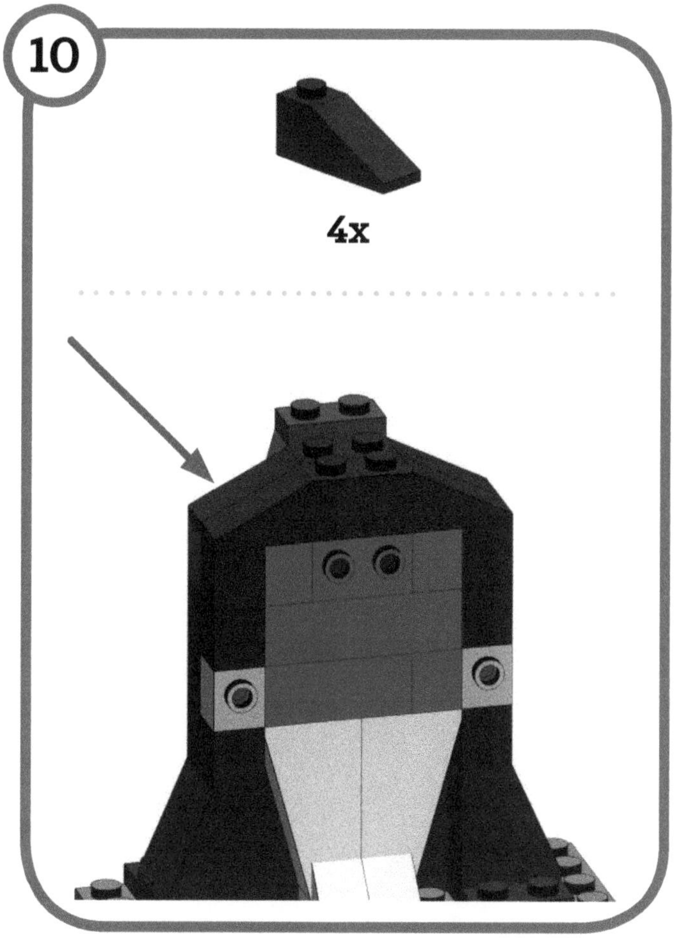
10
4x

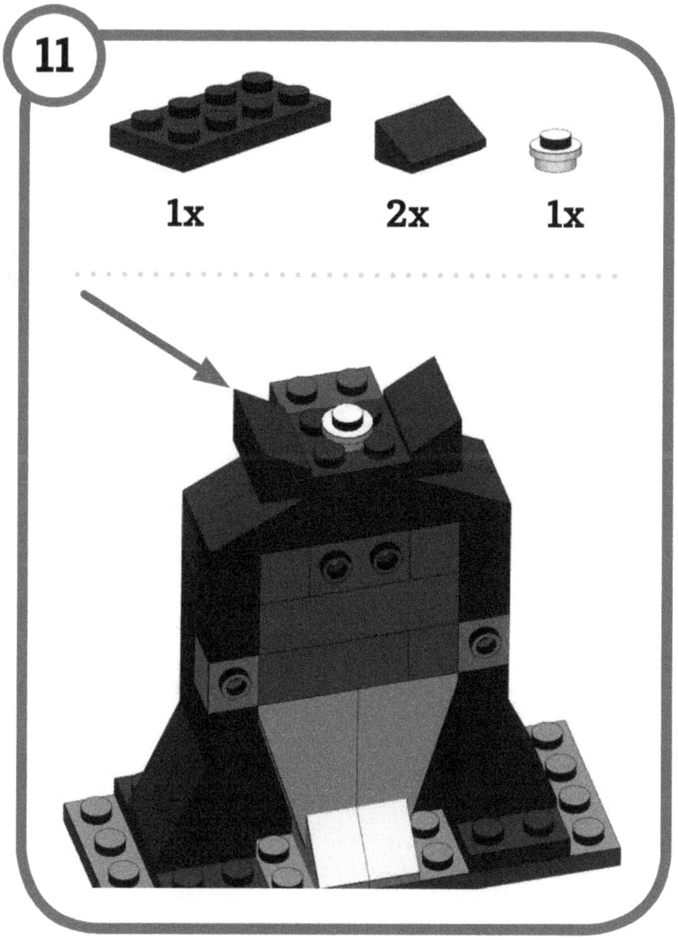
11
1x
2x
1x

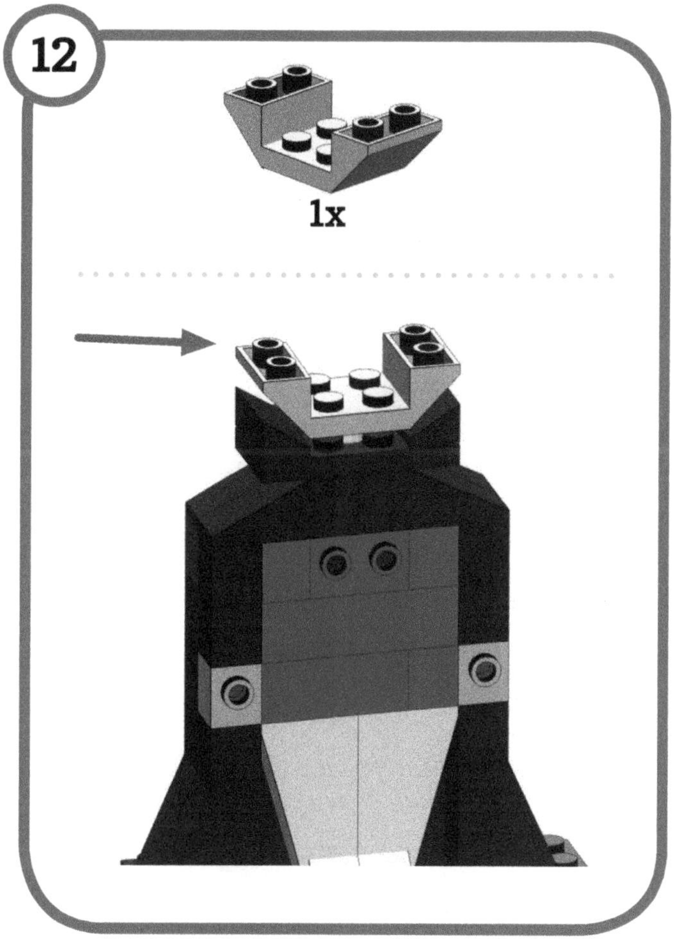
12
1x

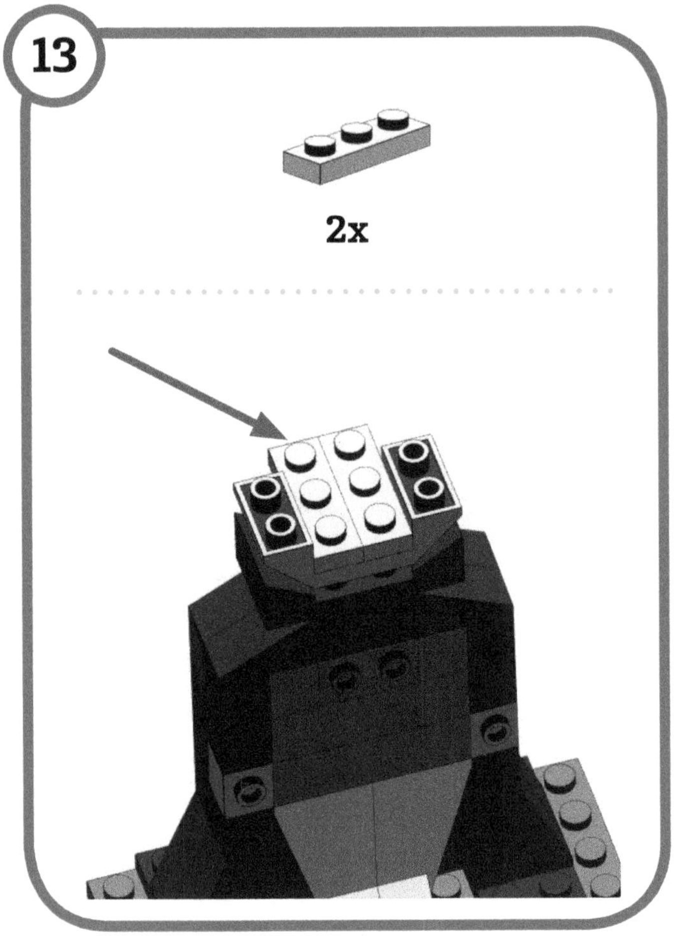
13
2x

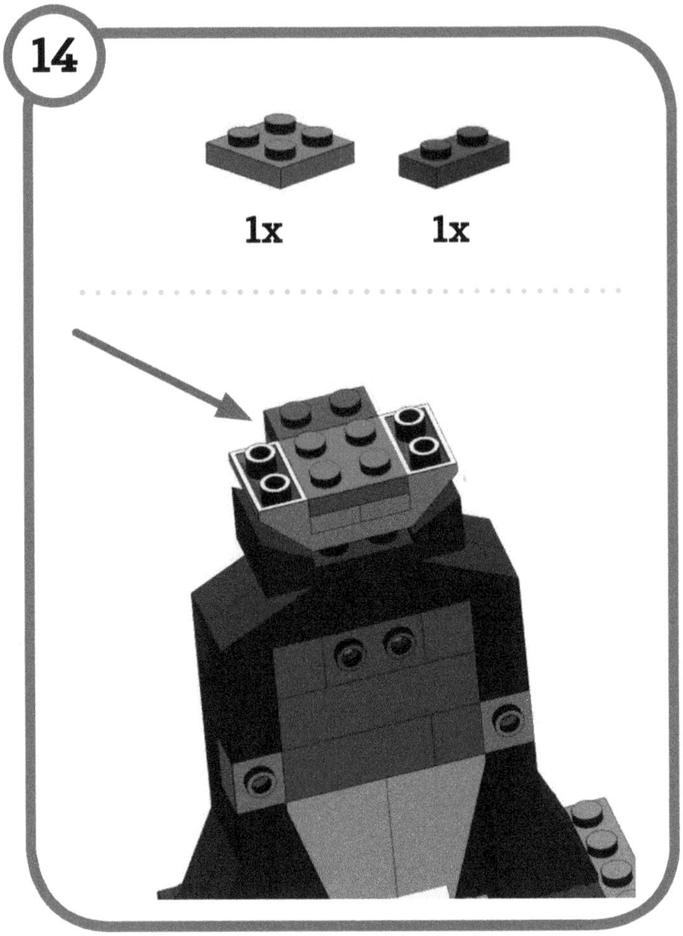
14
1x
1x

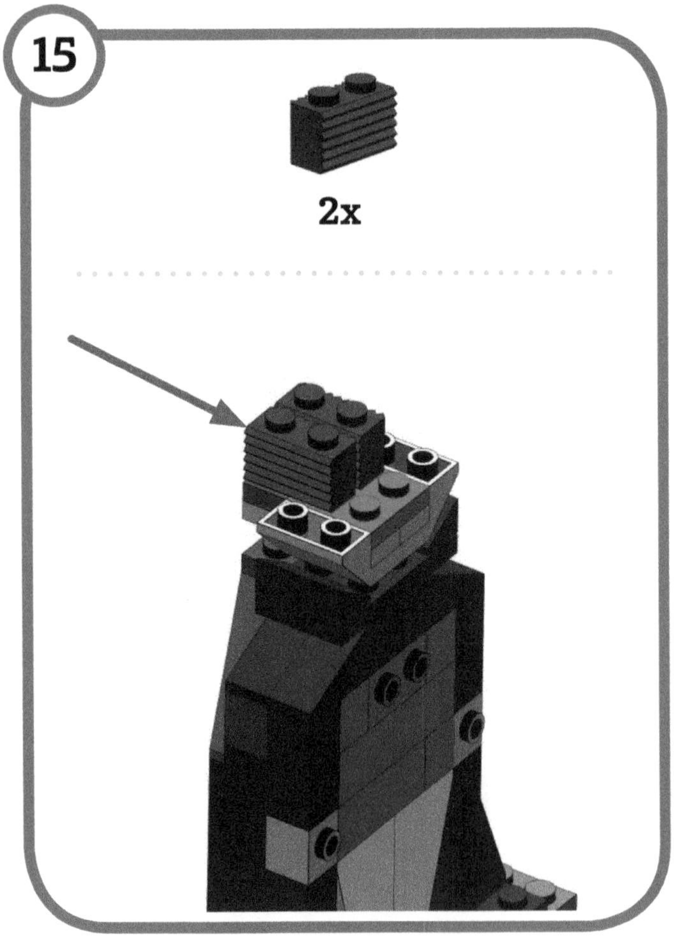
15
2x

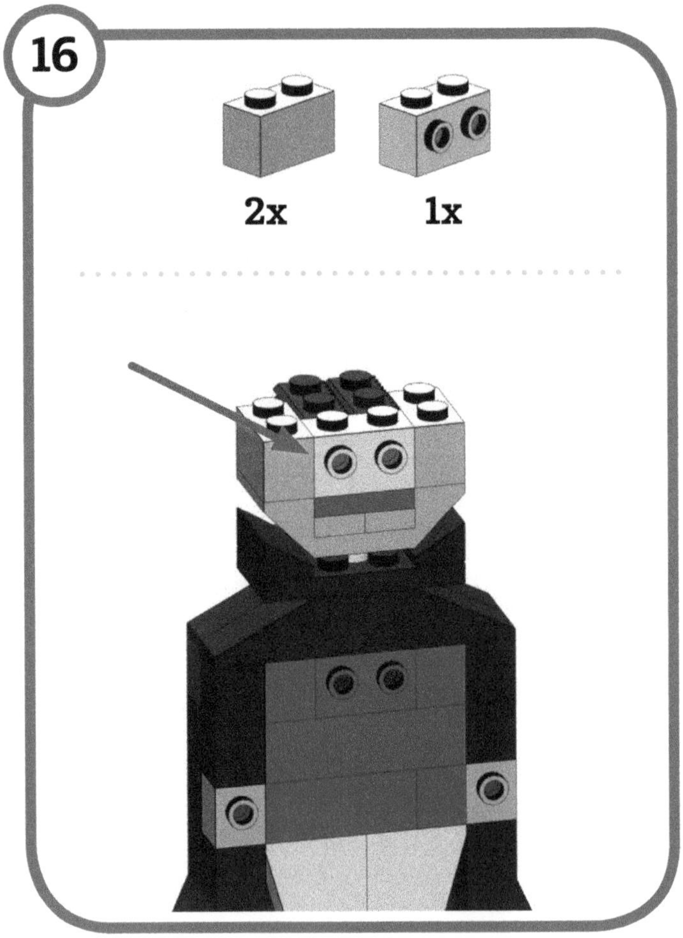
16
2x
1x

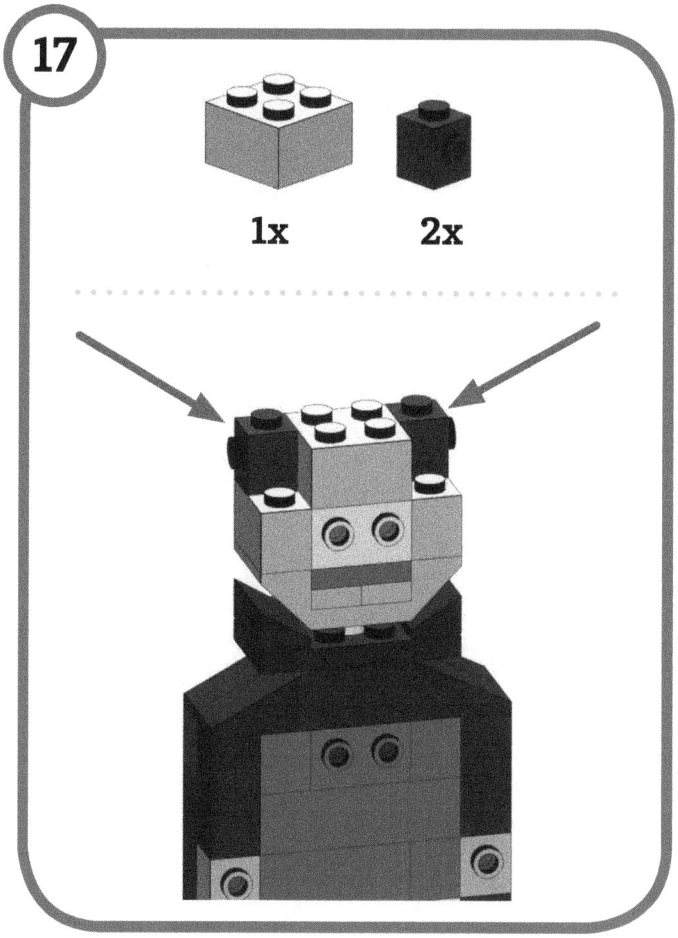
17
1x
2x

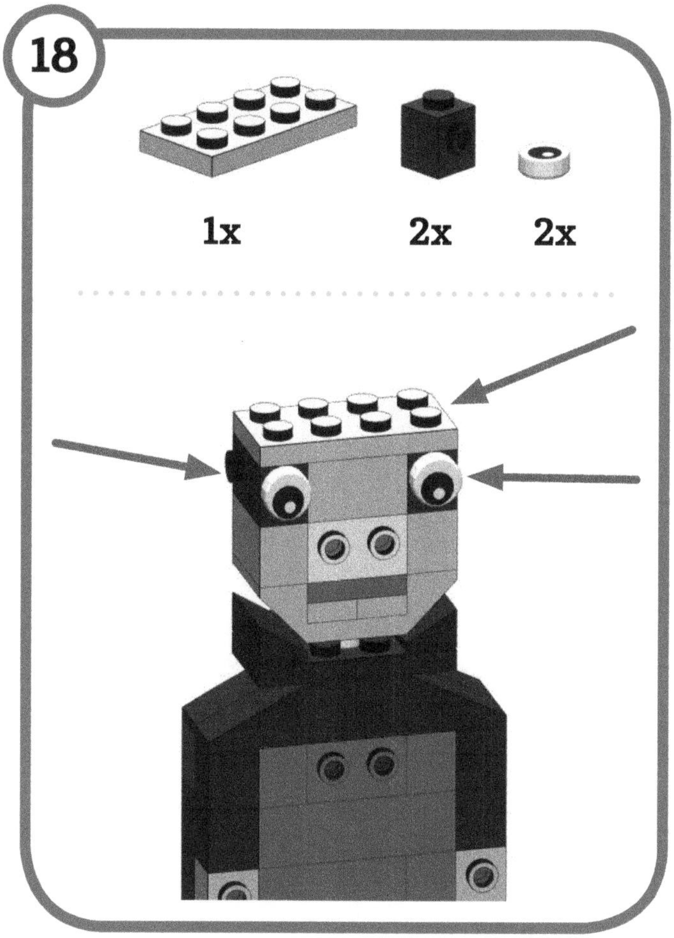
18
1x
2x
2x

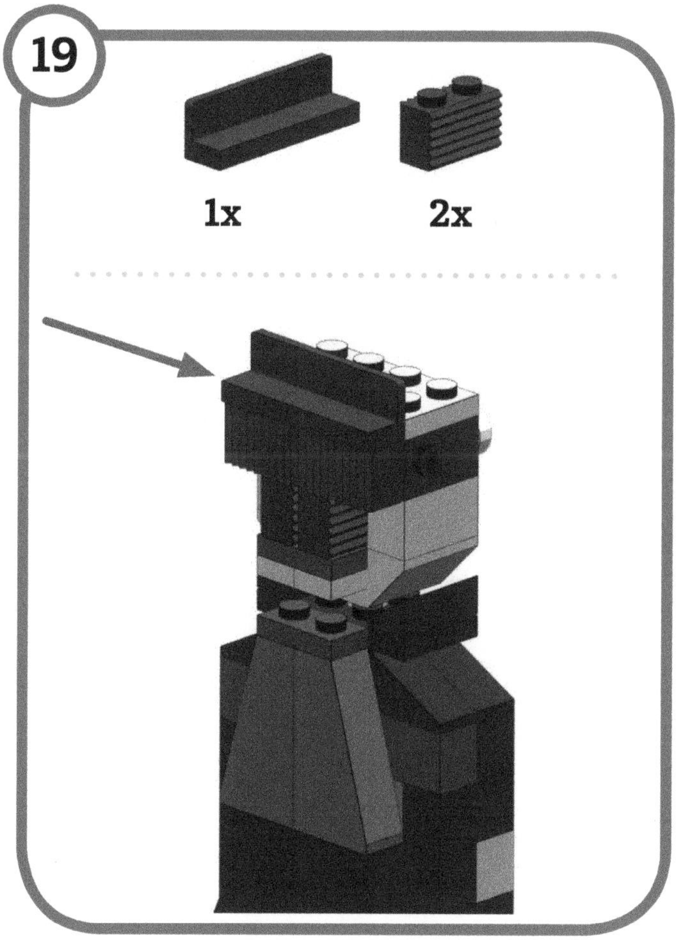
19
1x
2x

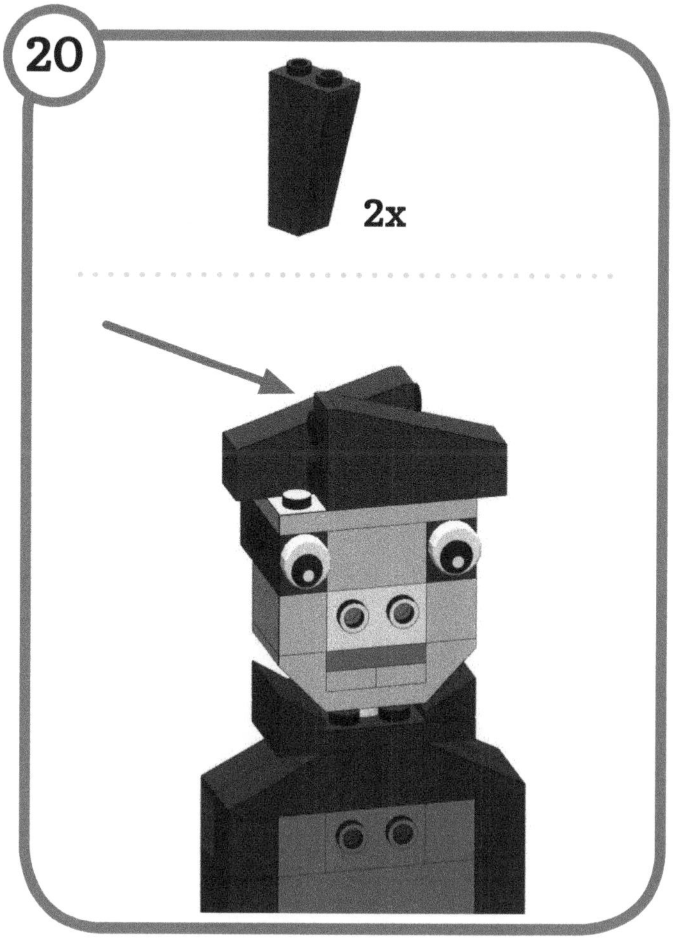
20
2x

21

2x

22

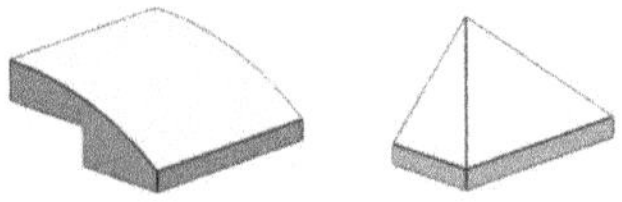

2x 1x

23

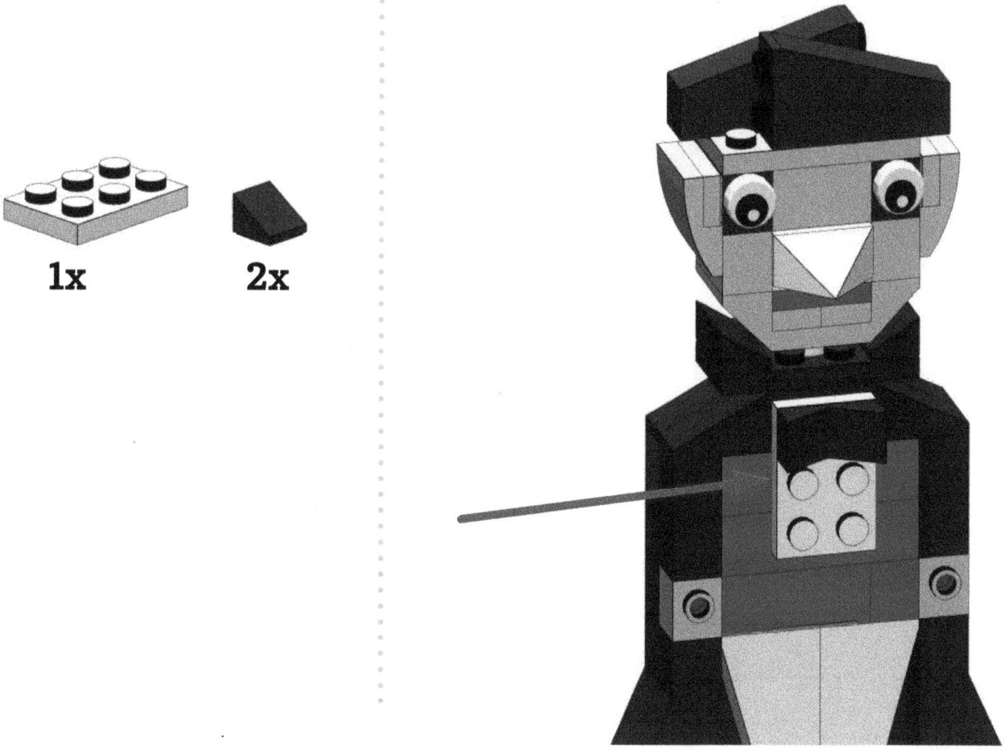

24

Forest Clearing

Two-Headed
Dog

Build a Red Goblin

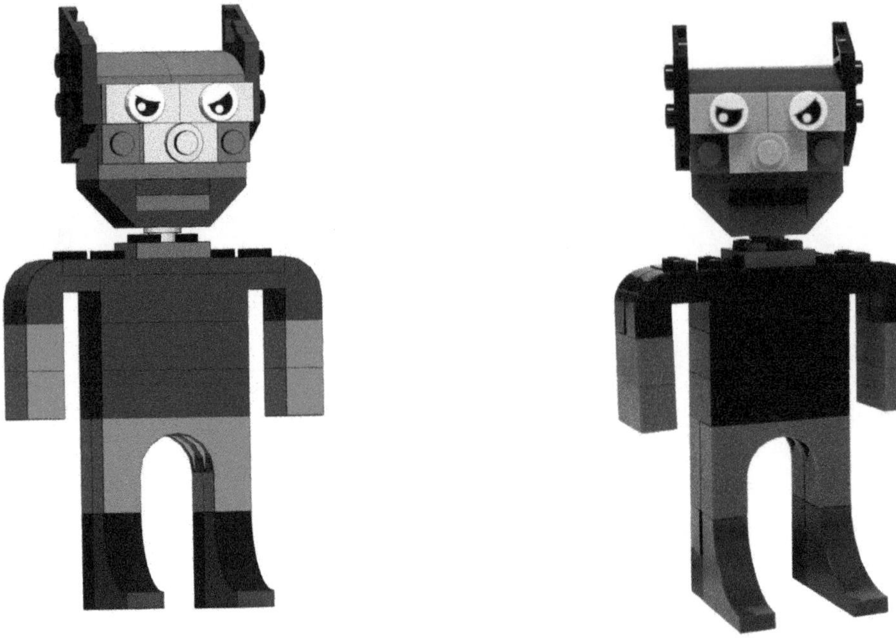

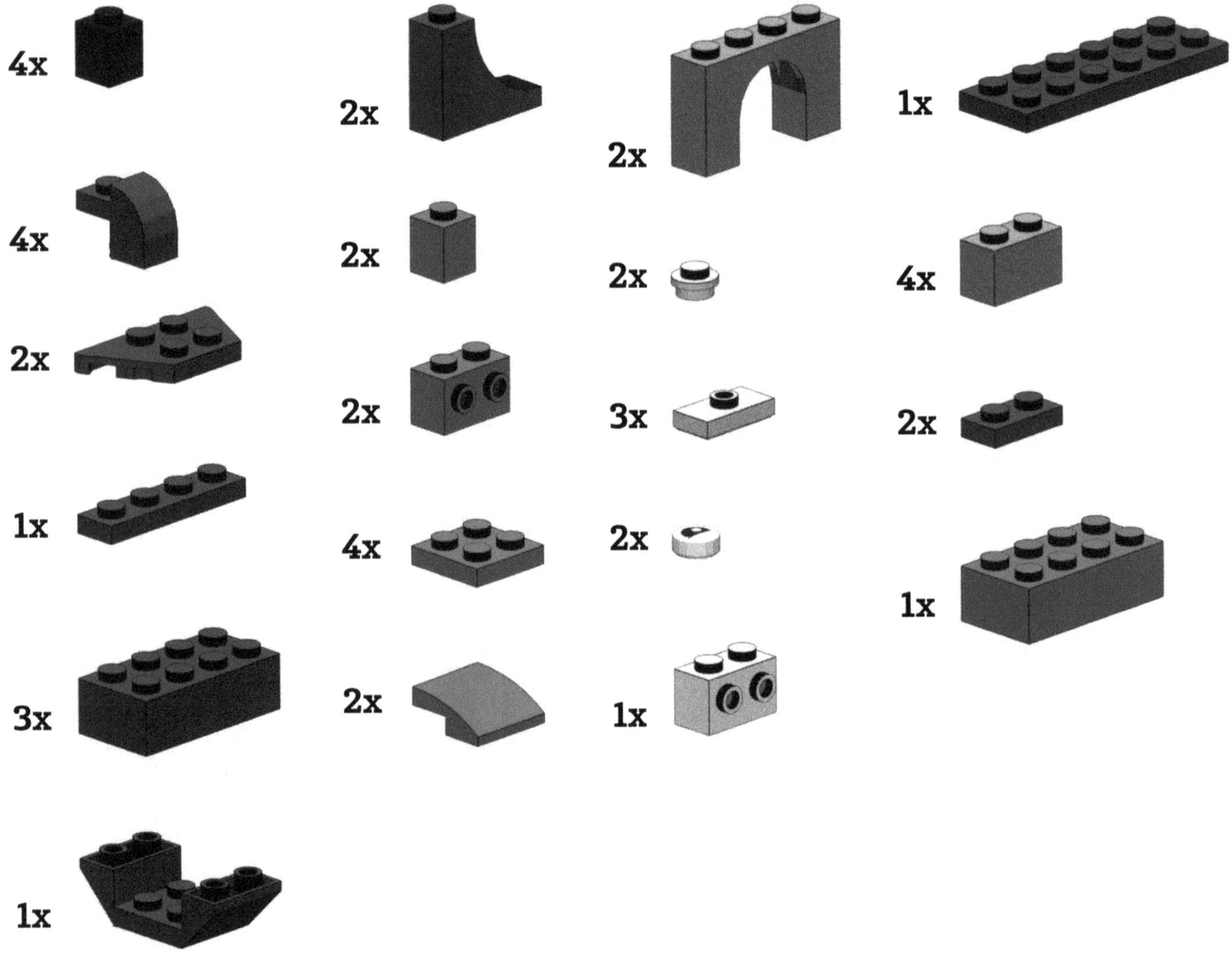

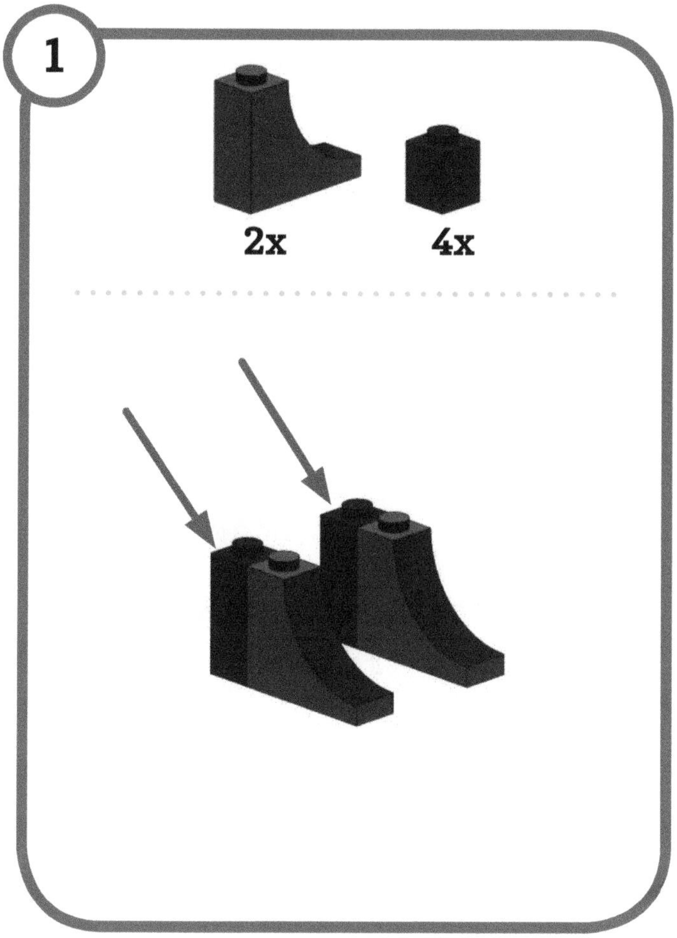
1
2x
4x

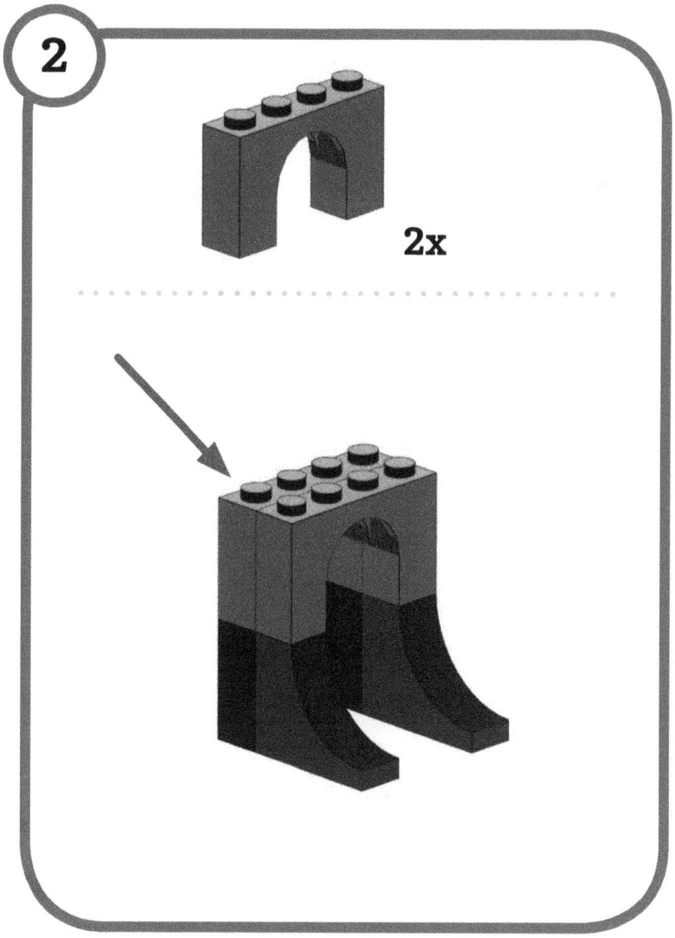
2
2x

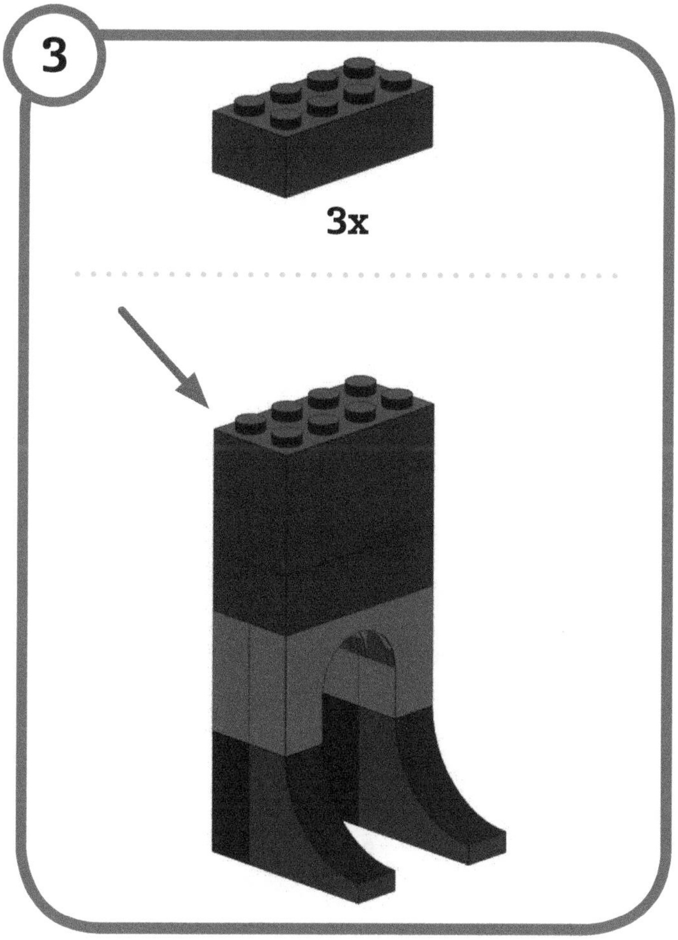
3
3x

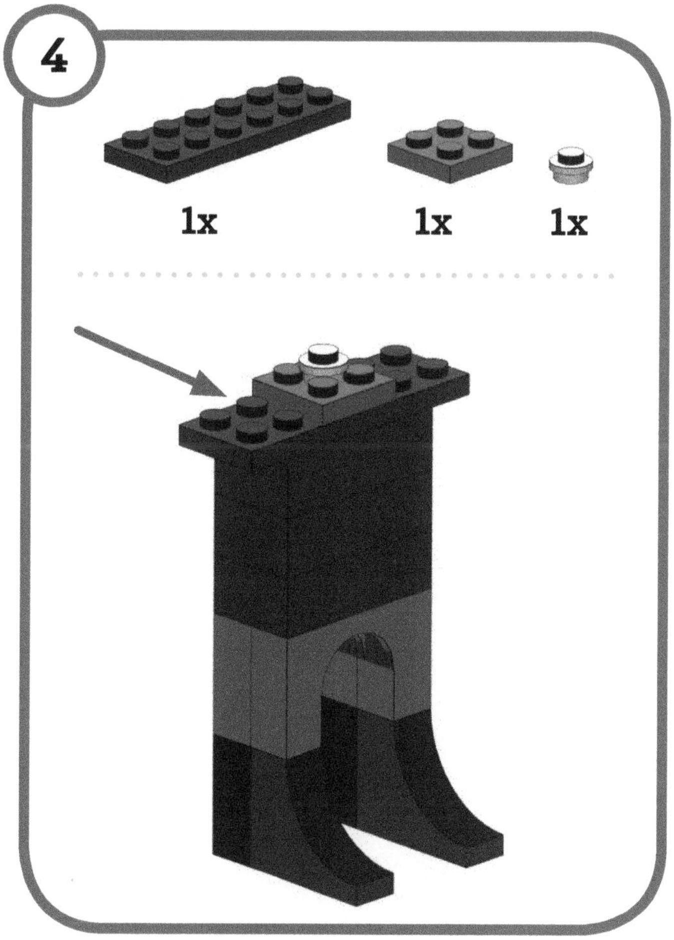
4
1x
1x
1x

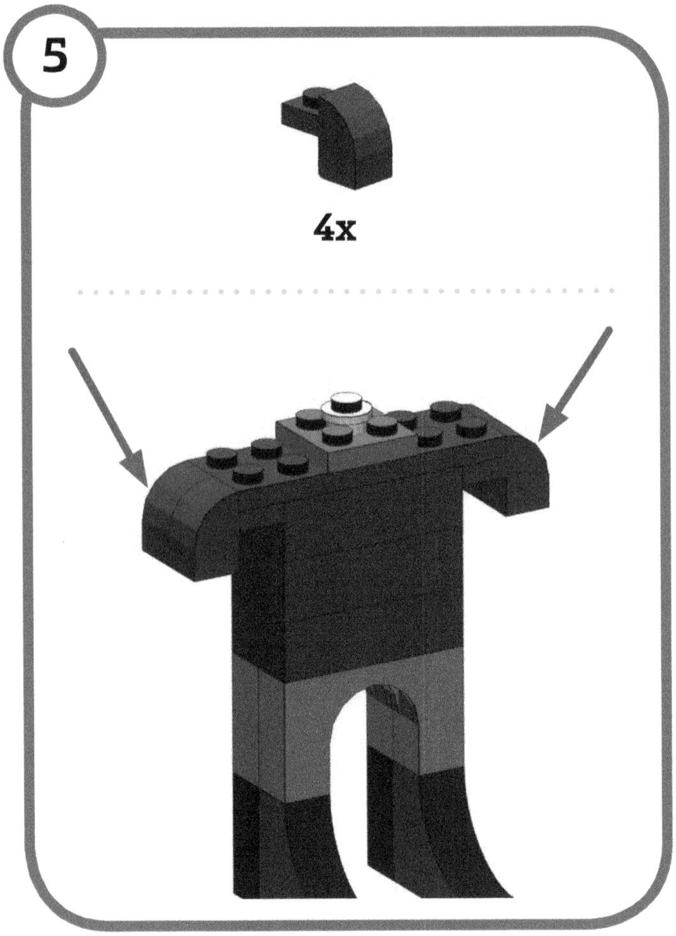
5
4x

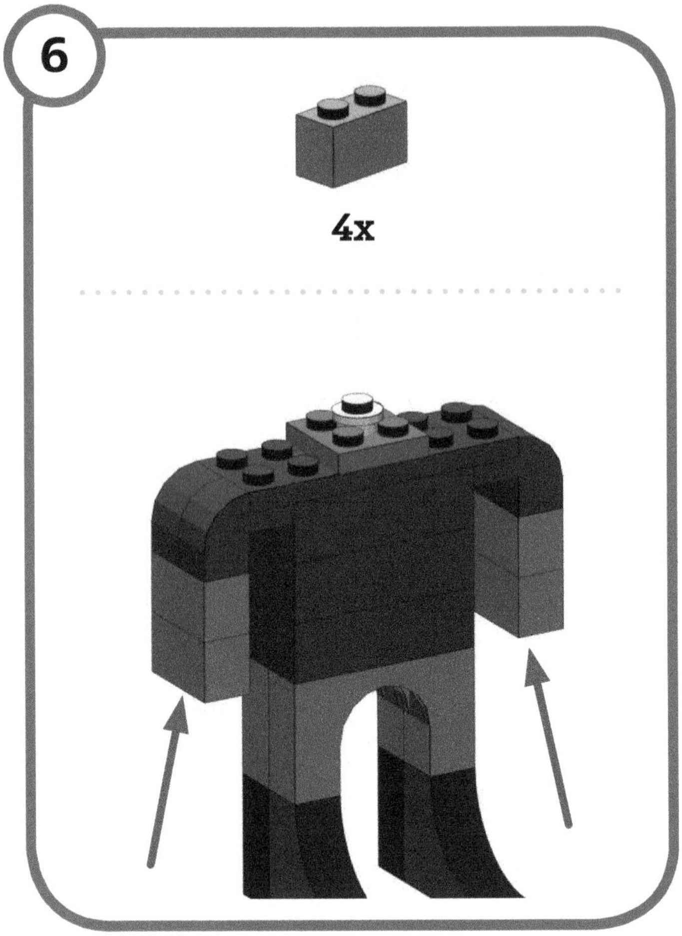
6
4x

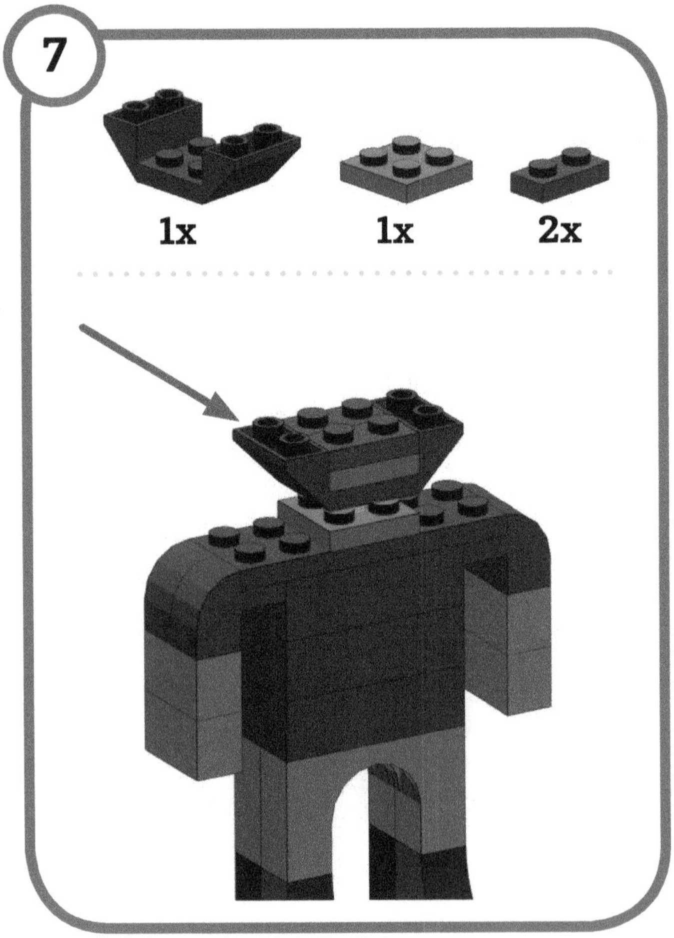
7
1x
1x
2x

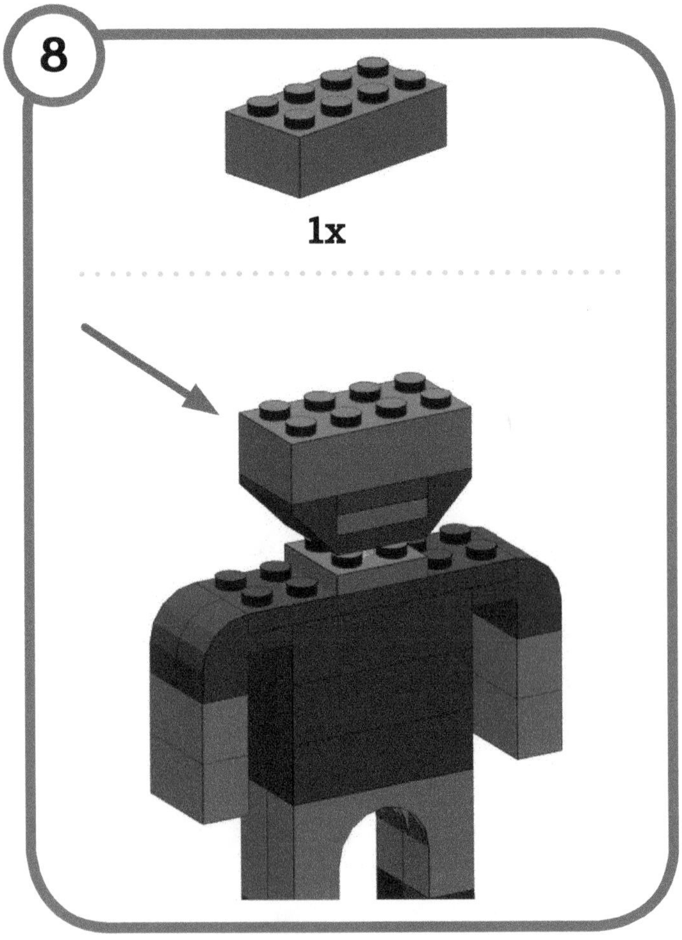
8
1x

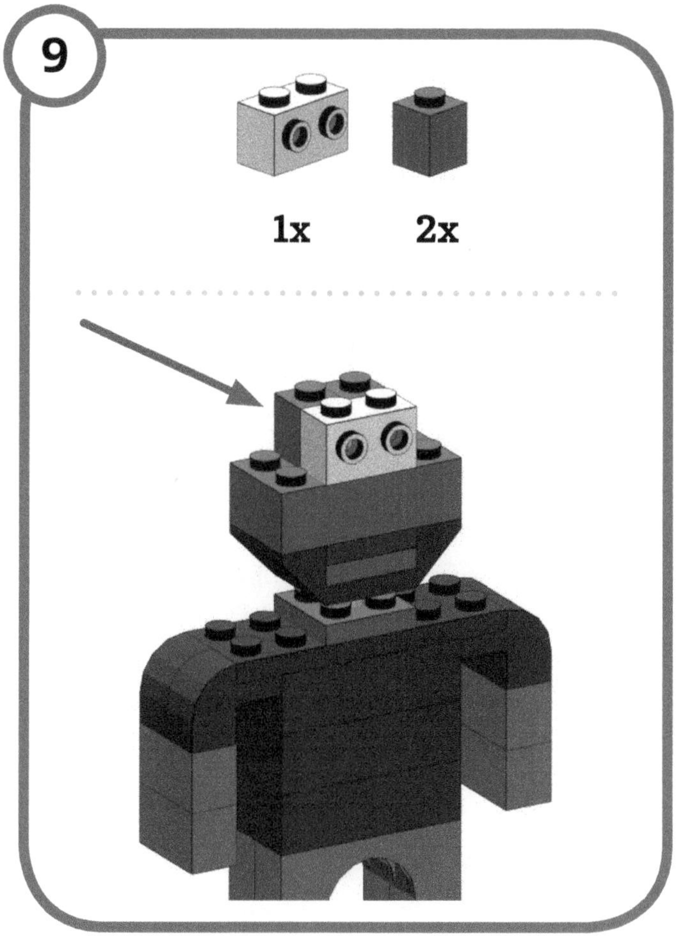
9
1x
2x

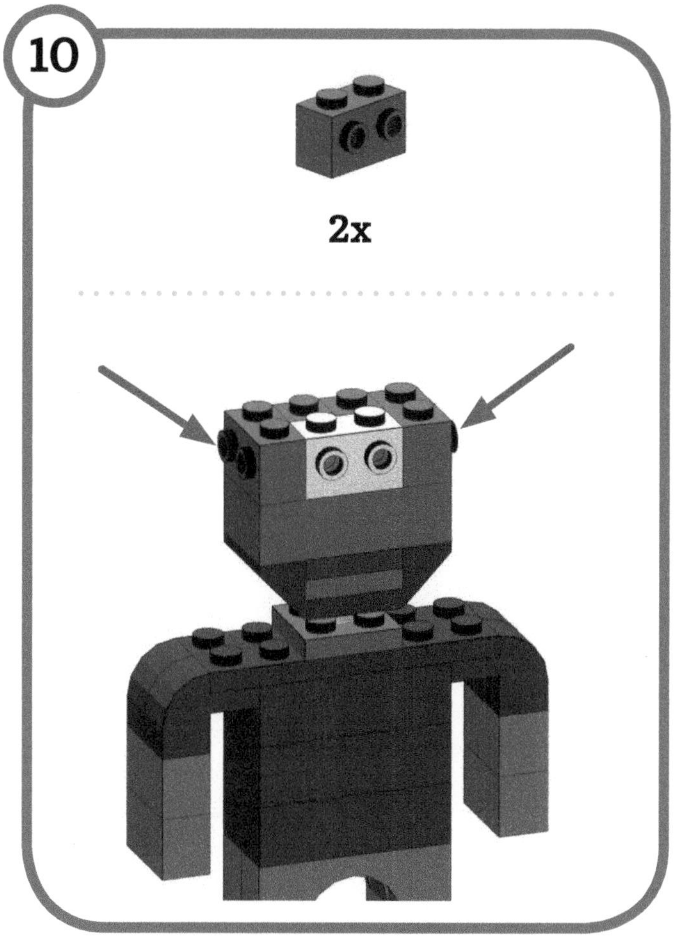
10
2x

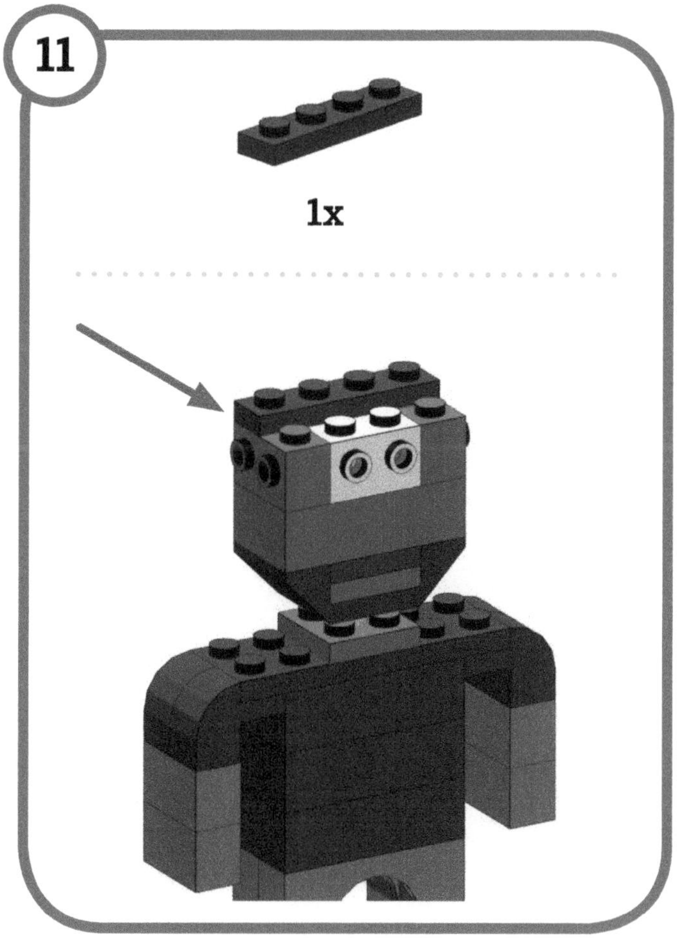
11
1x

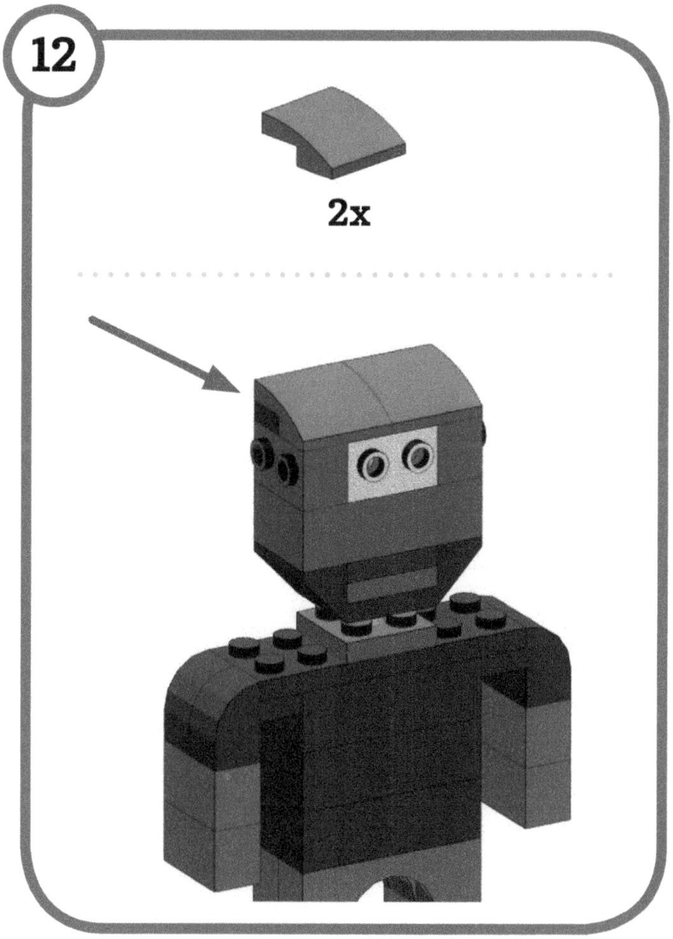
12
2x

13

2x 2x

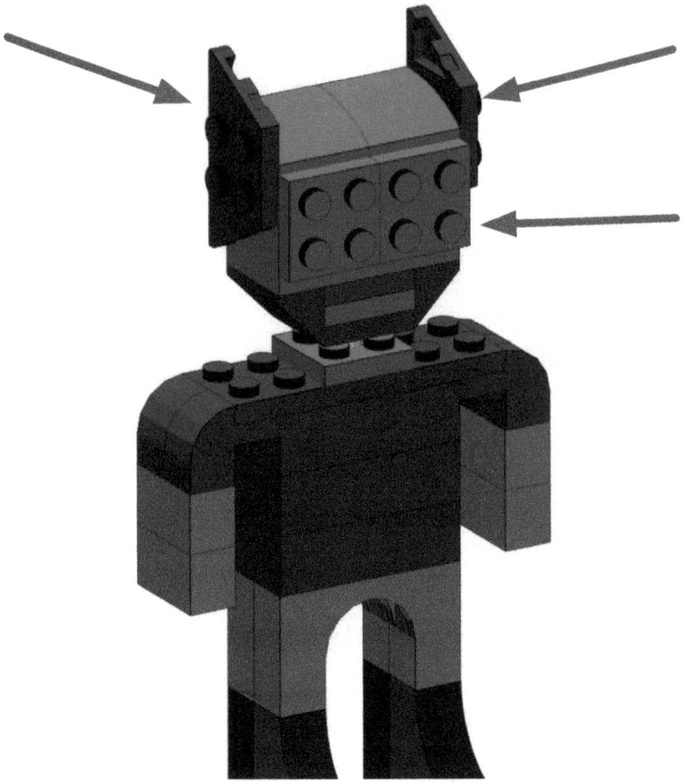

14

3x 1x 2x

Build a Purple Goblin

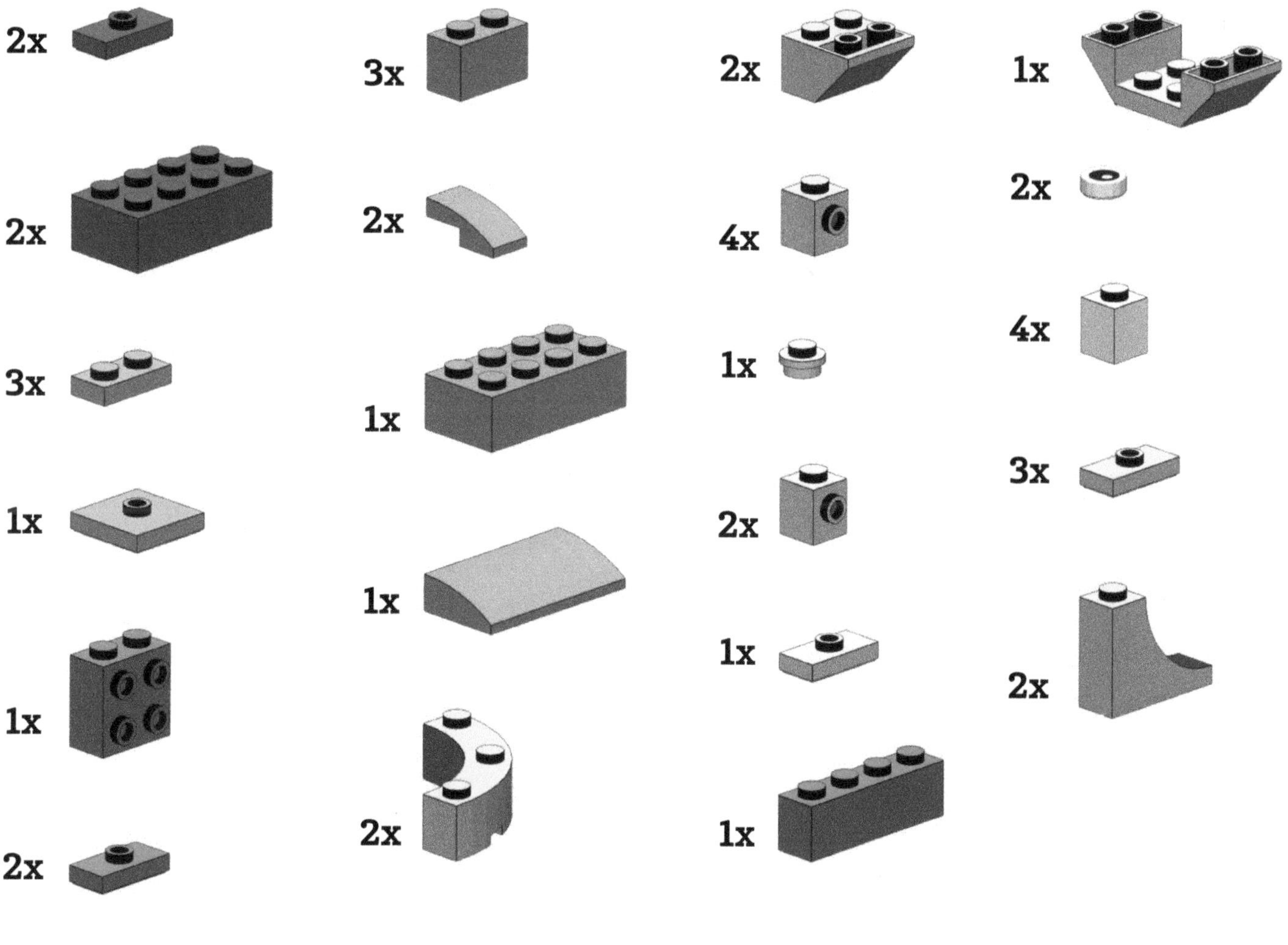

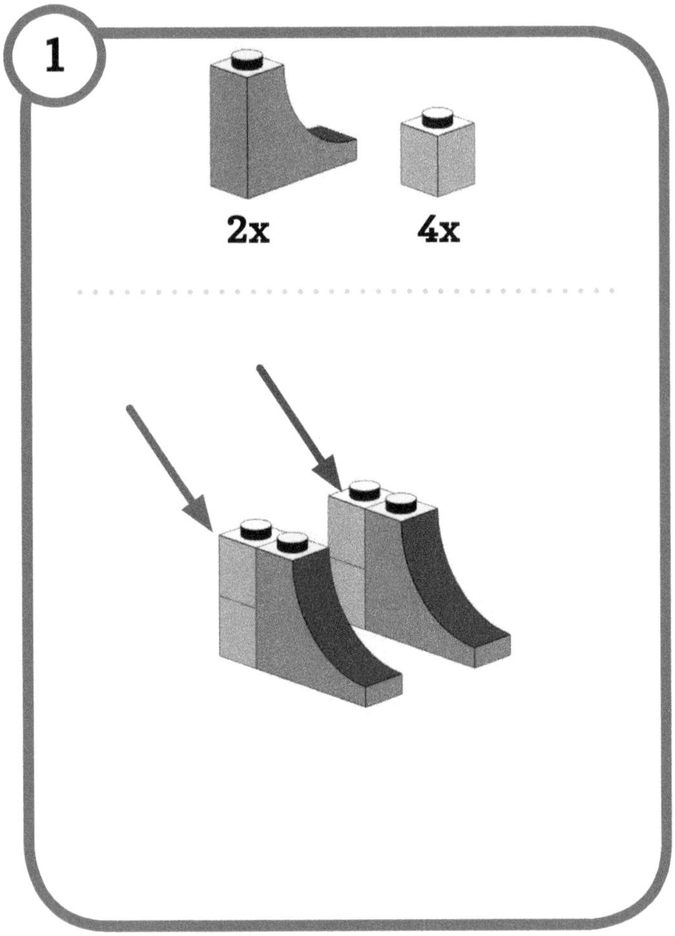
1
2x
4x

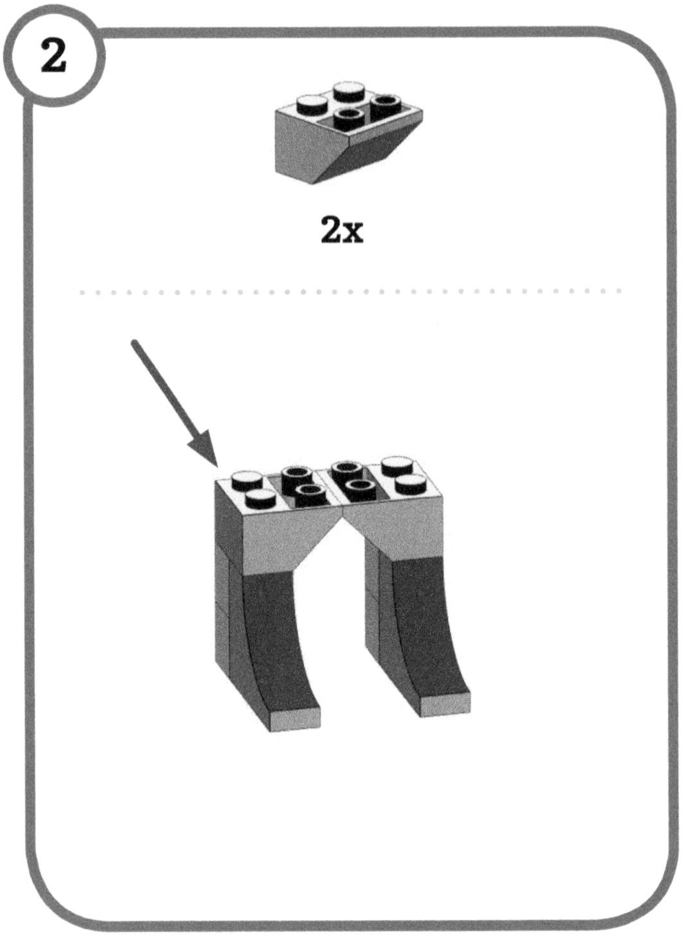
2
2x

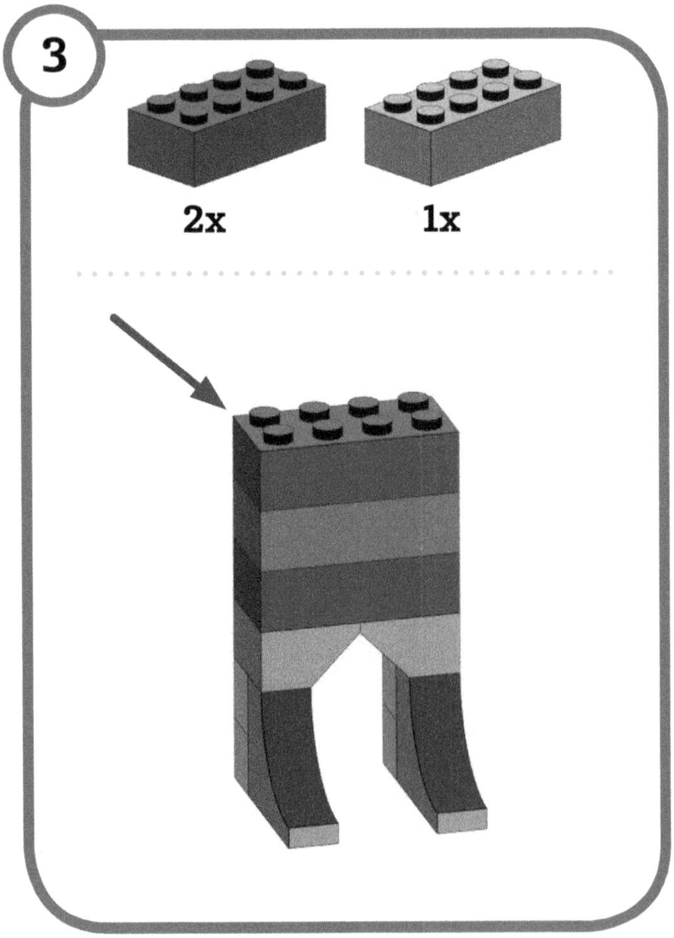
3
2x
1x

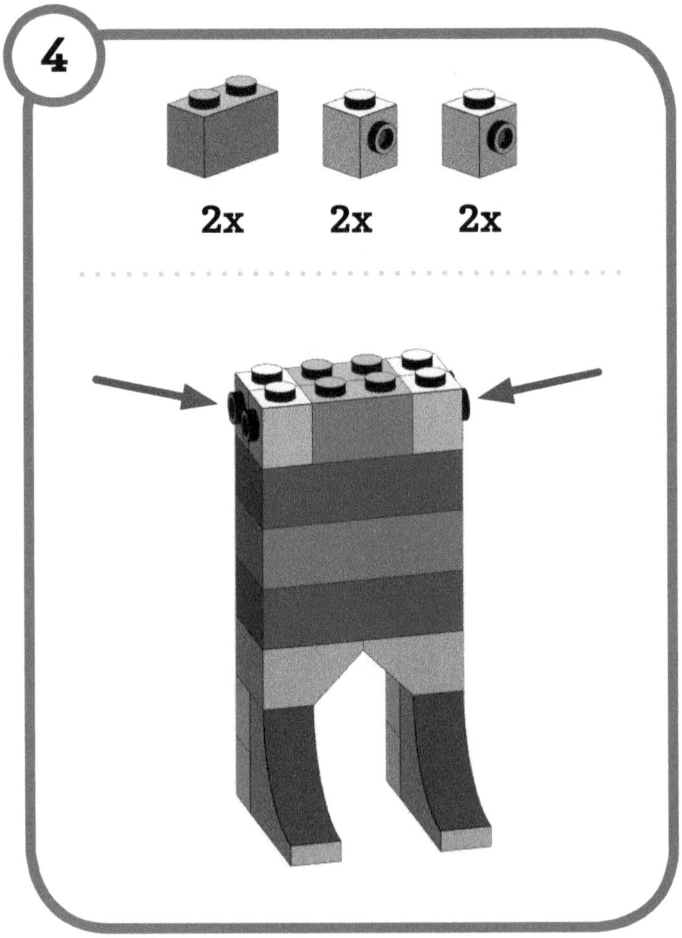
4
2x
2x
2x

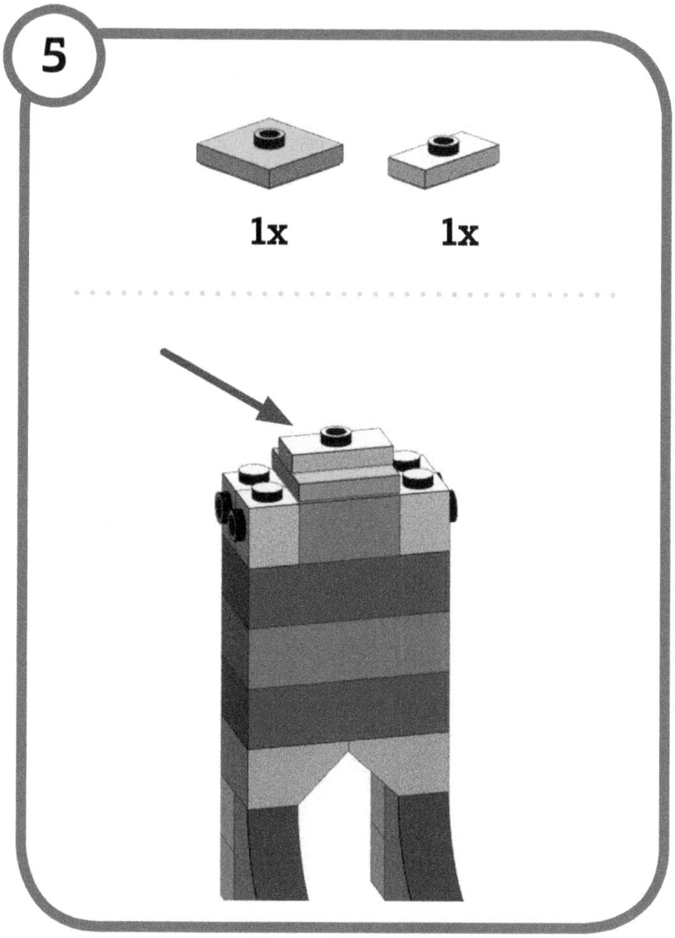
5
1x
1x

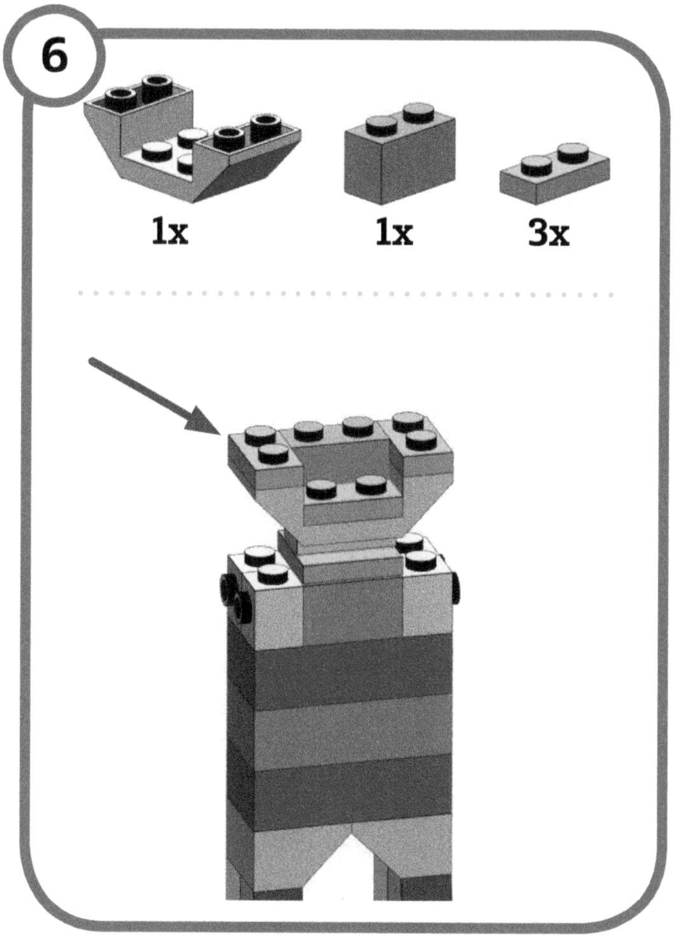
6
1x
1x
3x

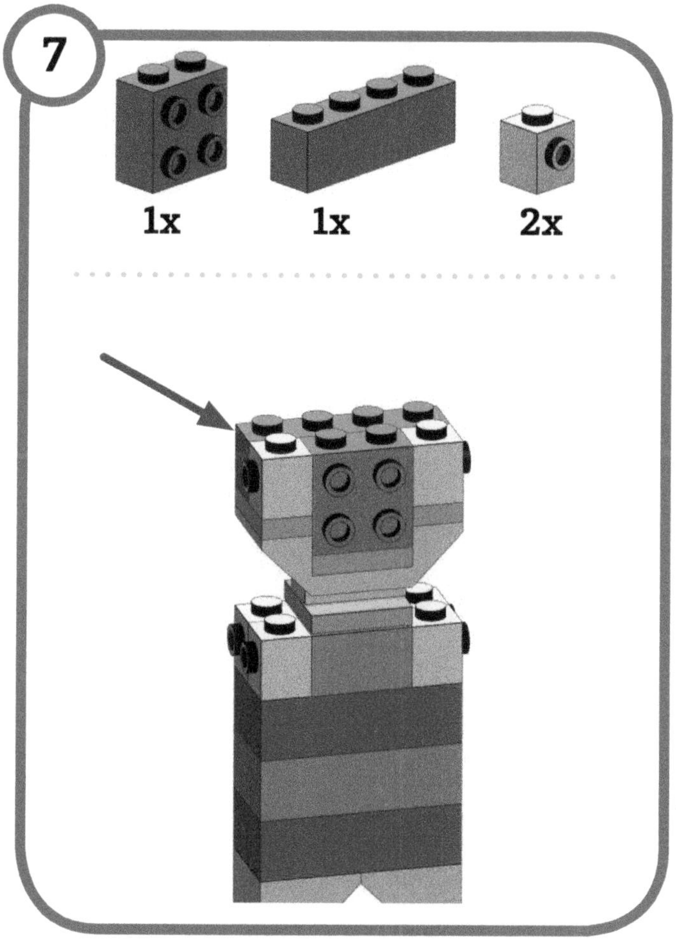
7
1x
1x
2x

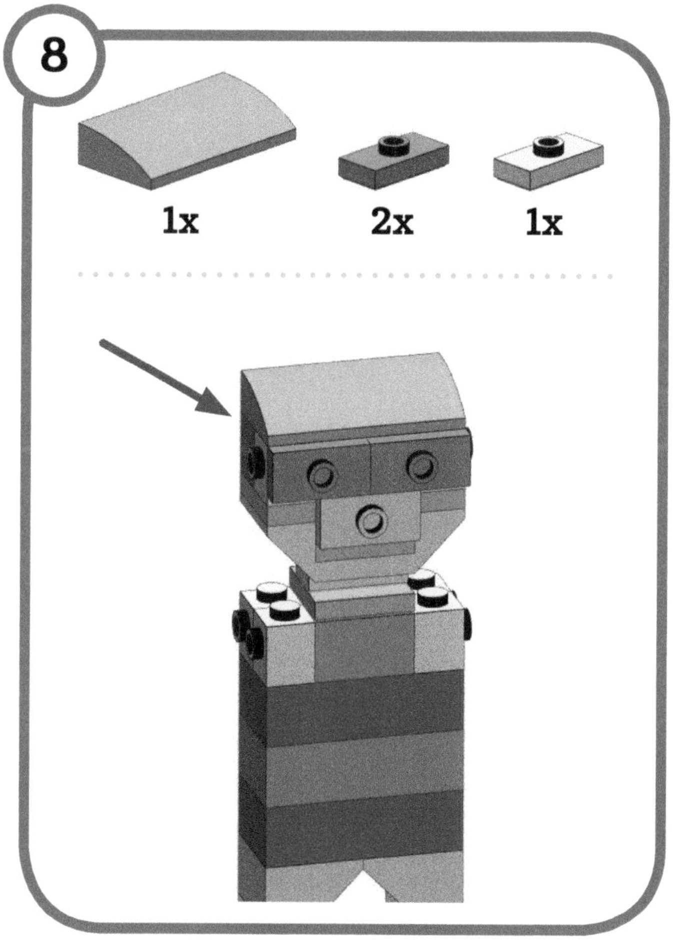
8
1x
2x
1x

9
1x
2x

10
2x
2x

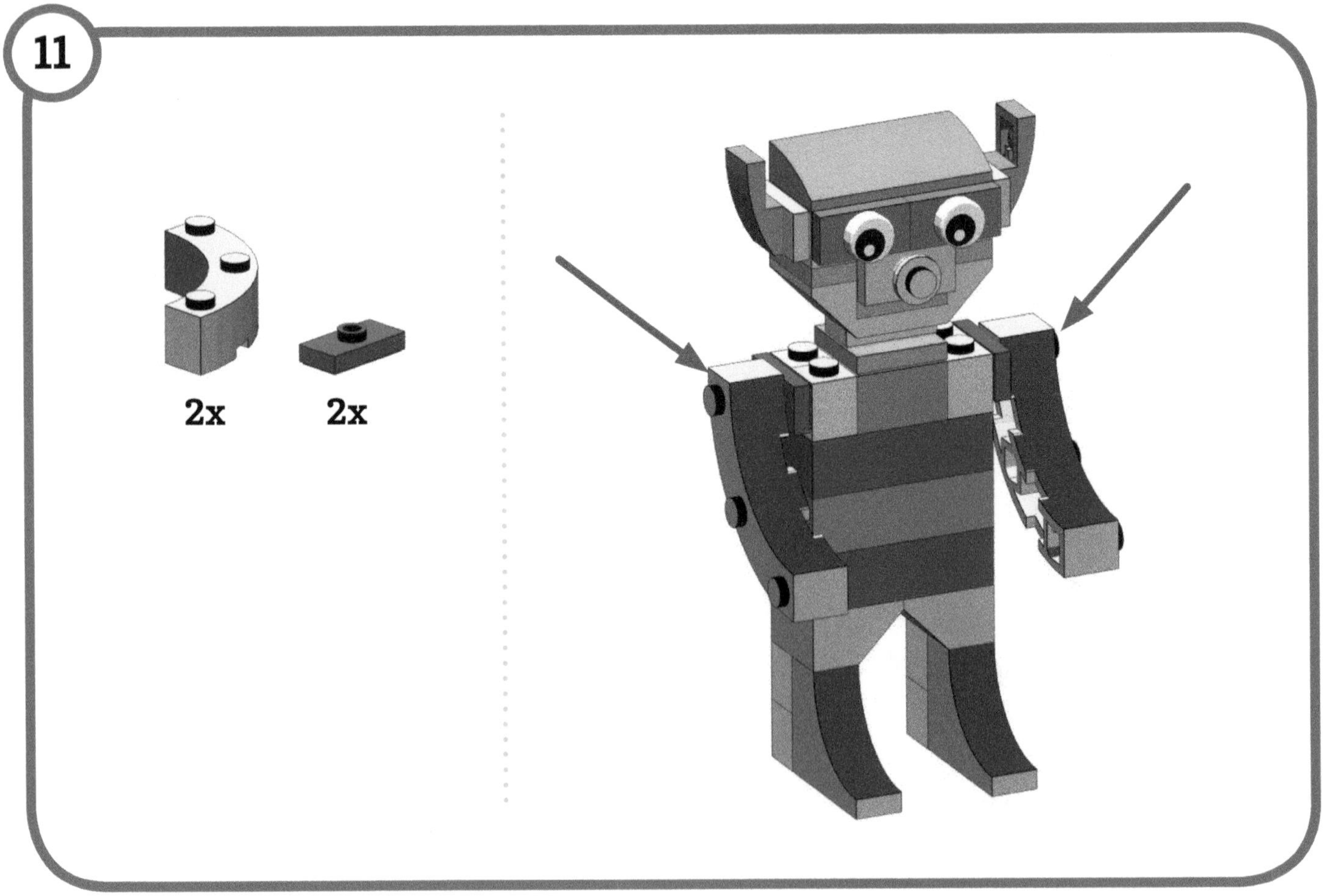
11
2x
2x

Build a Two-Headed Dog

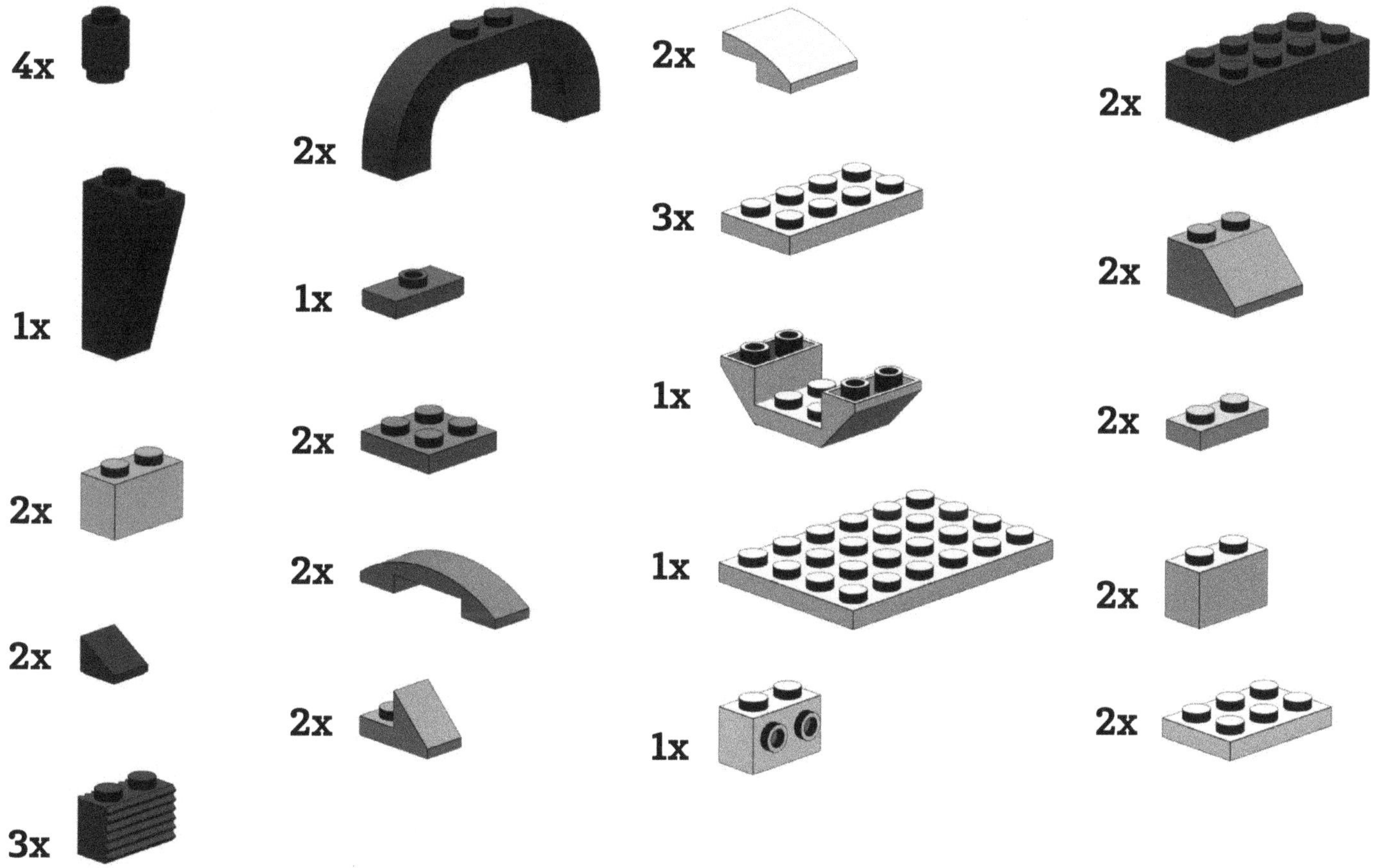

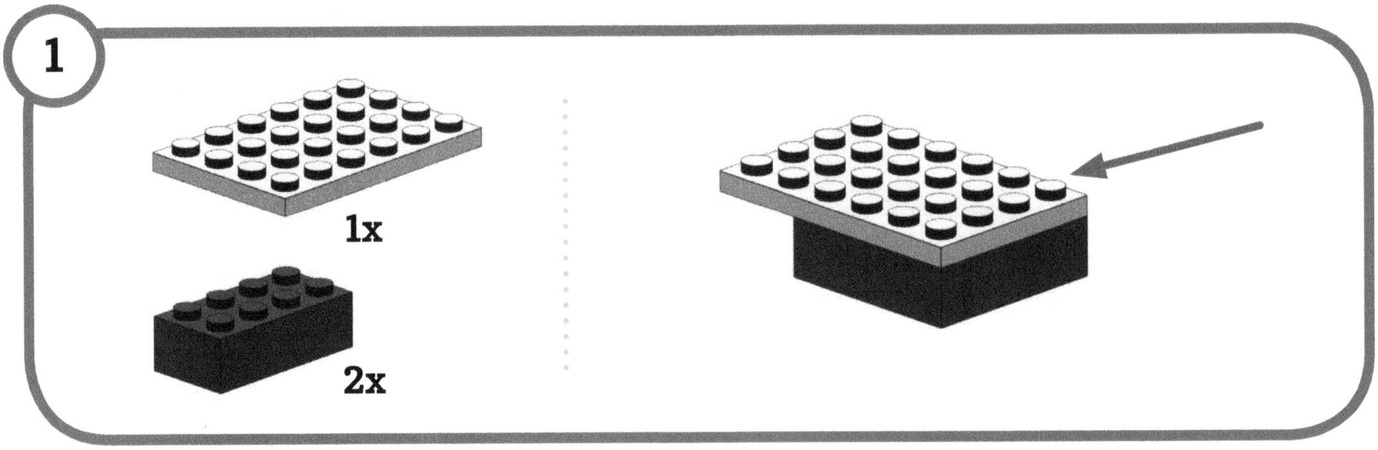
1
1x
2x

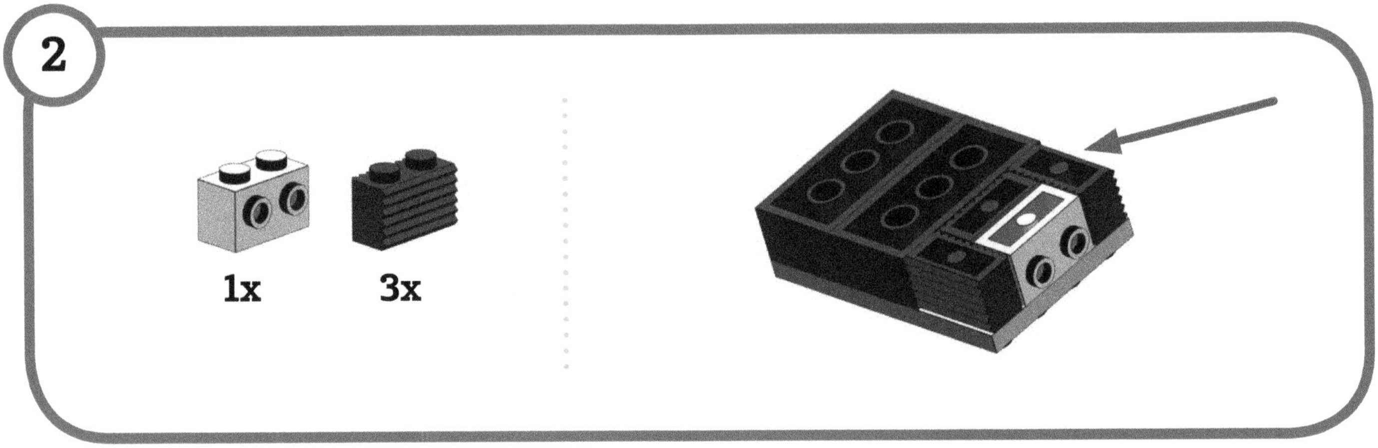
2
1x
3x

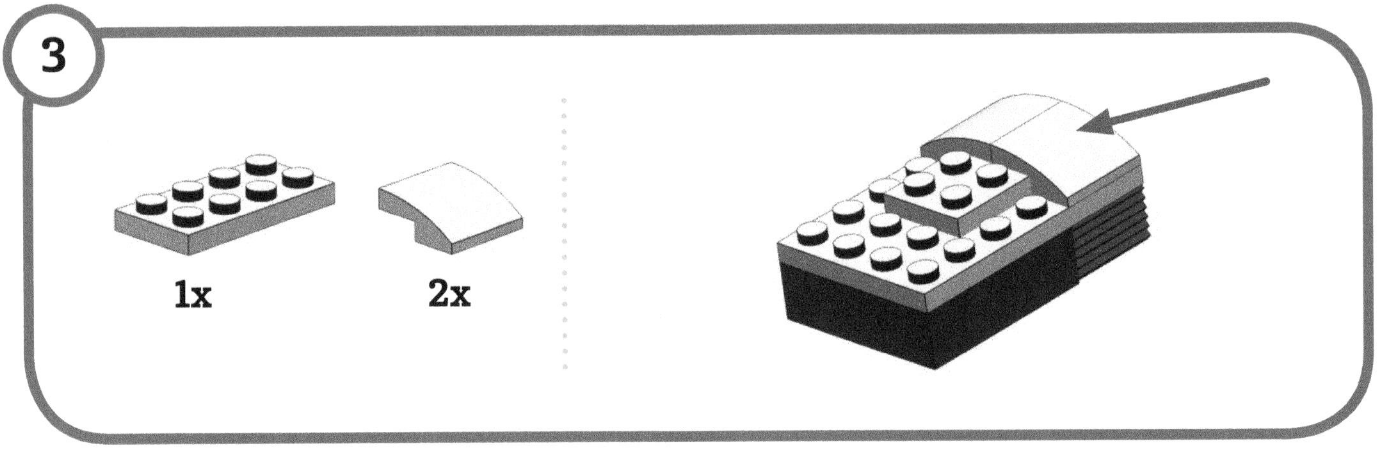
3
1x
2x

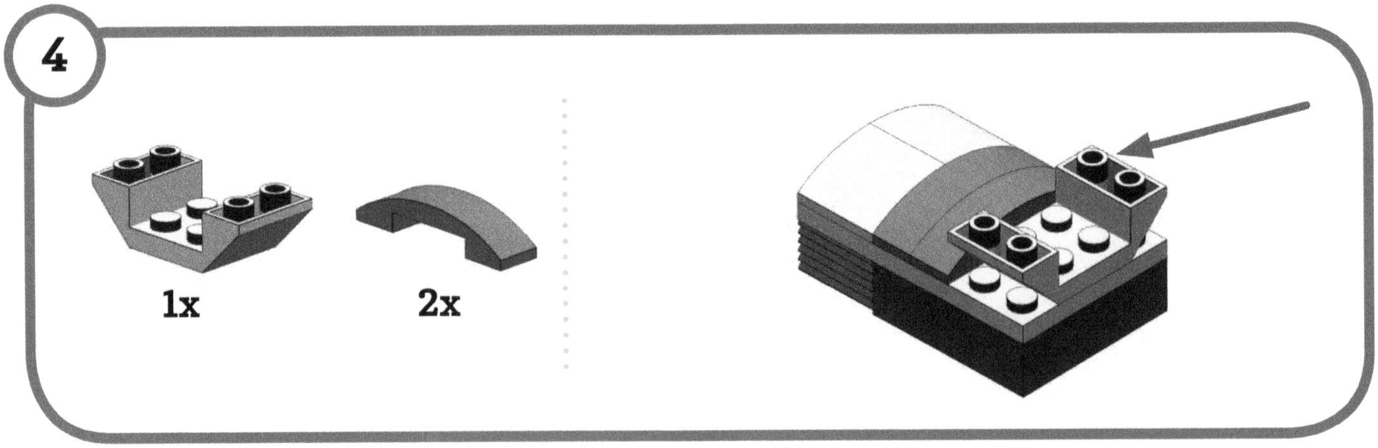
4
1x
2x

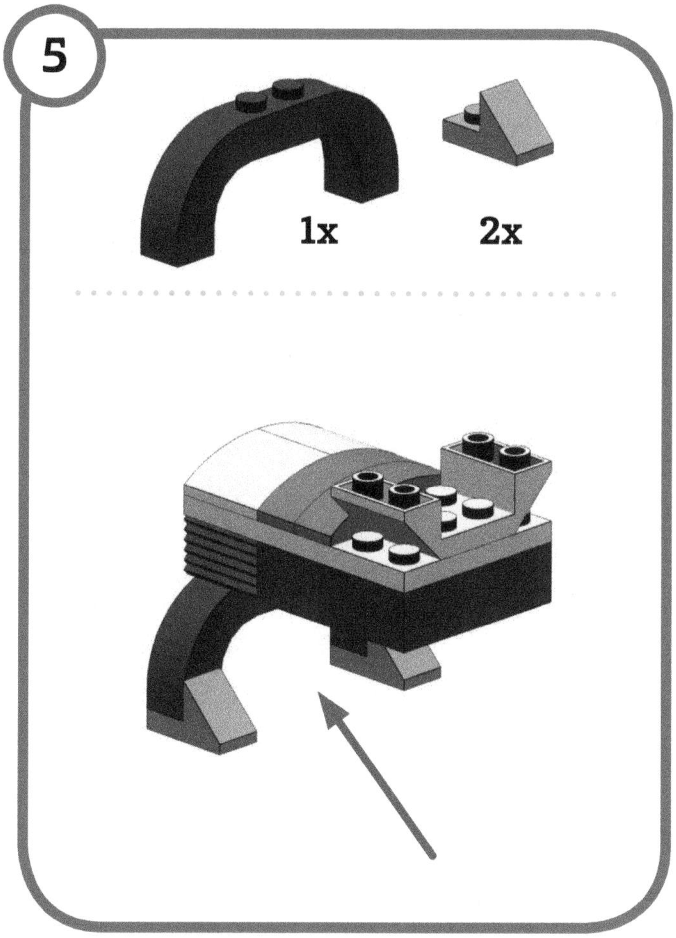
5
1x
2x

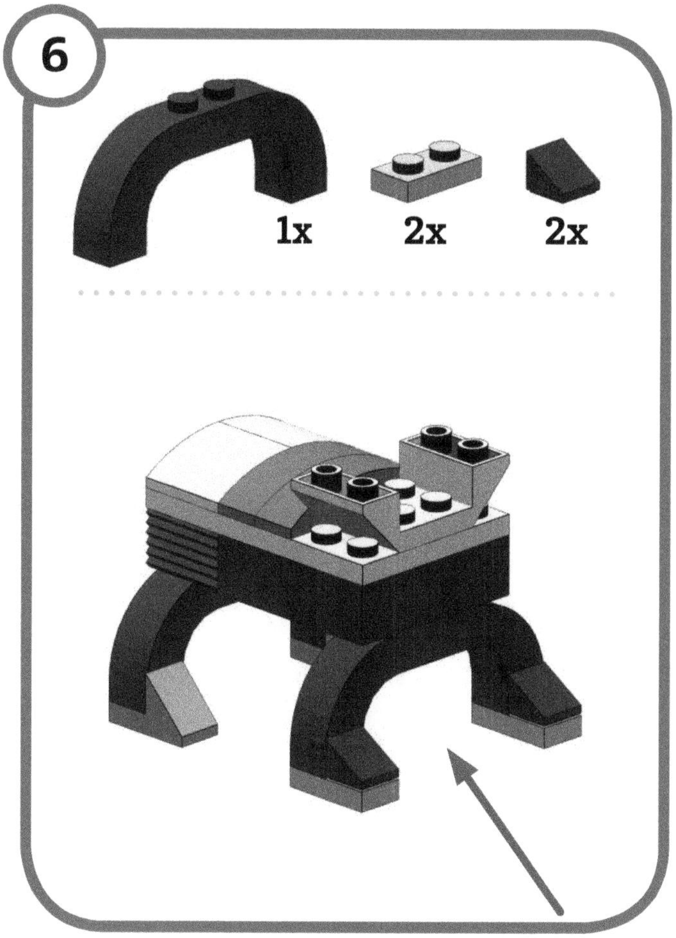
6
1x
2x
2x

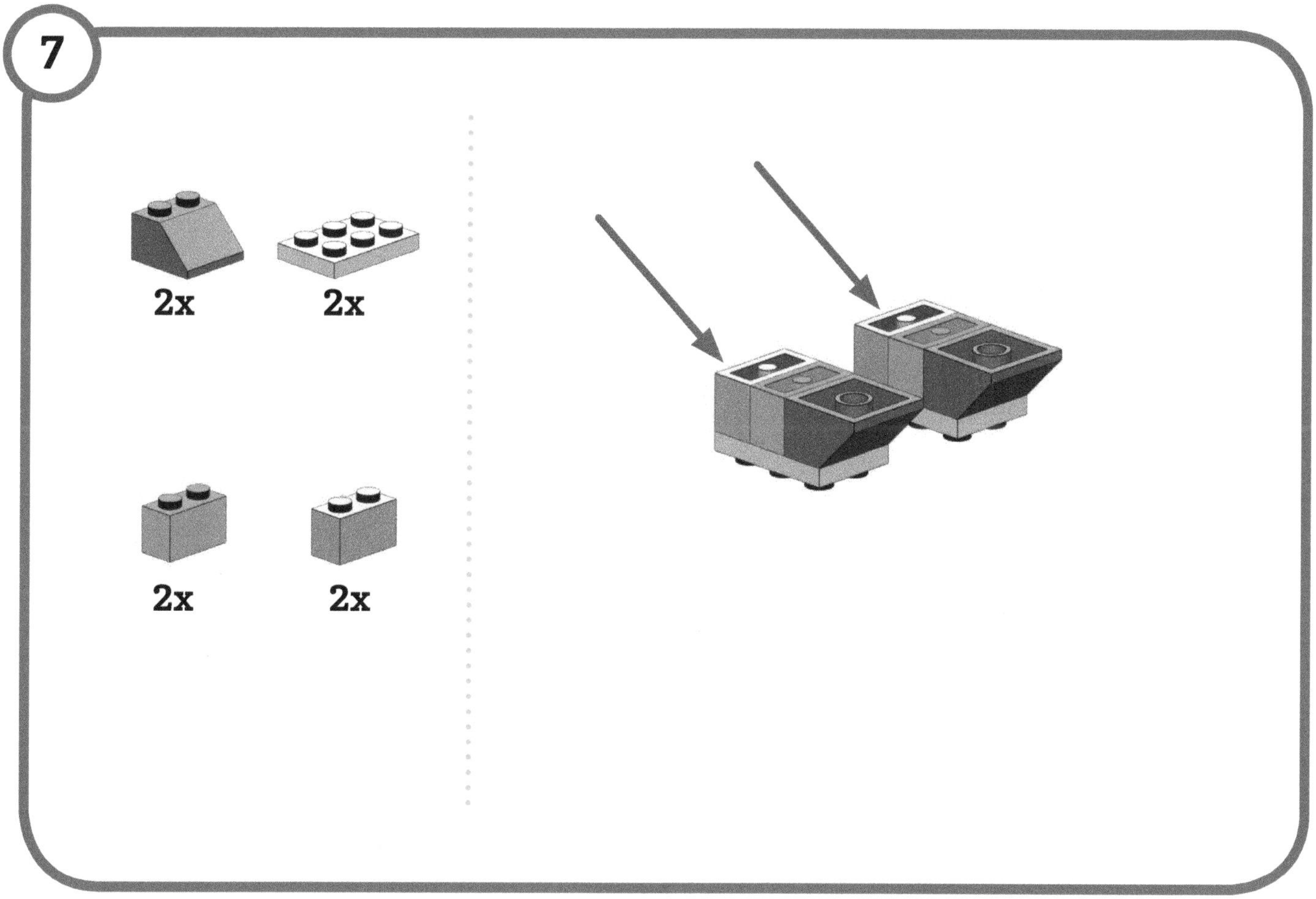
7
2x
2x
2x
2x

8

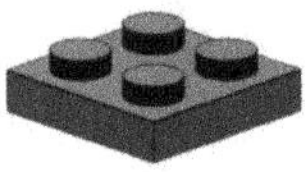

2x

9

2x

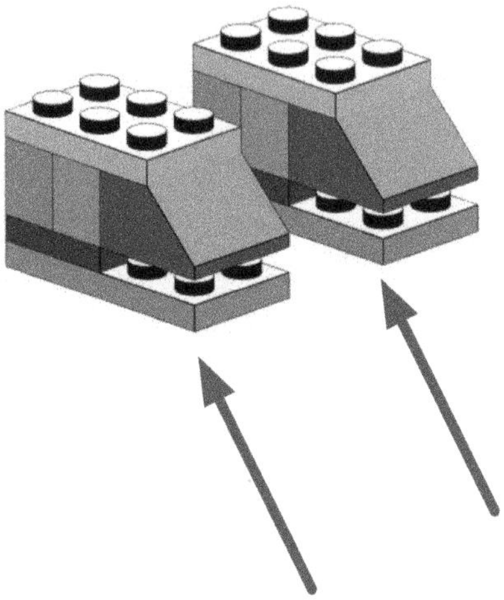

10

4x

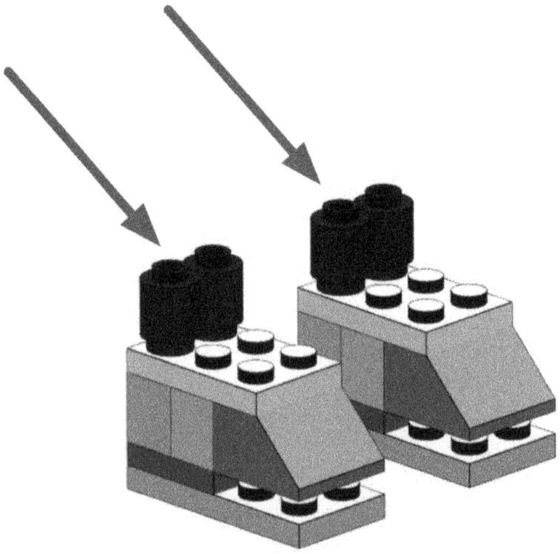

11

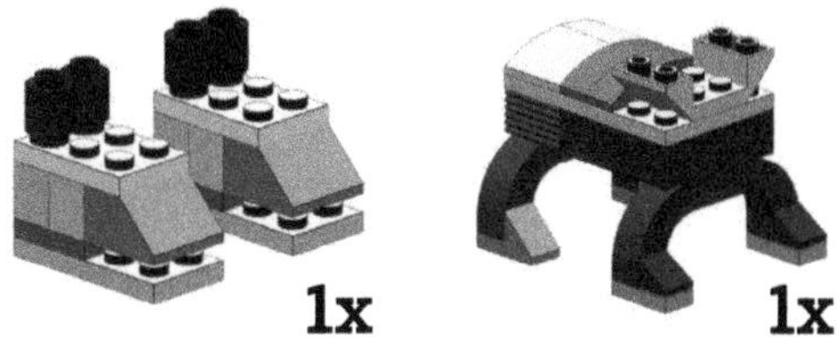

1x 1x

12

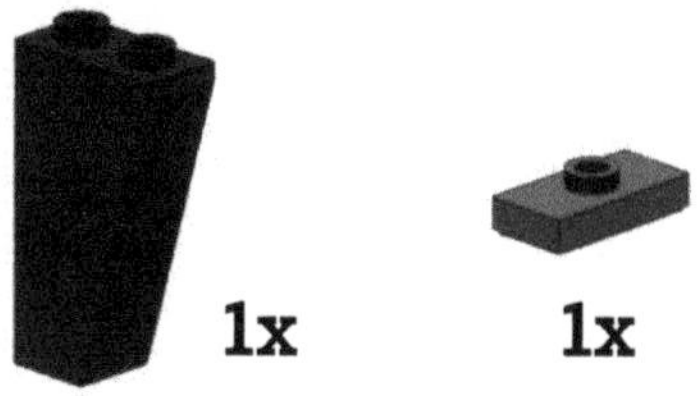

1x 1x

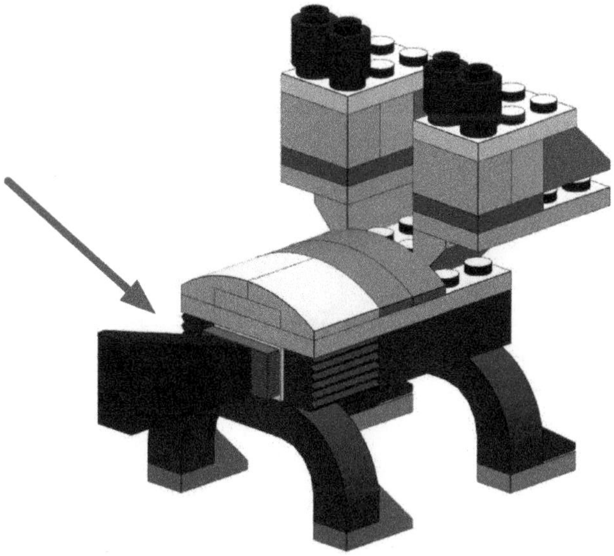

Ancient World

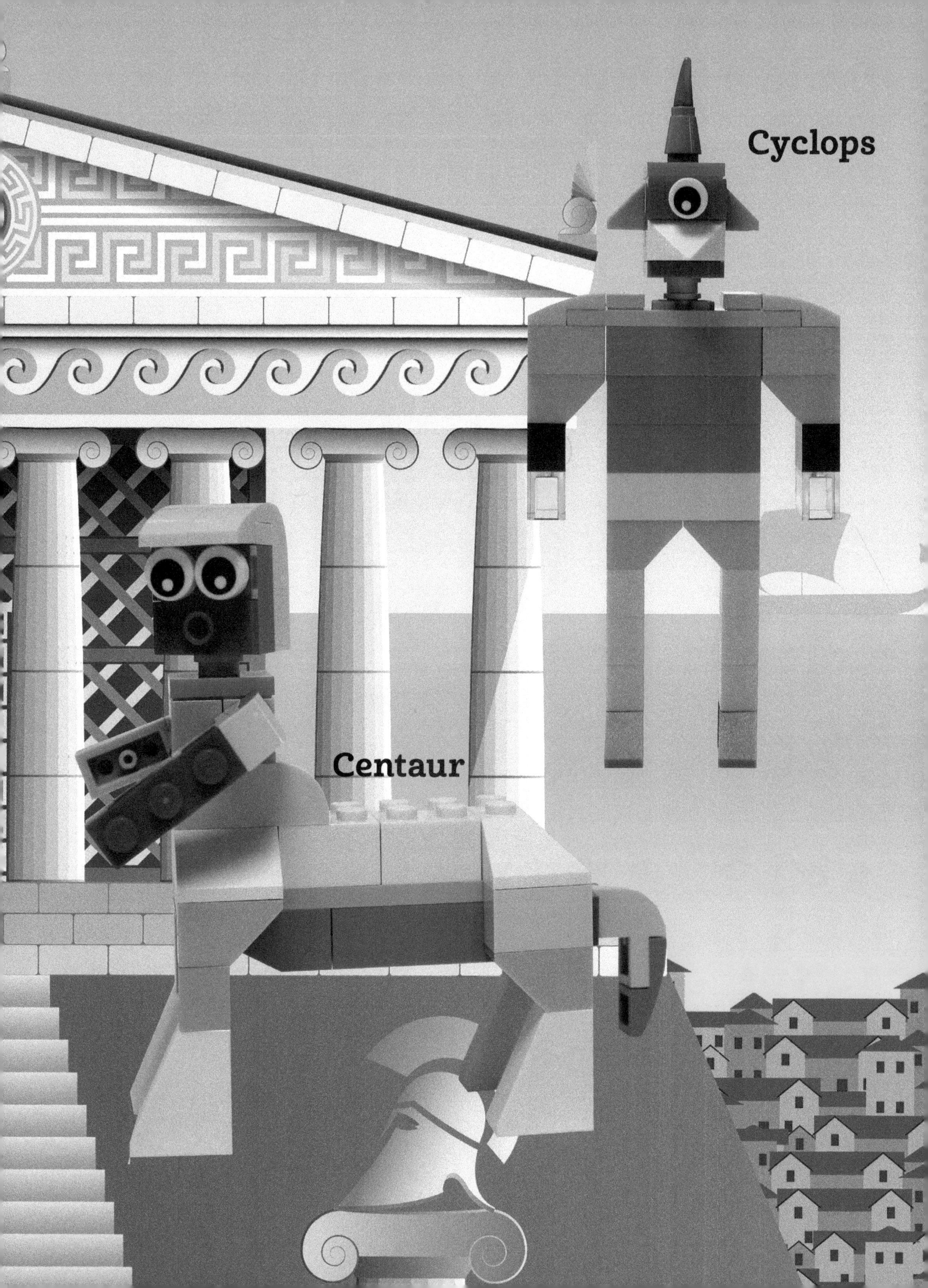
Cyclops
Centaur

Build a Sphinx

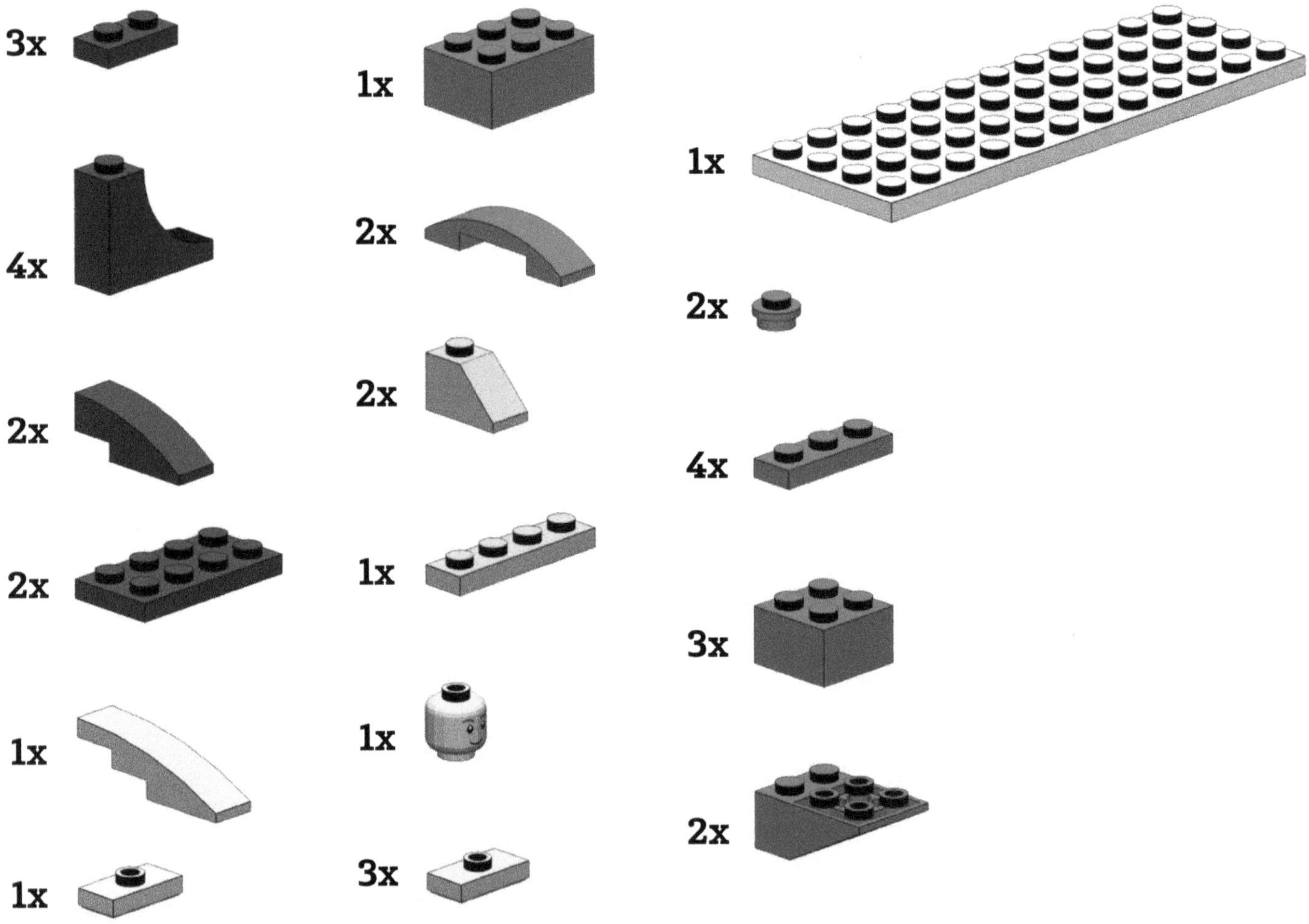

1

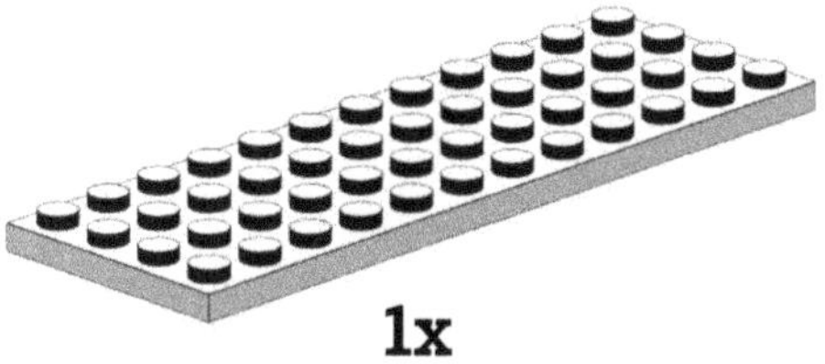

1x

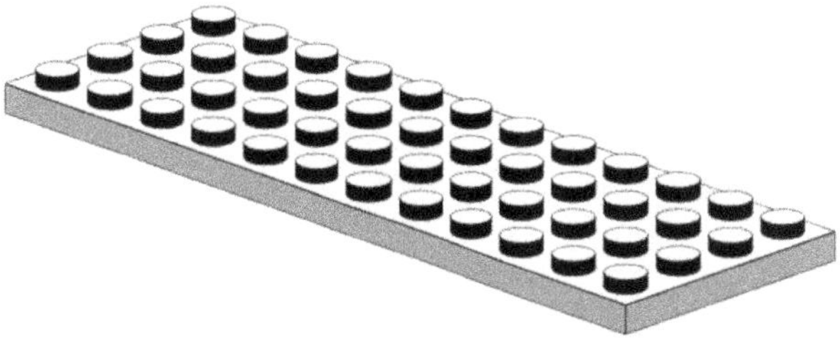

2

1x

4x

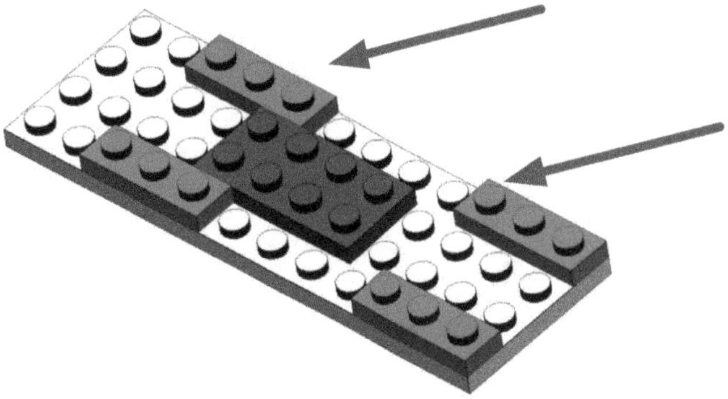

3

1x

1x

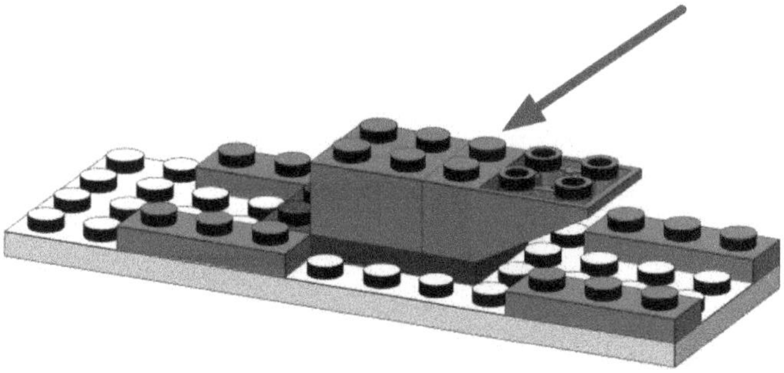

4

1x

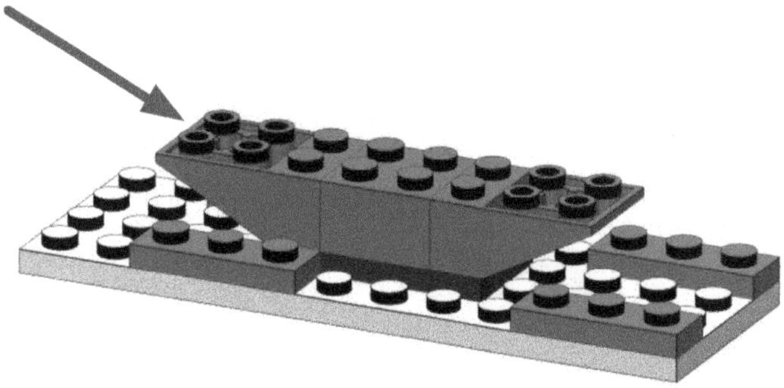

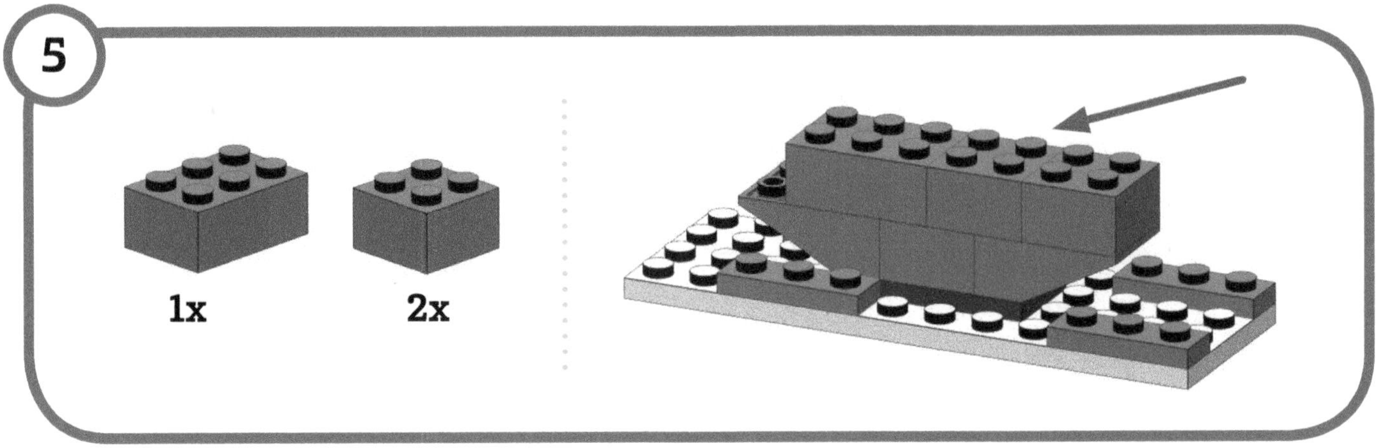
5
1x
2x

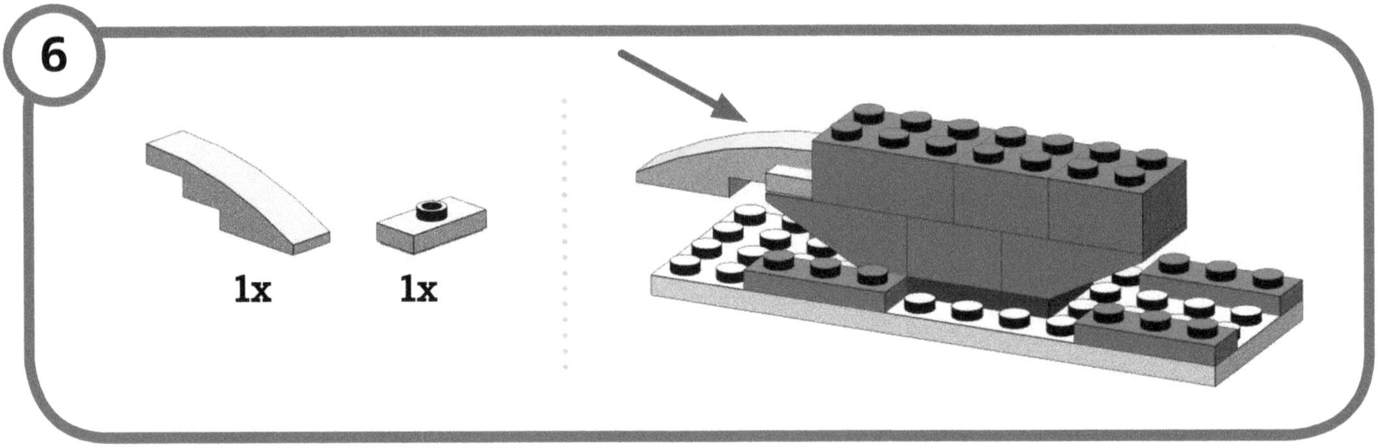
6
1x
1x

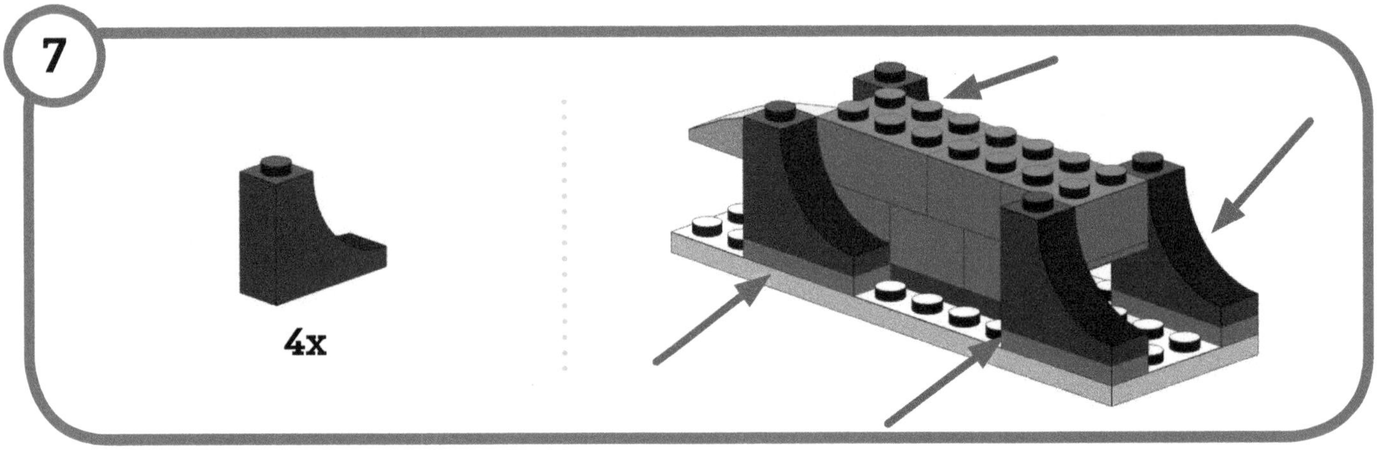
7
4x

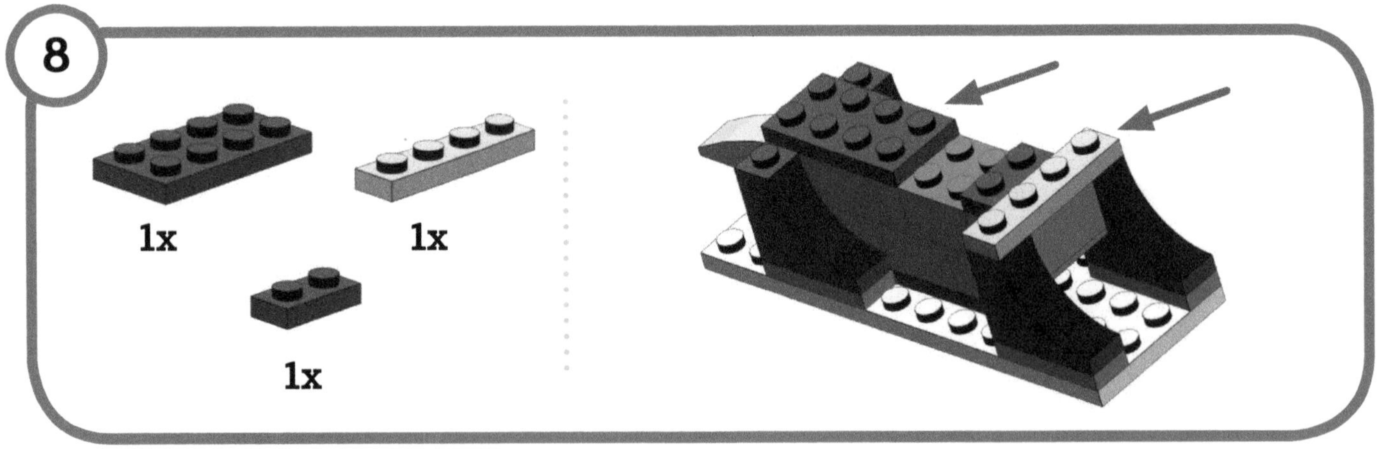
8
1x
1x
1x

9

2x

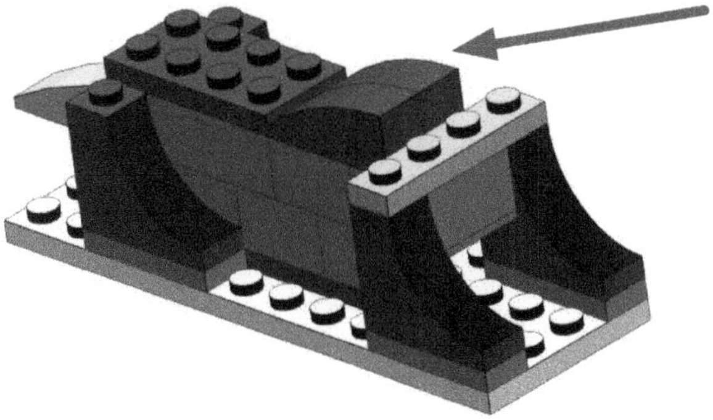

10

1x 1x 2x

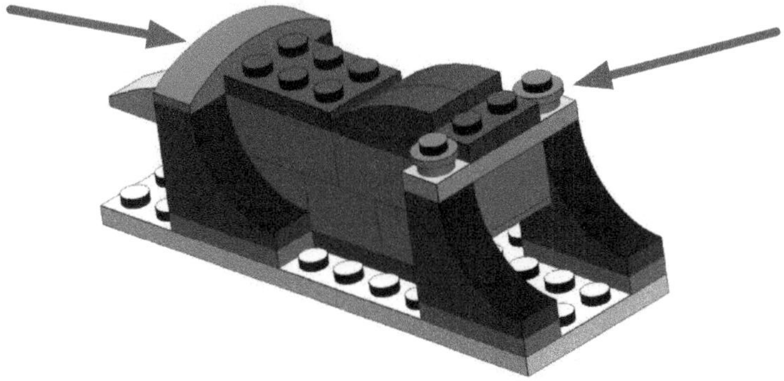

11

3x

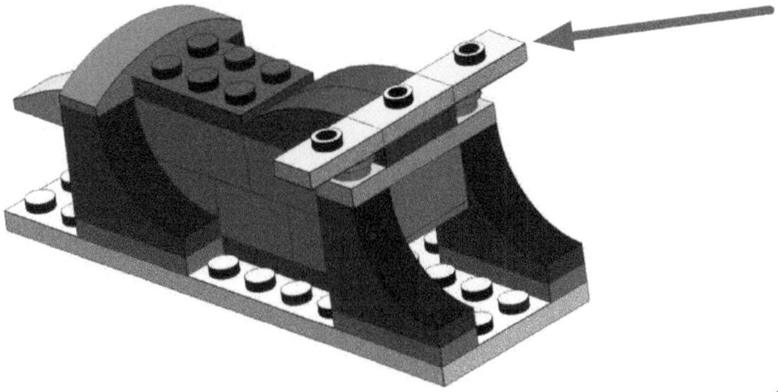

12

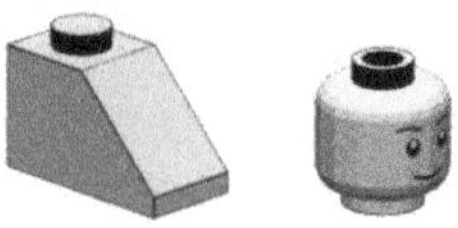

2x 1x

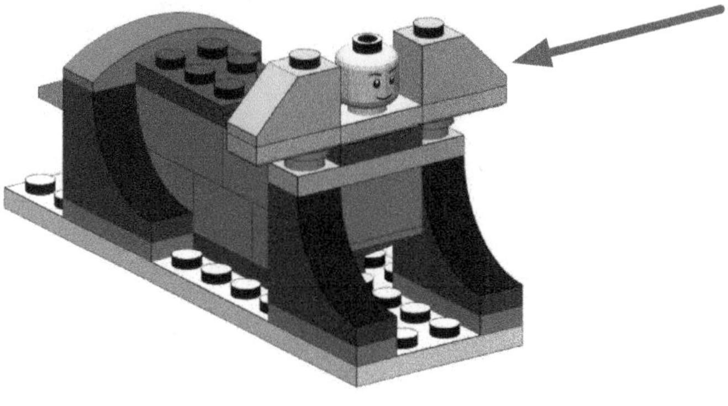

13

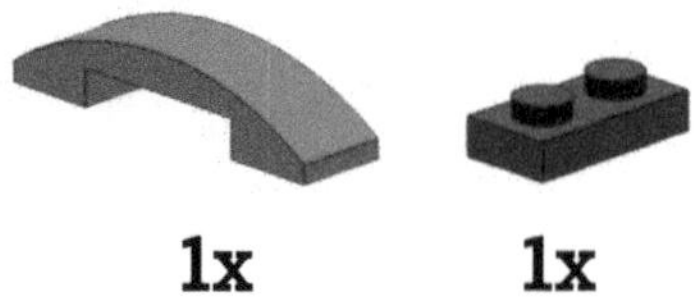

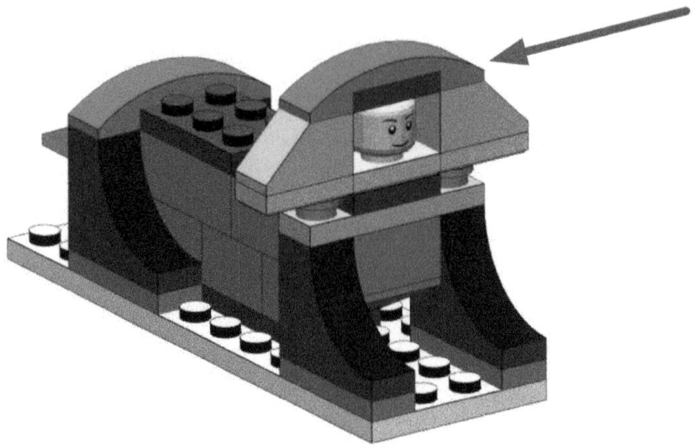

Build a Minotaur

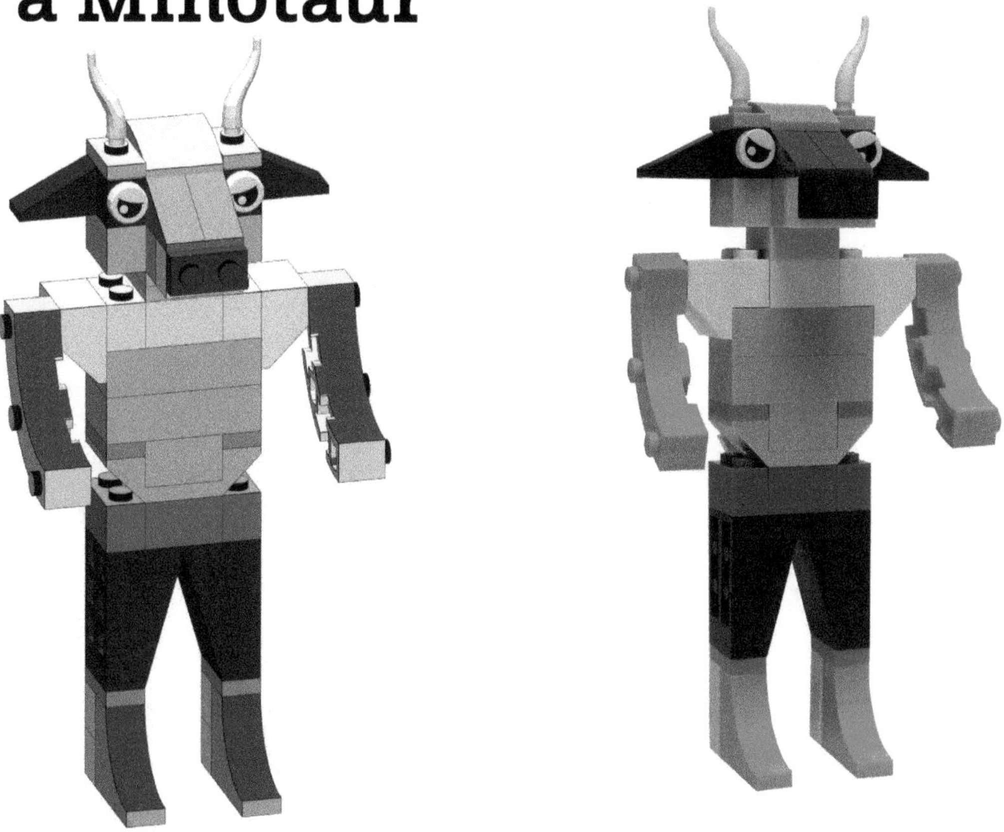

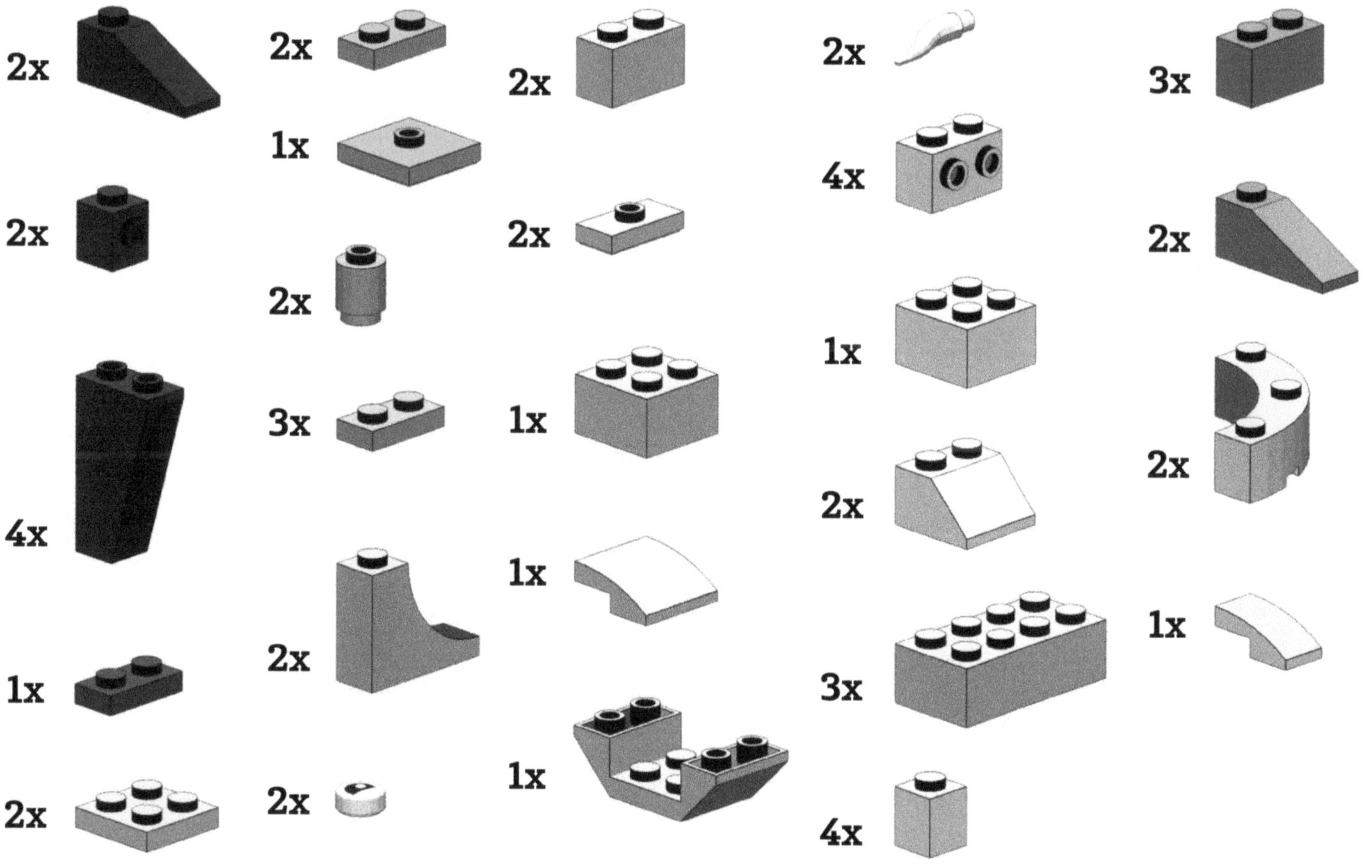

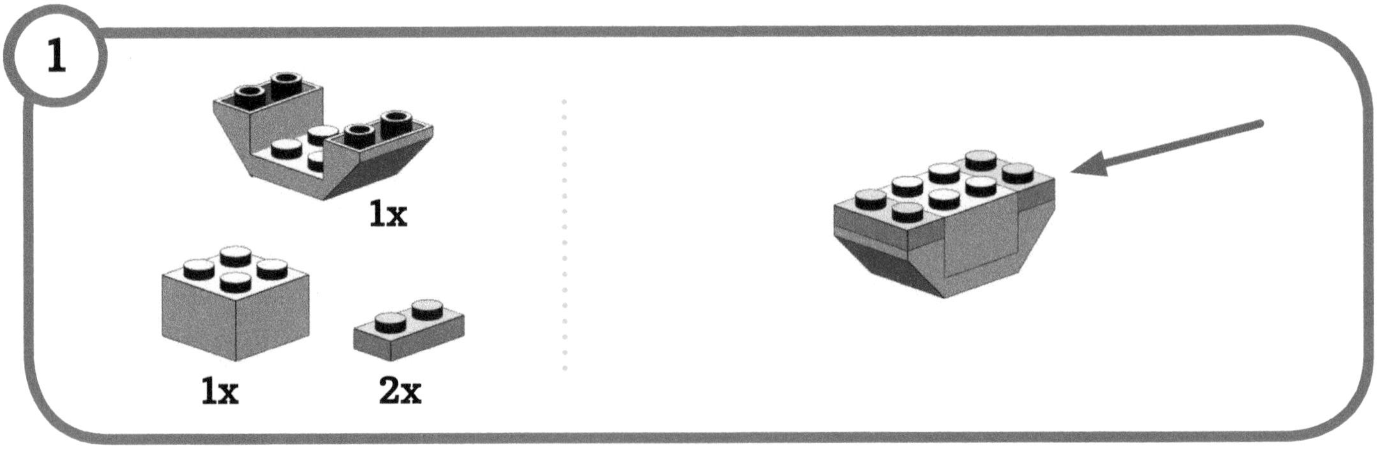
1
1x
1x
2x

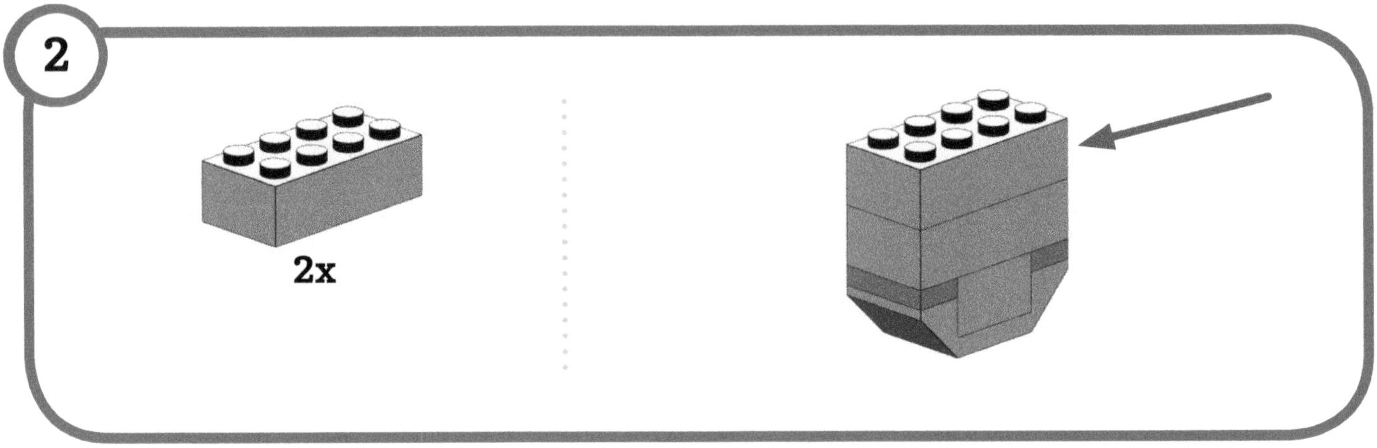
2
2x

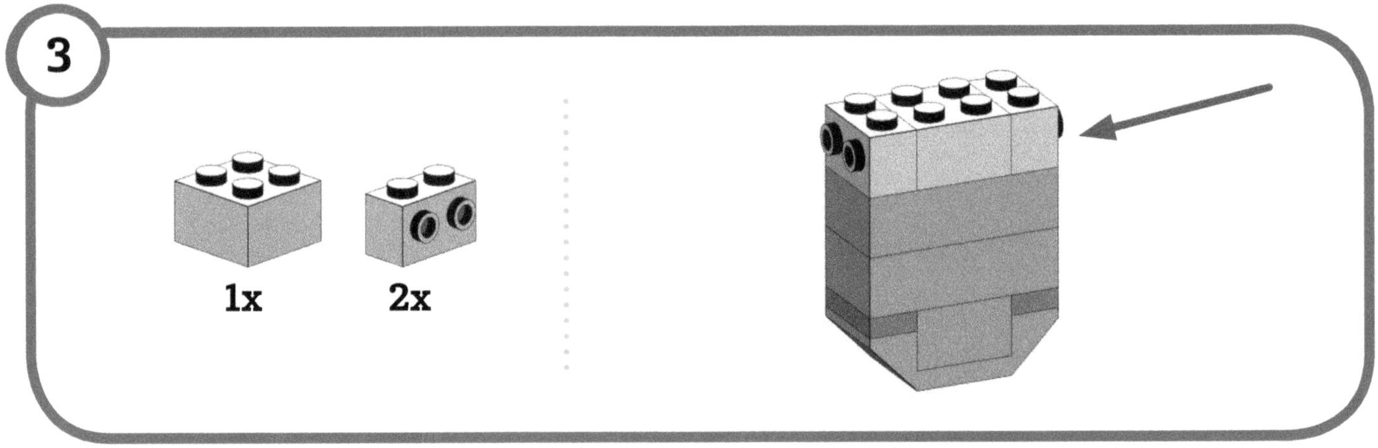
3
1x
2x

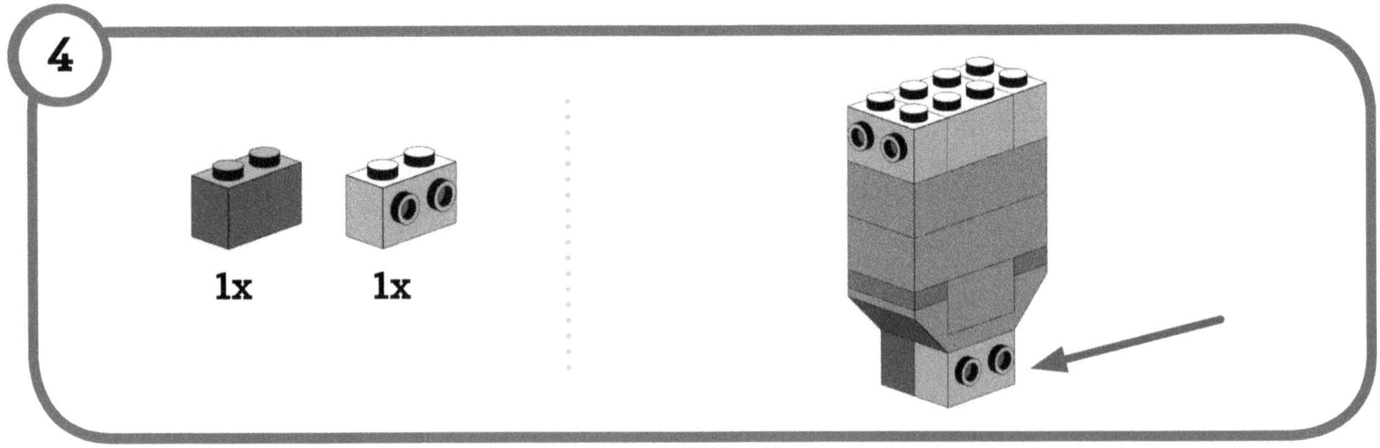
4
1x
1x

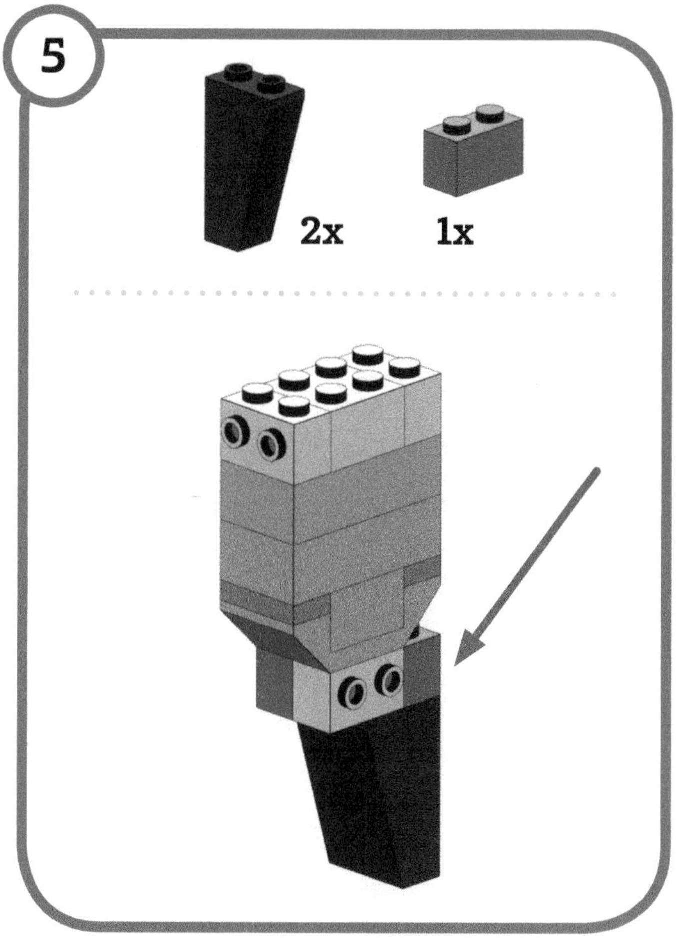
5
2x
1x

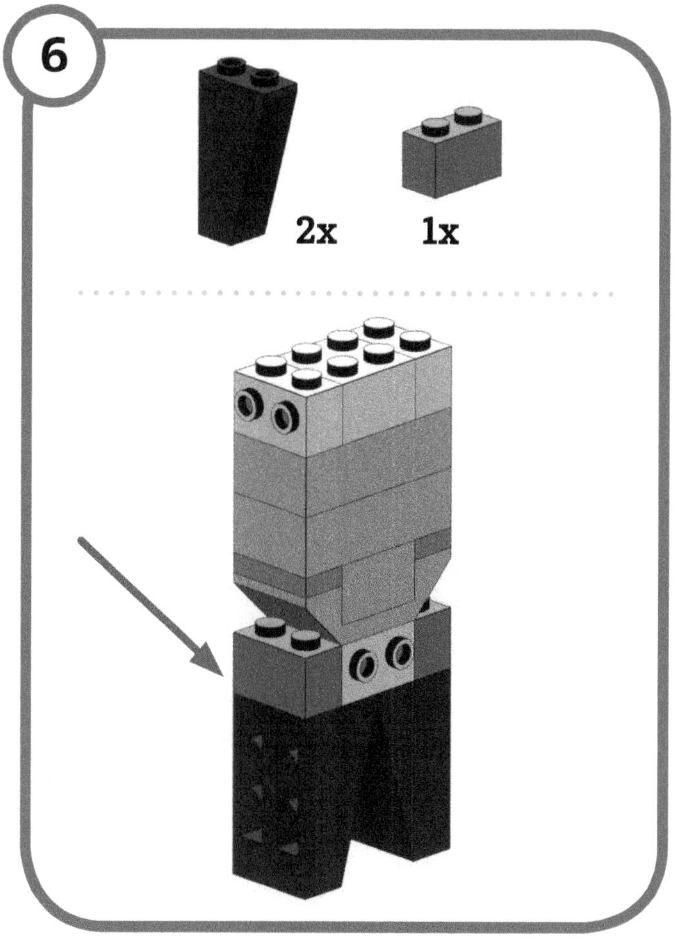
6
2x
1x

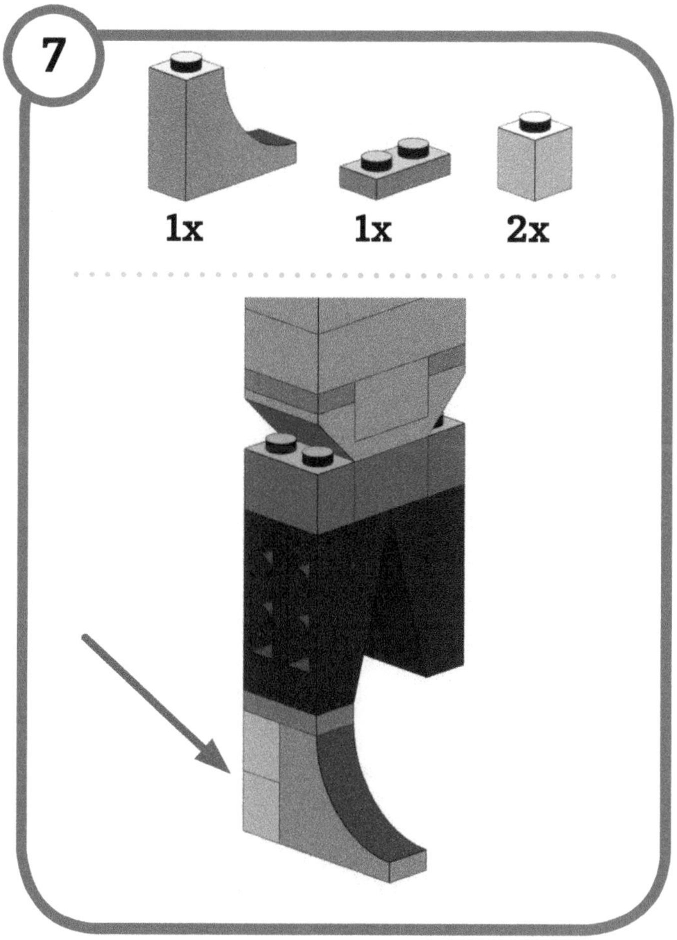
7
1x
1x
2x

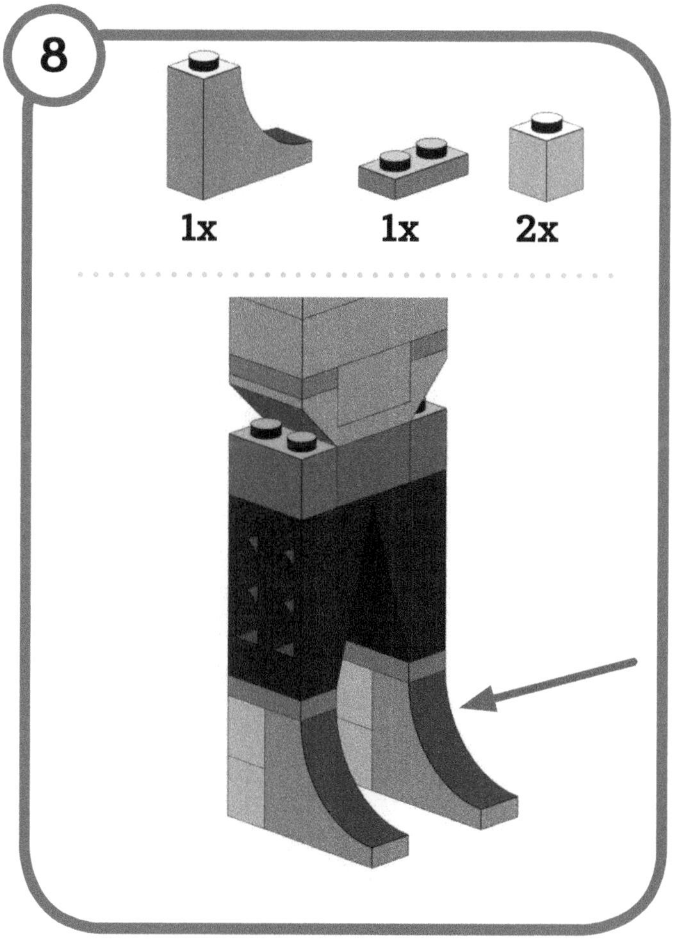
8
1x
1x
2x

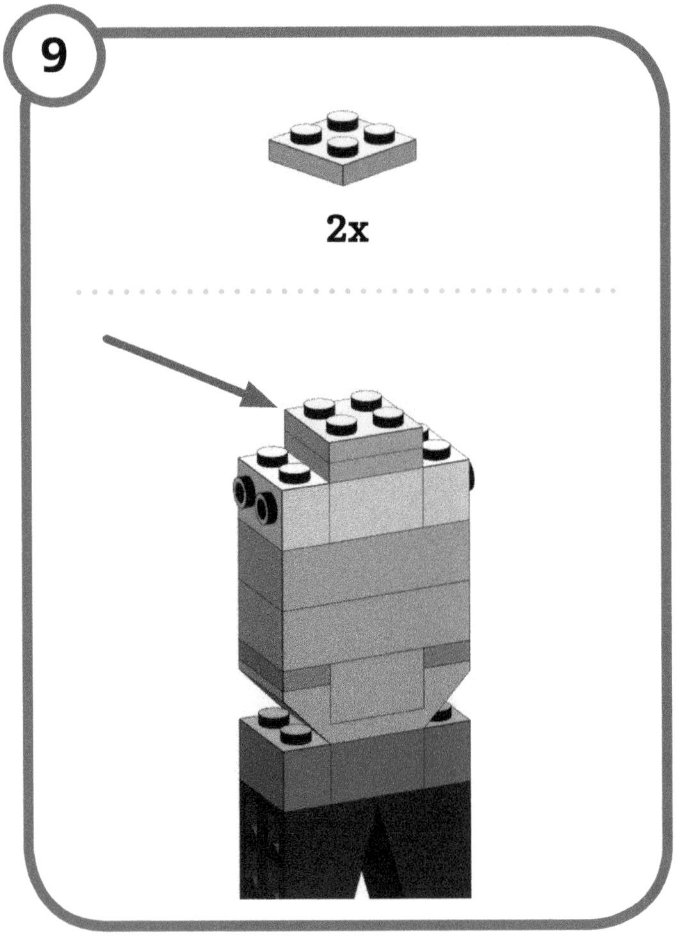
9
2x

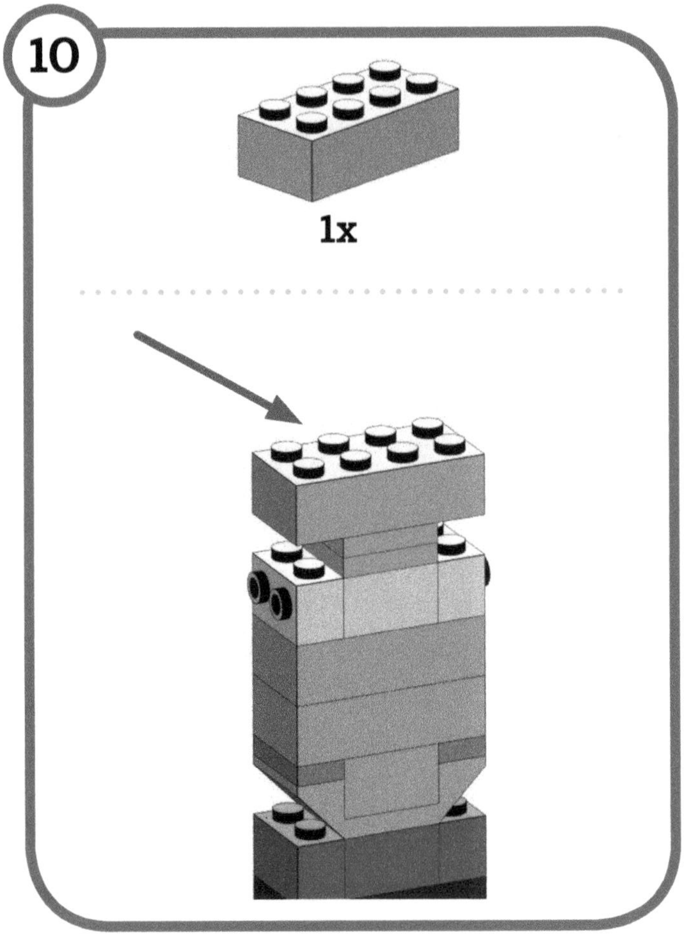
10
1x

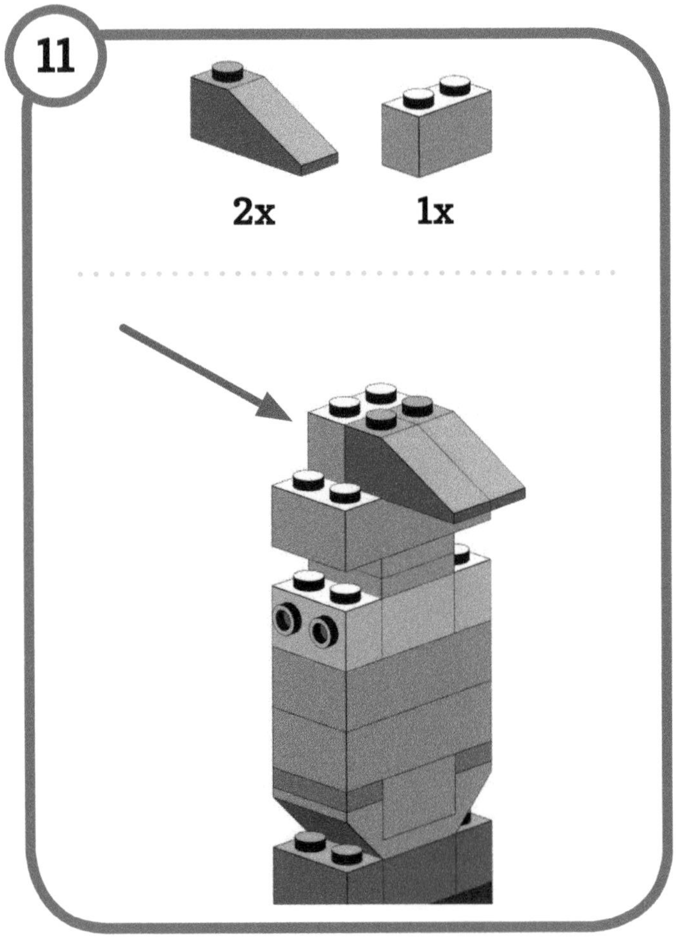
11
2x
1x

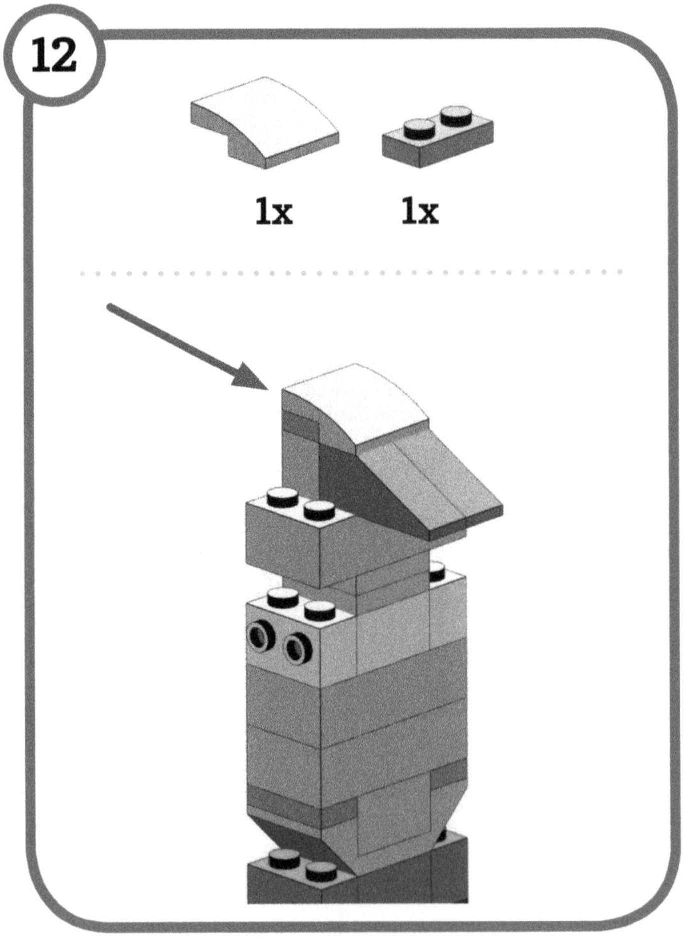
12
1x
1x

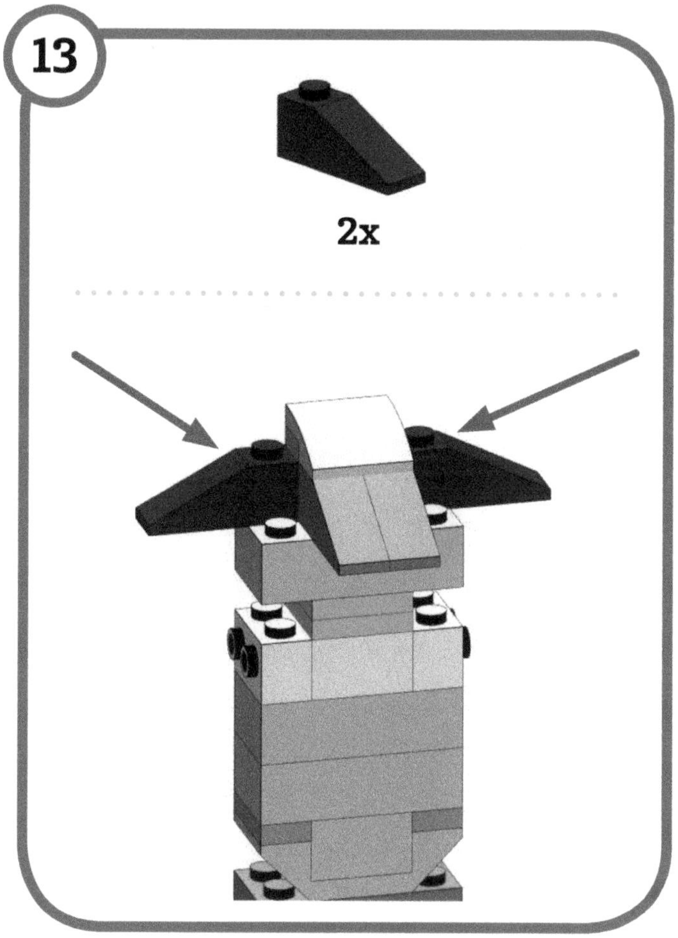
13
2x

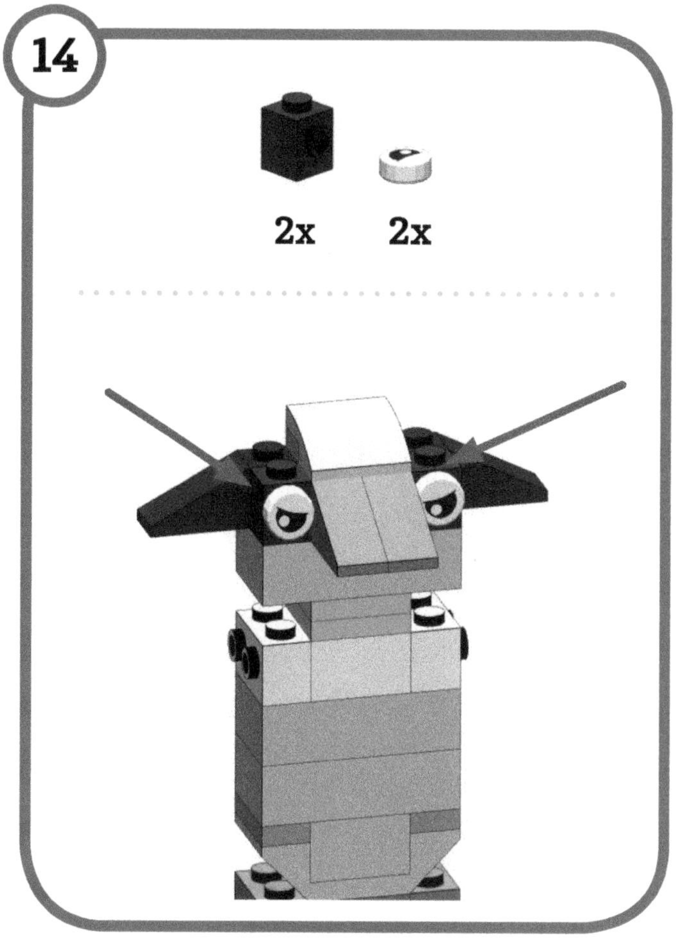
14
2x
2x

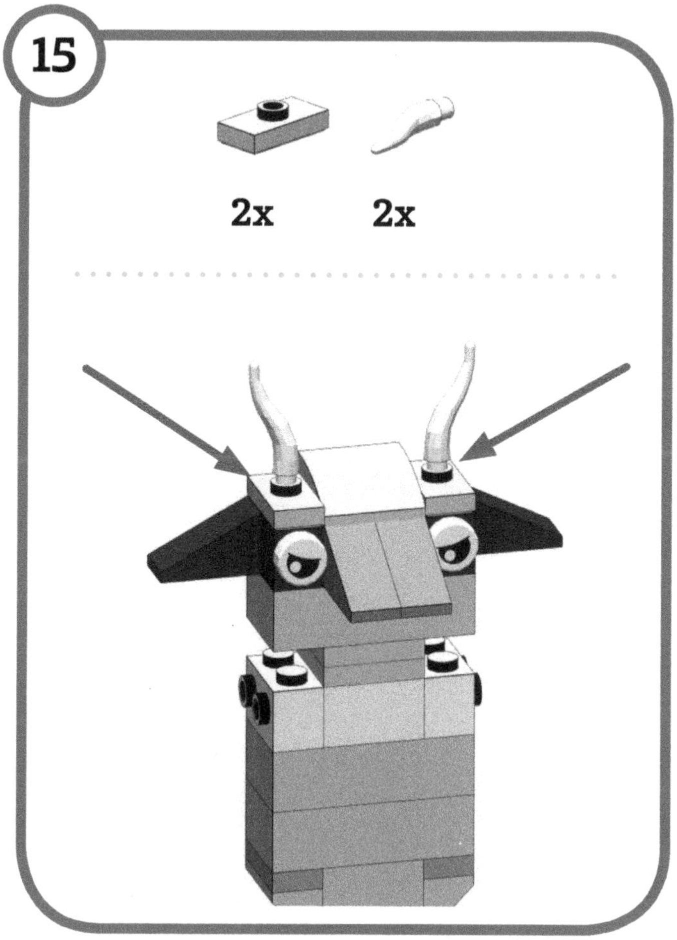
15
2x
2x

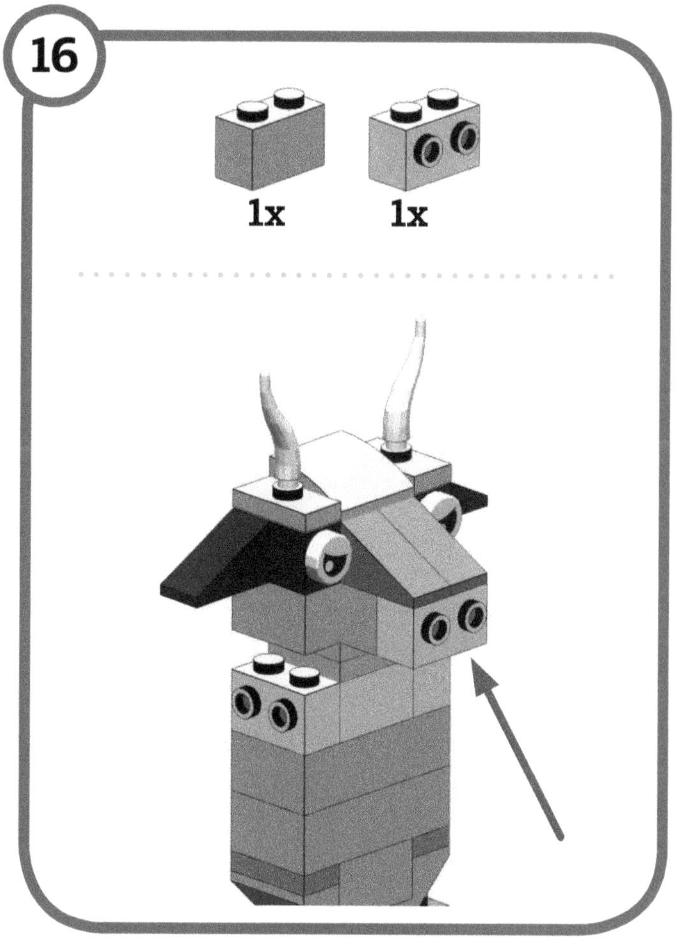
16
1x
1x

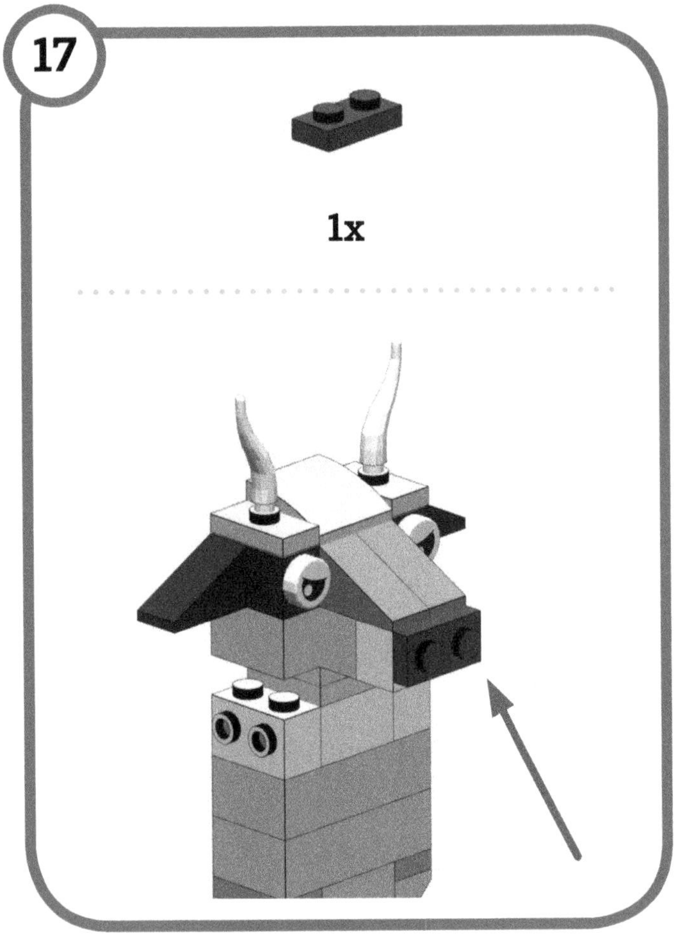
17
1x

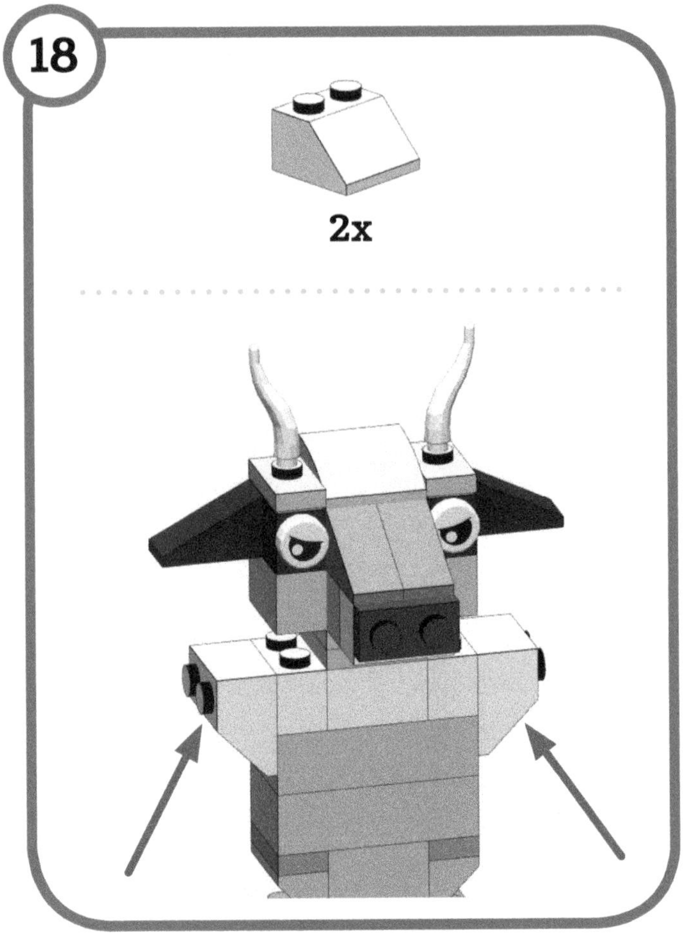
18
2x

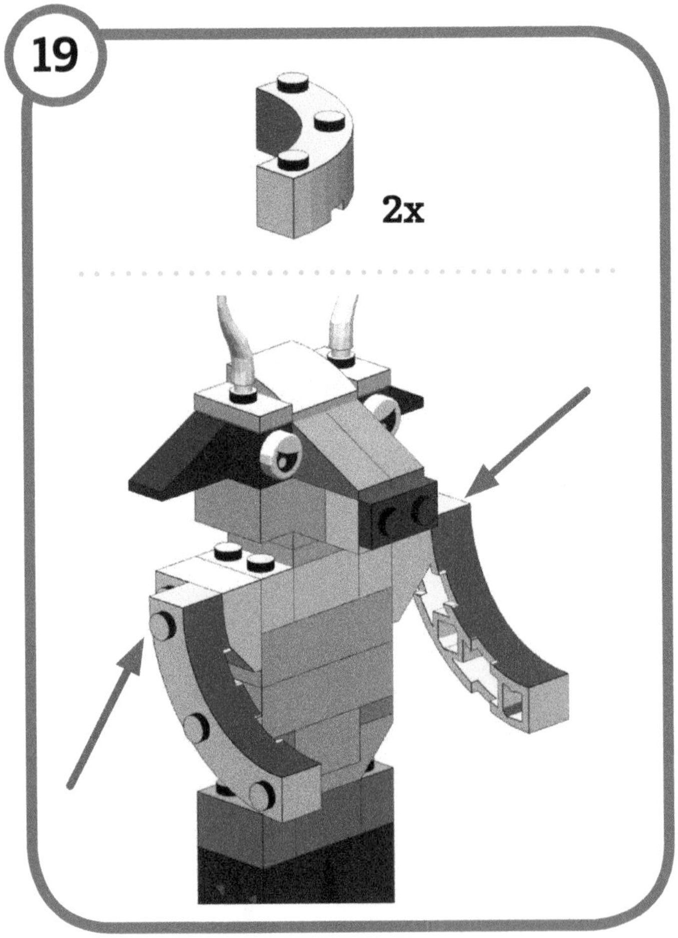
19
2x

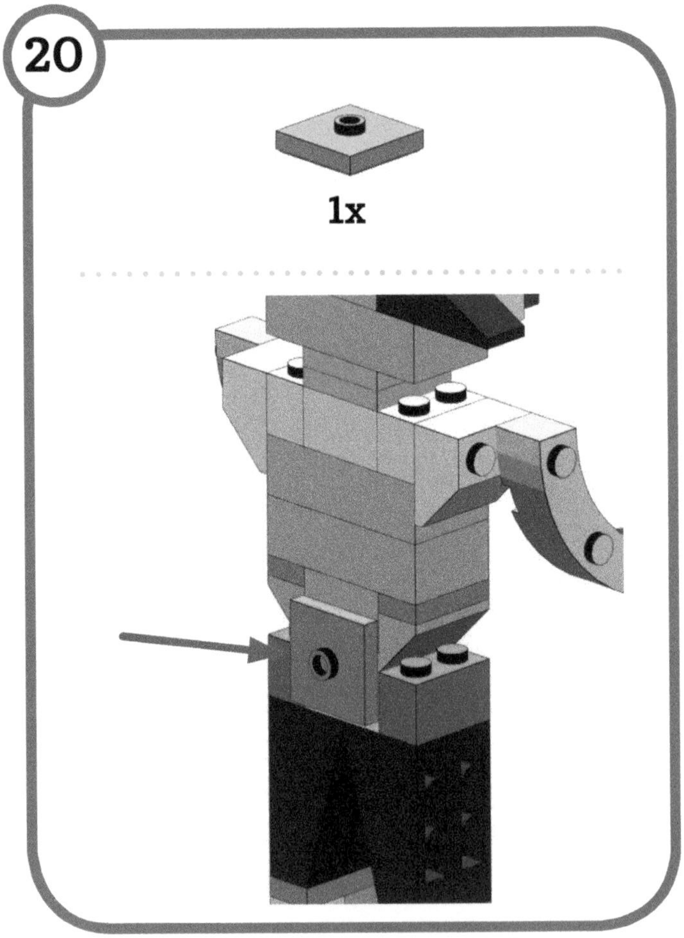
20
1x

21

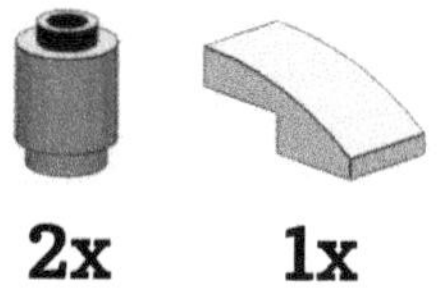

Build a Centaur

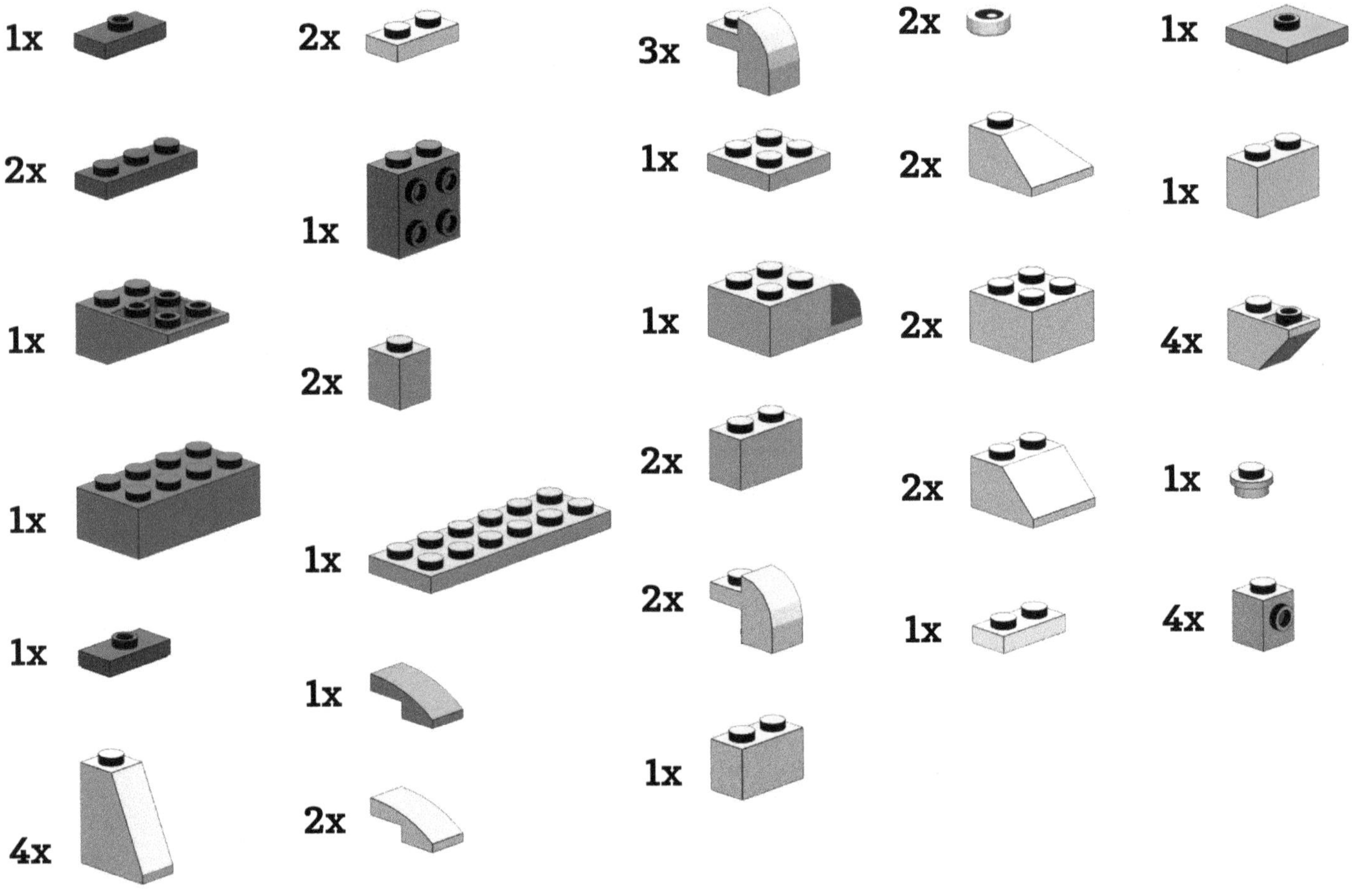

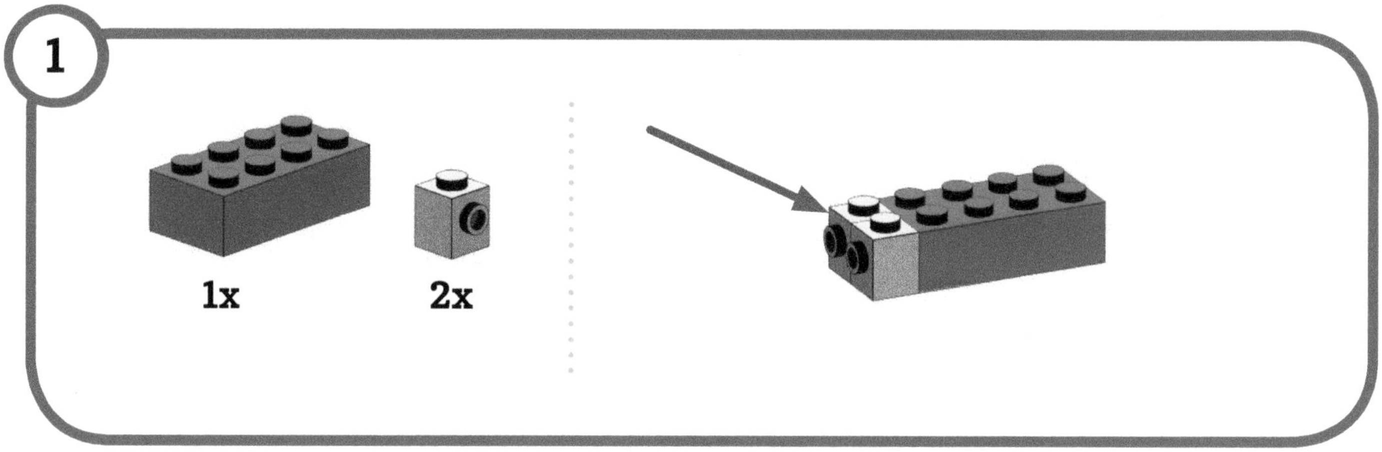
1
1x
2x

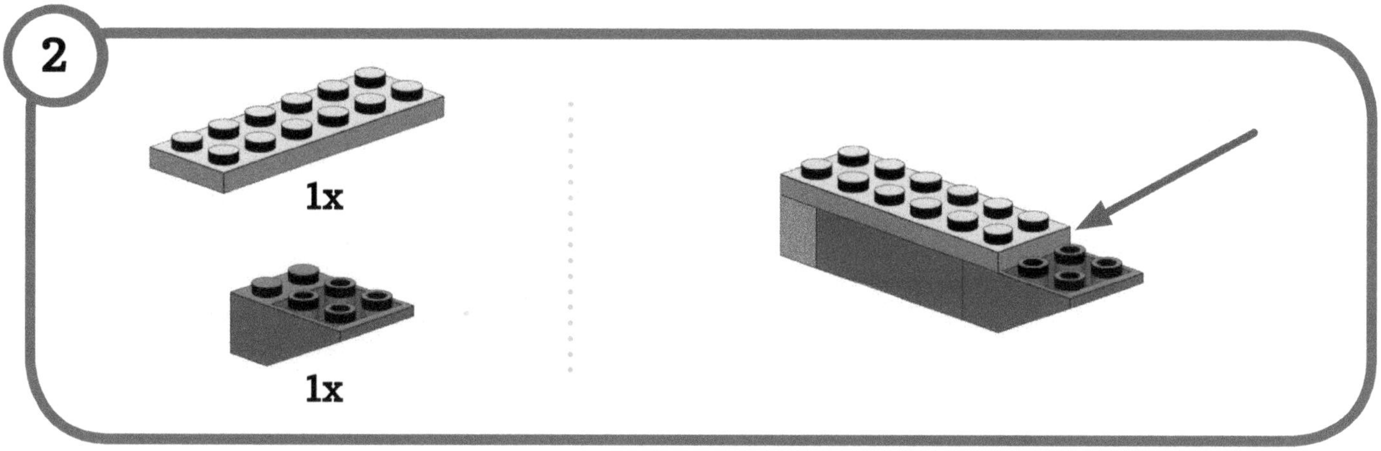
2
1x
1x

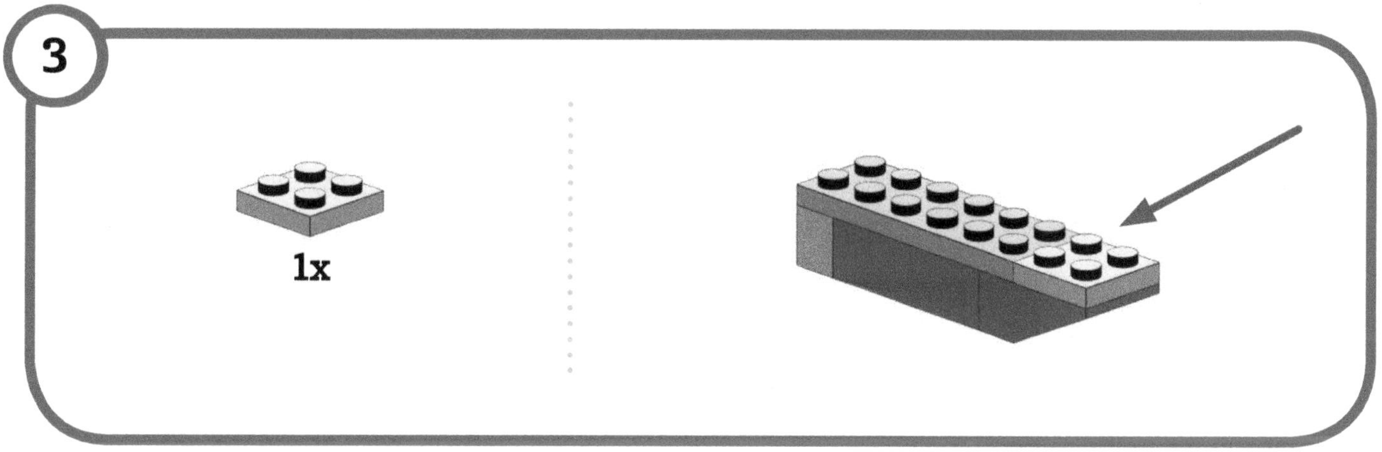
3
1x

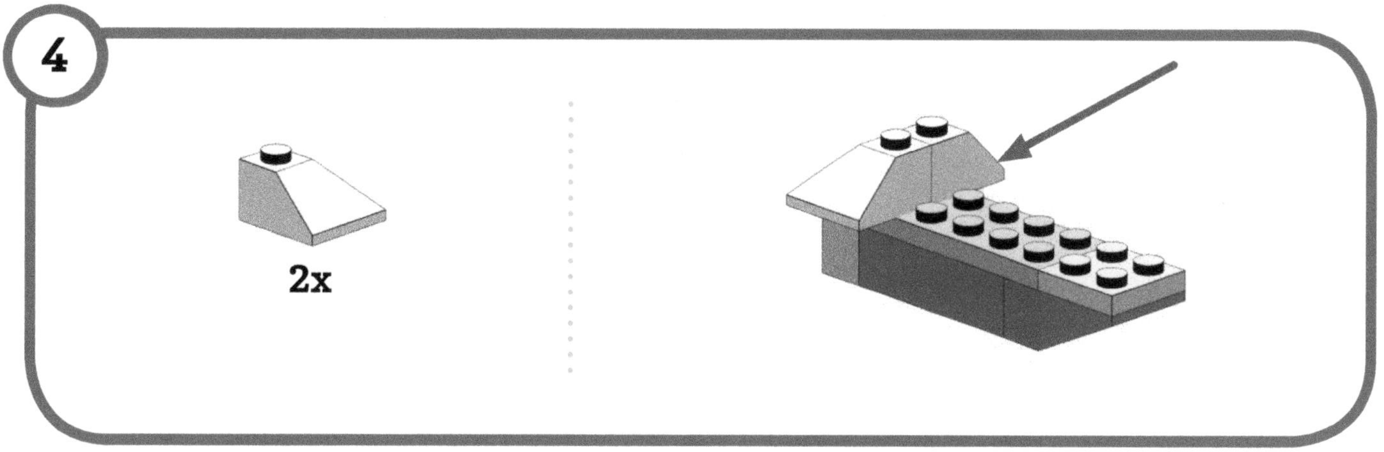
4
2x

5

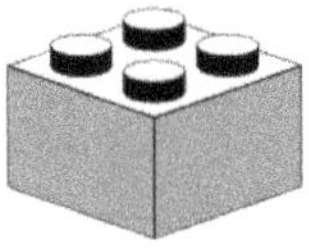

2x

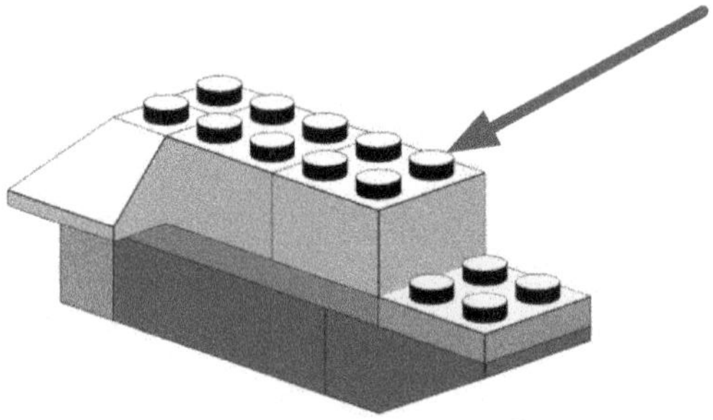

6

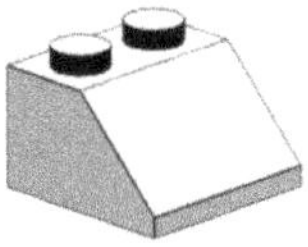

2x

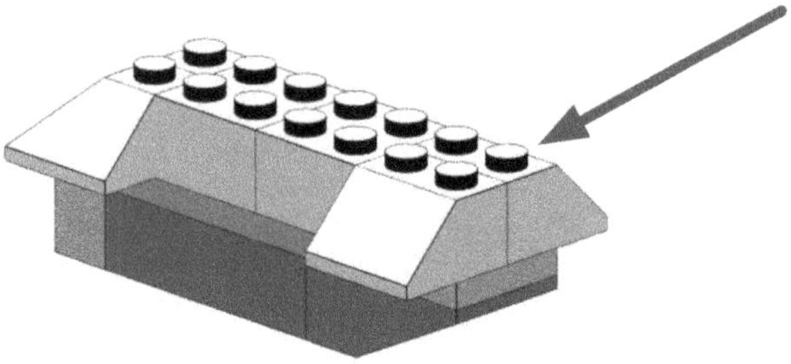

7

1x

2x

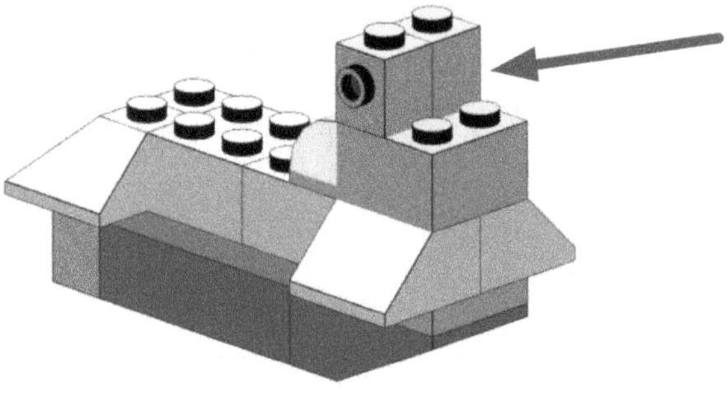

8

1x

1x

1x

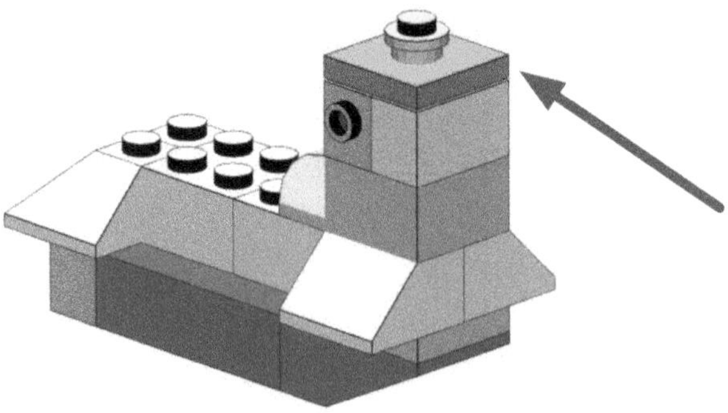

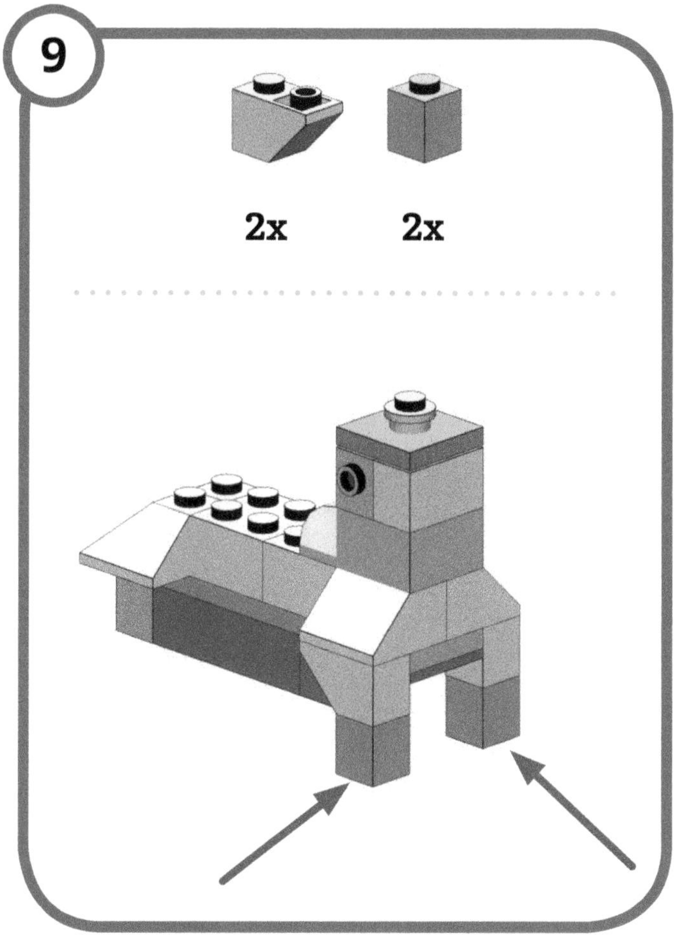
9
2x
2x

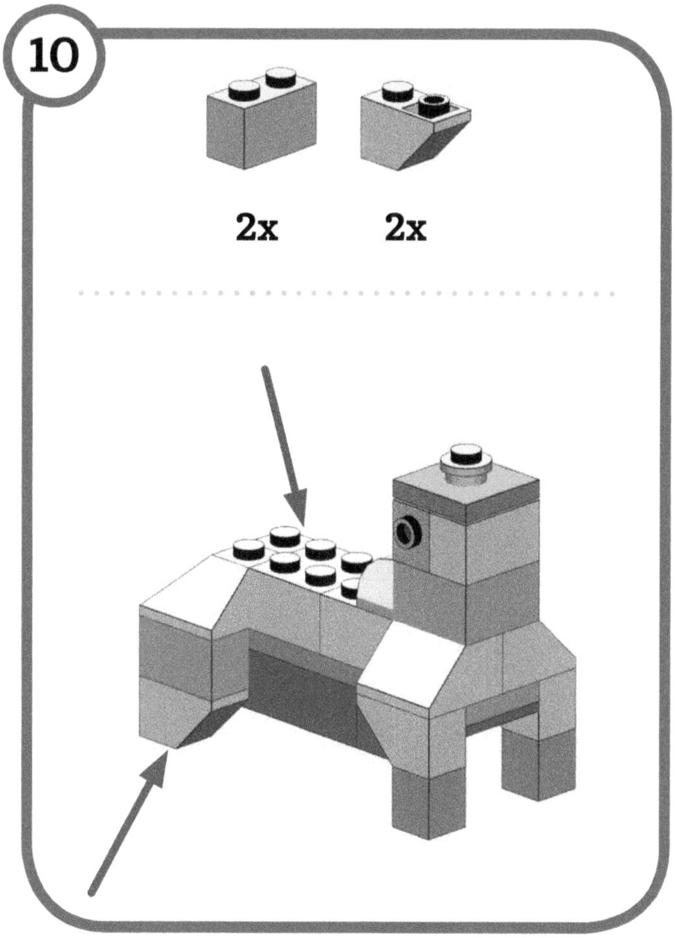
10
2x
2x

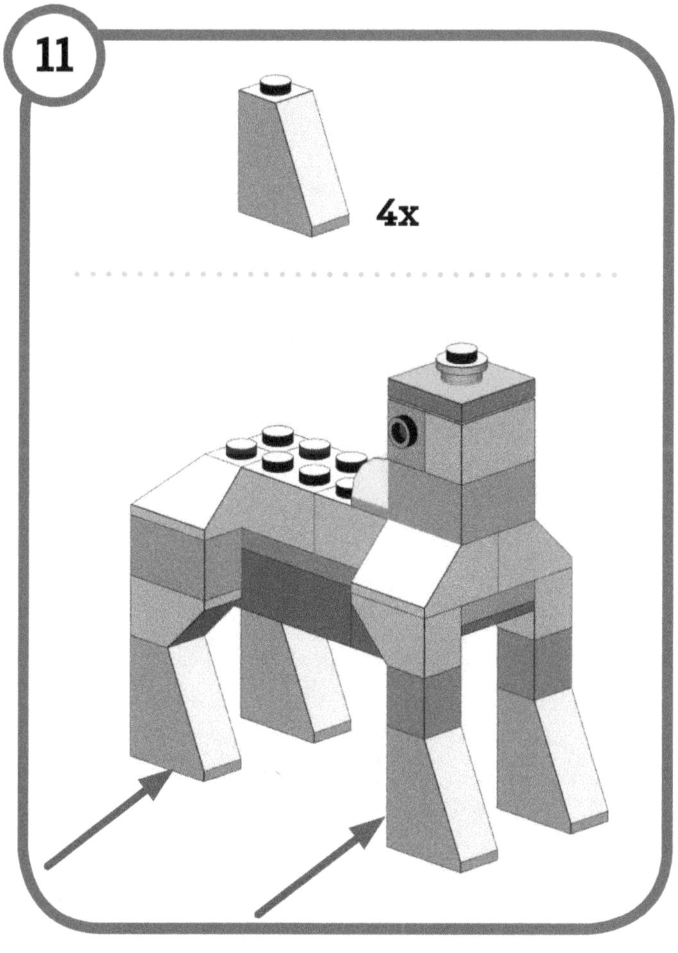
11
4x

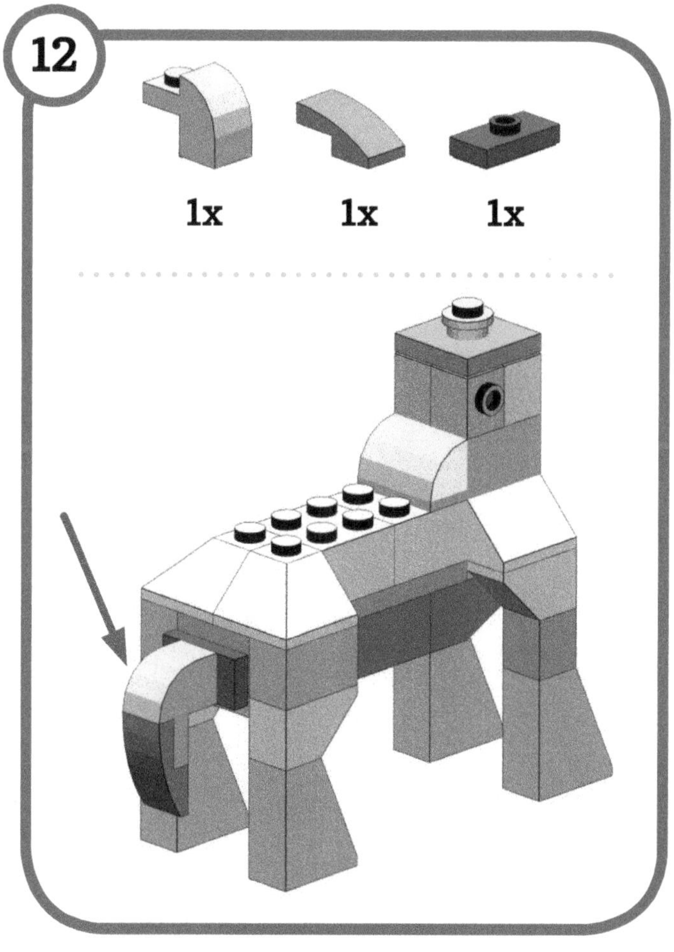
12
1x
1x
1x

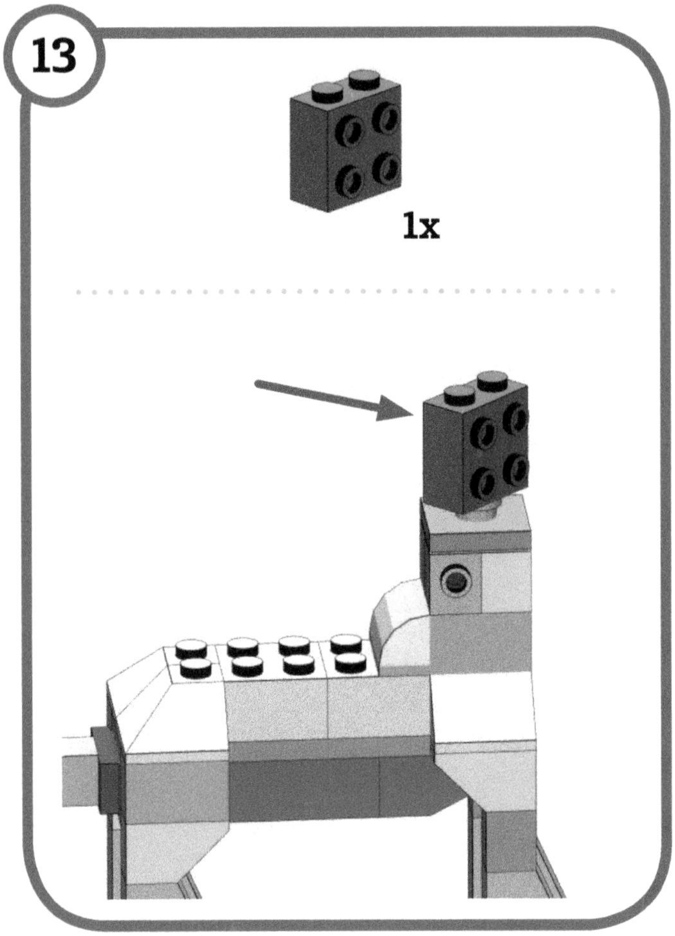
13
1x

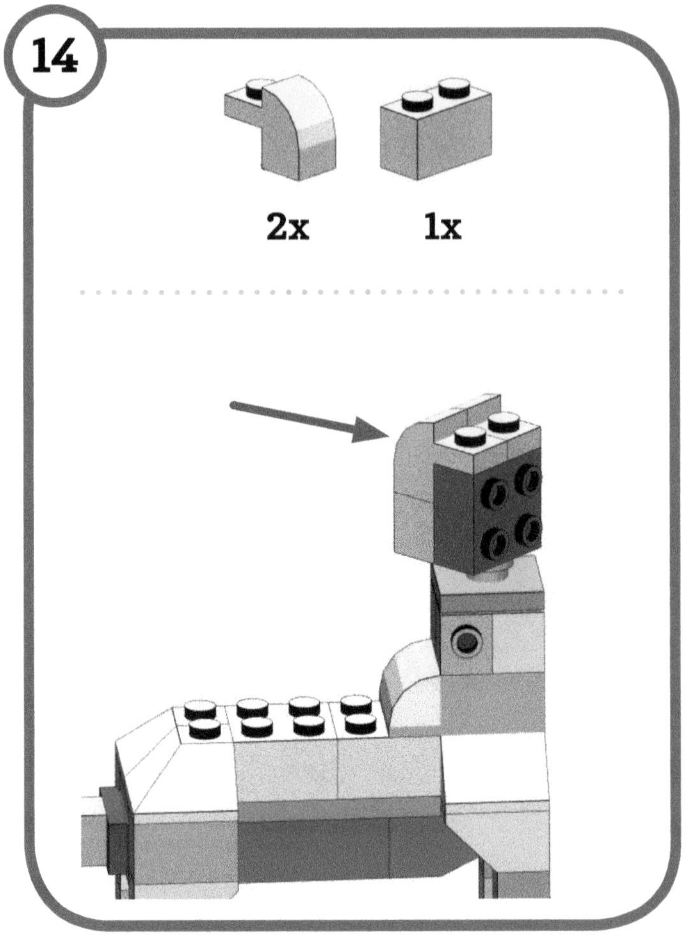
14
2x
1x

15
1x
1x

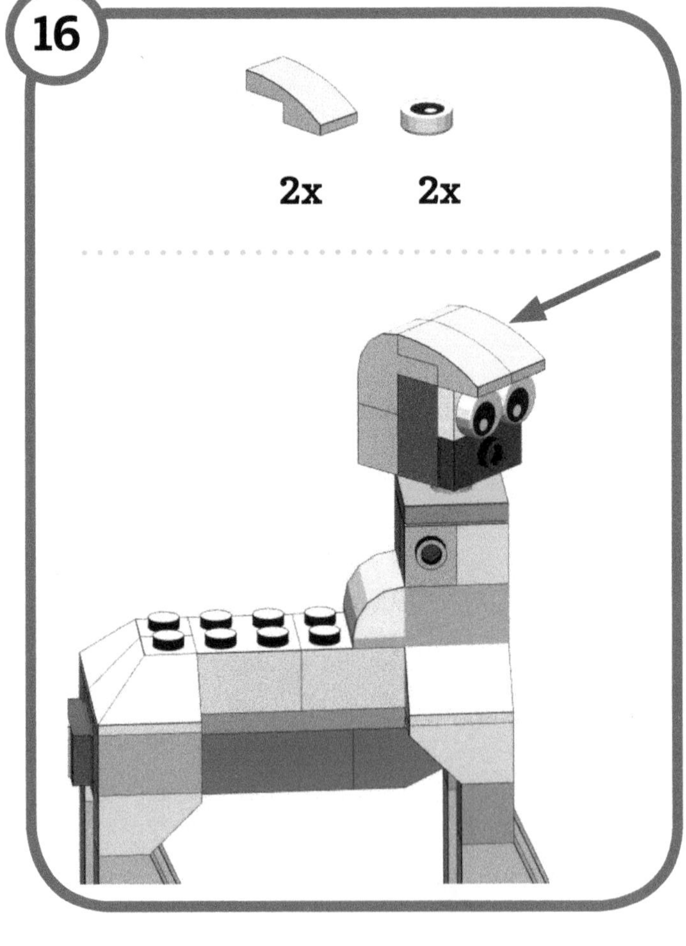
16
2x
2x

17

1x

1x

1x

18

1x

1x

1x

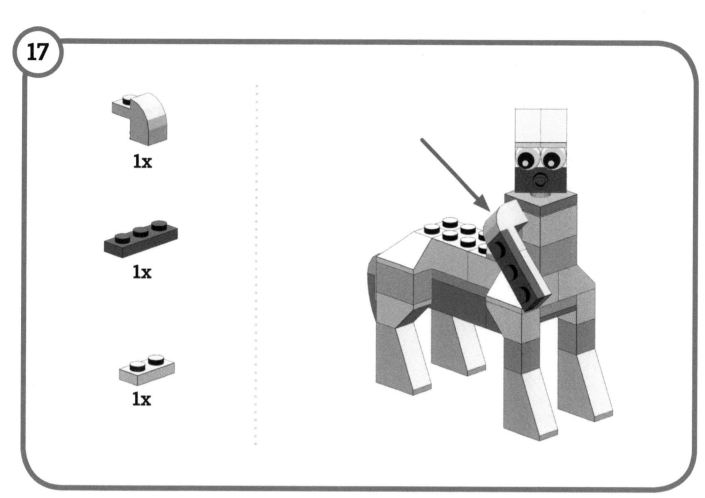

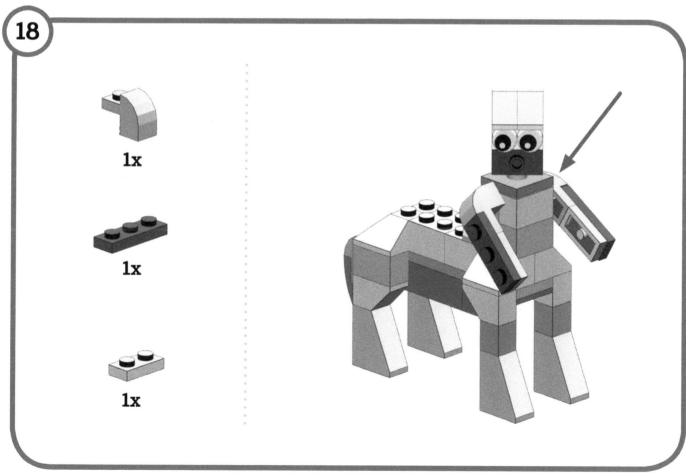

Build a Cyclops

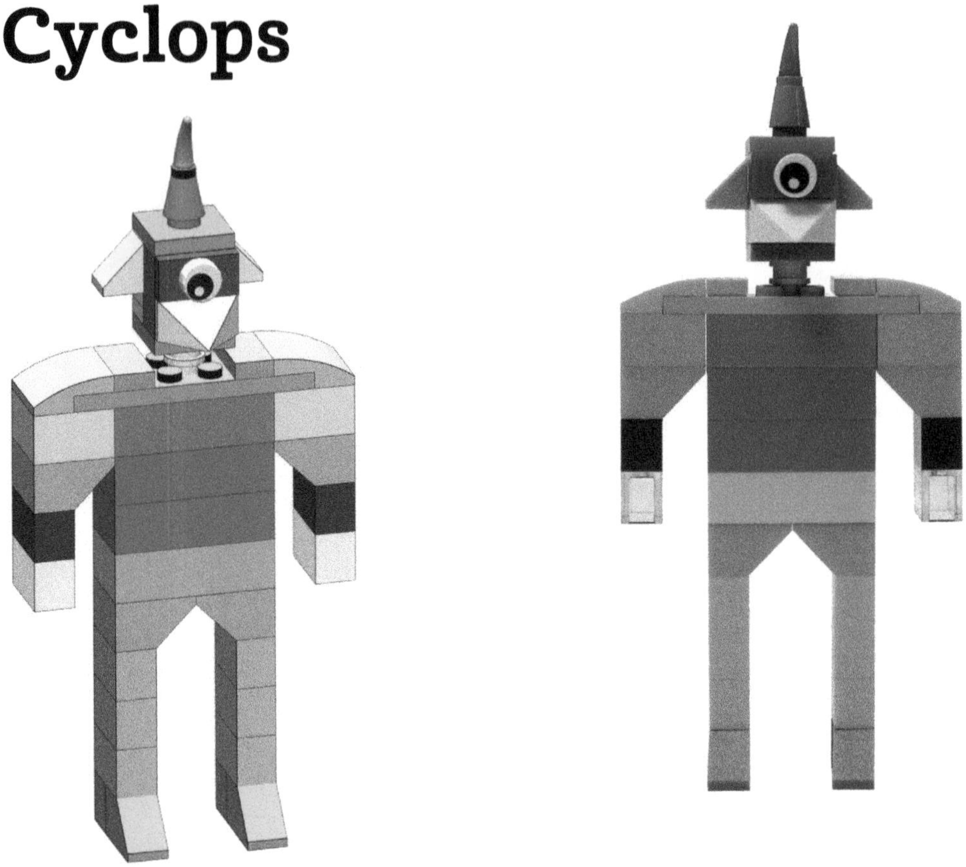

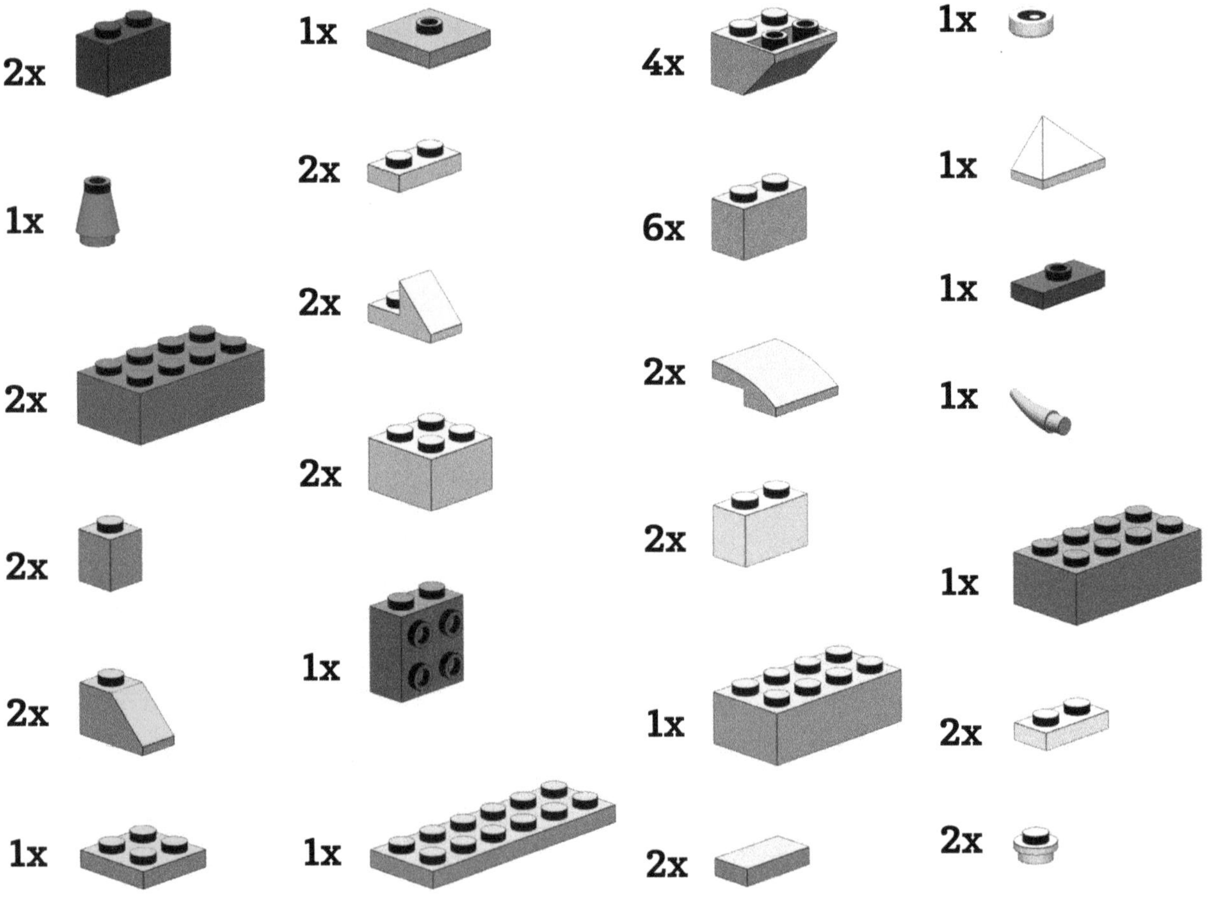

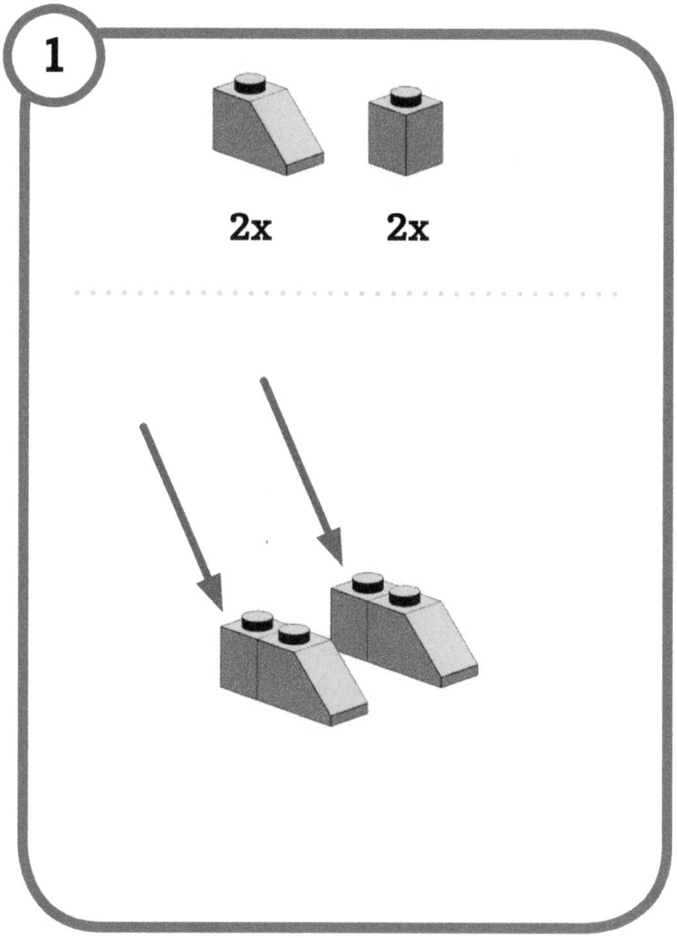
1
2x
2x

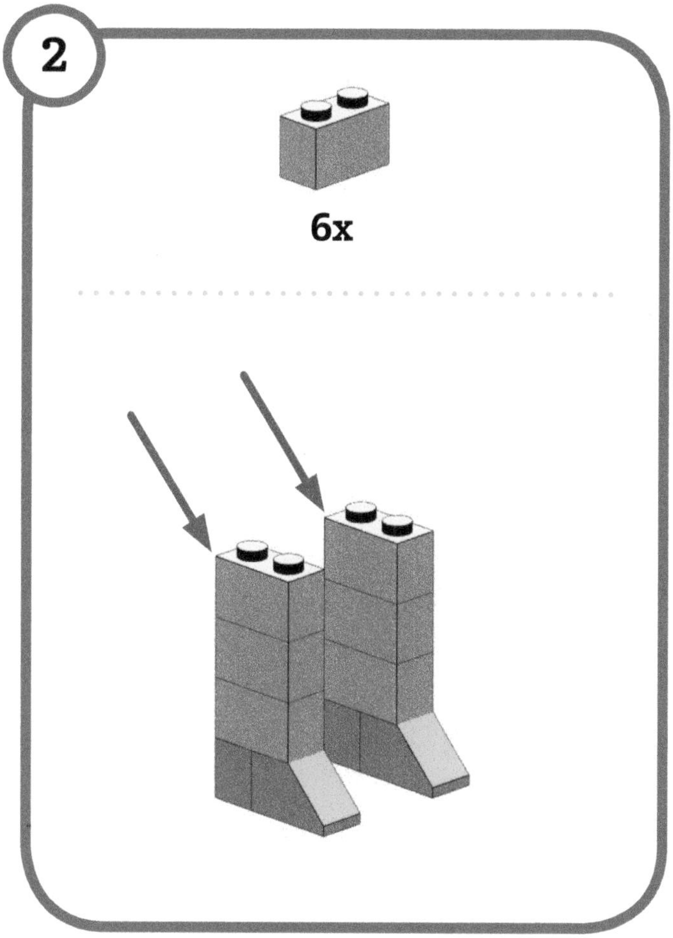
2
6x

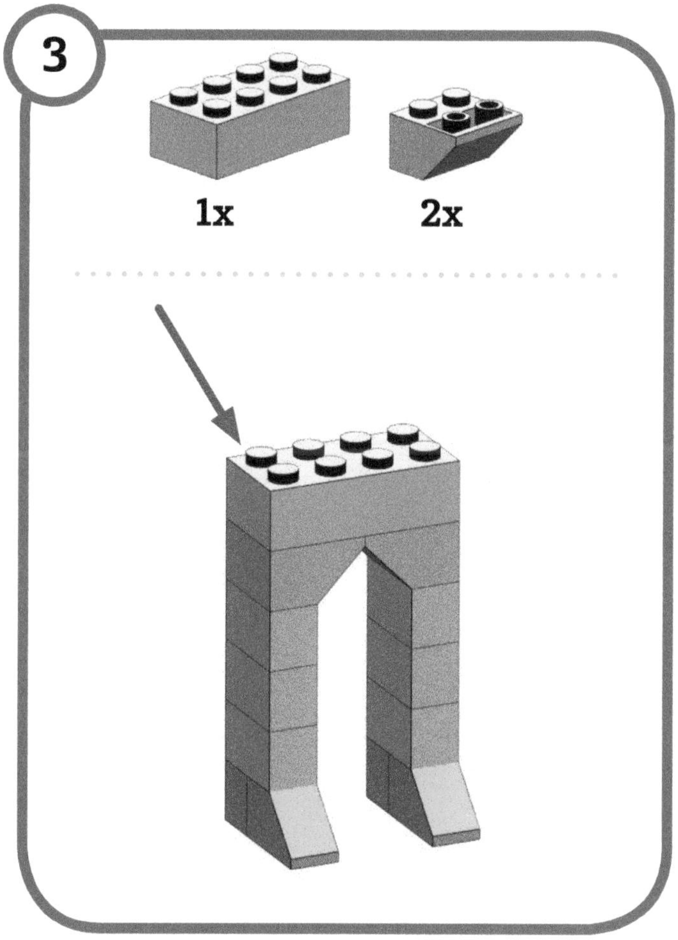
3
1x
2x

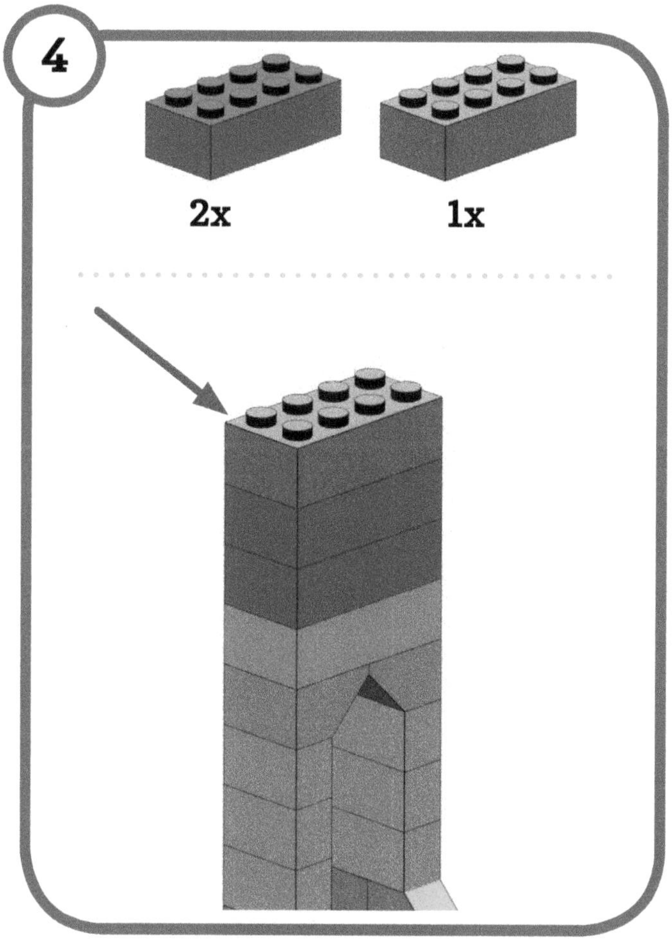
4
2x
1x

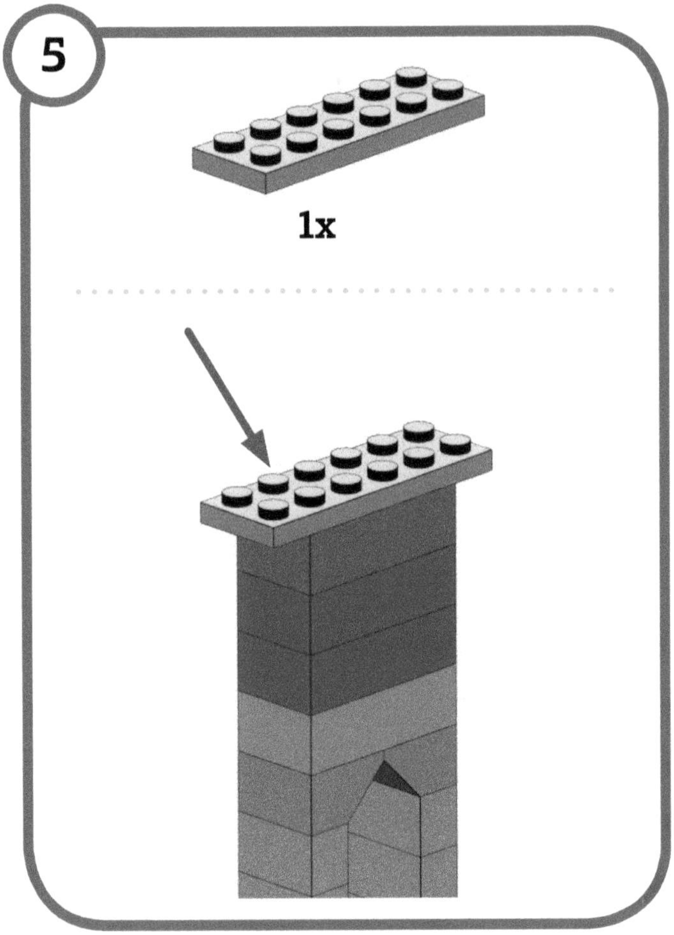
5
1x

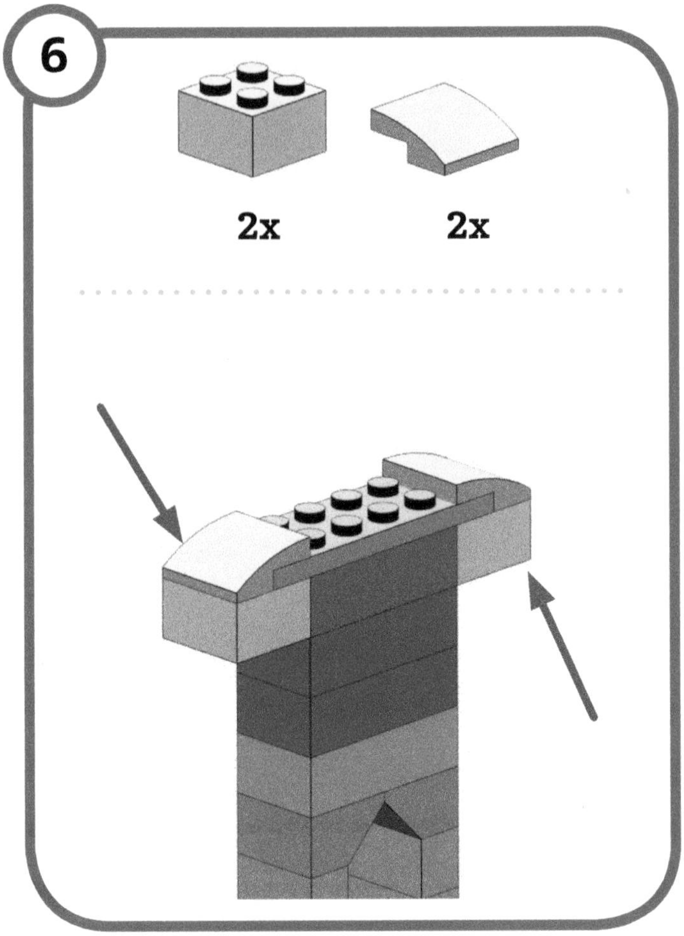
6
2x
2x

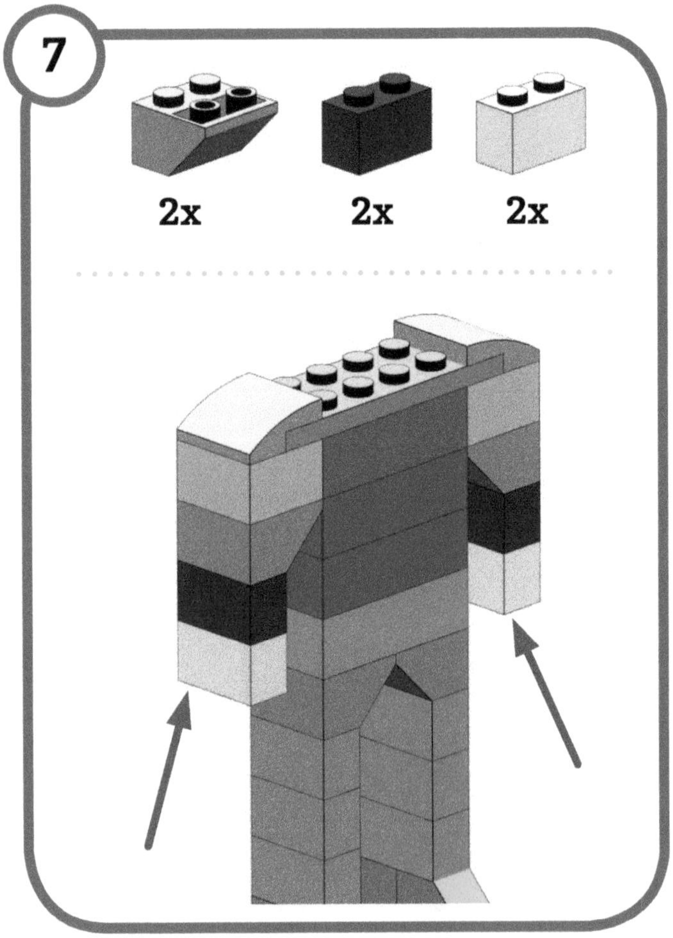
7
2x
2x
2x

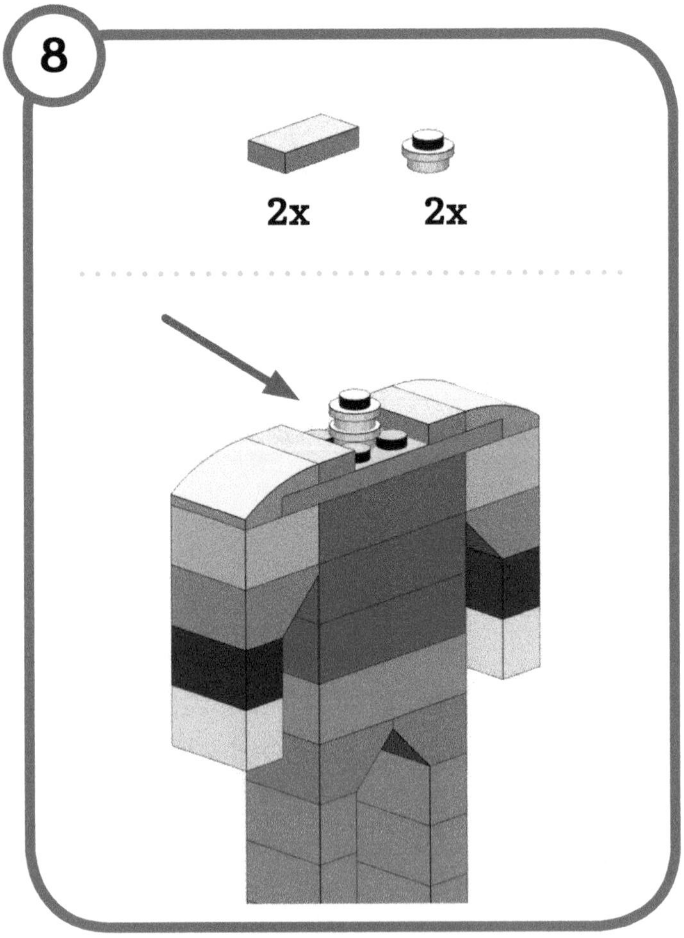
8
2x
2x

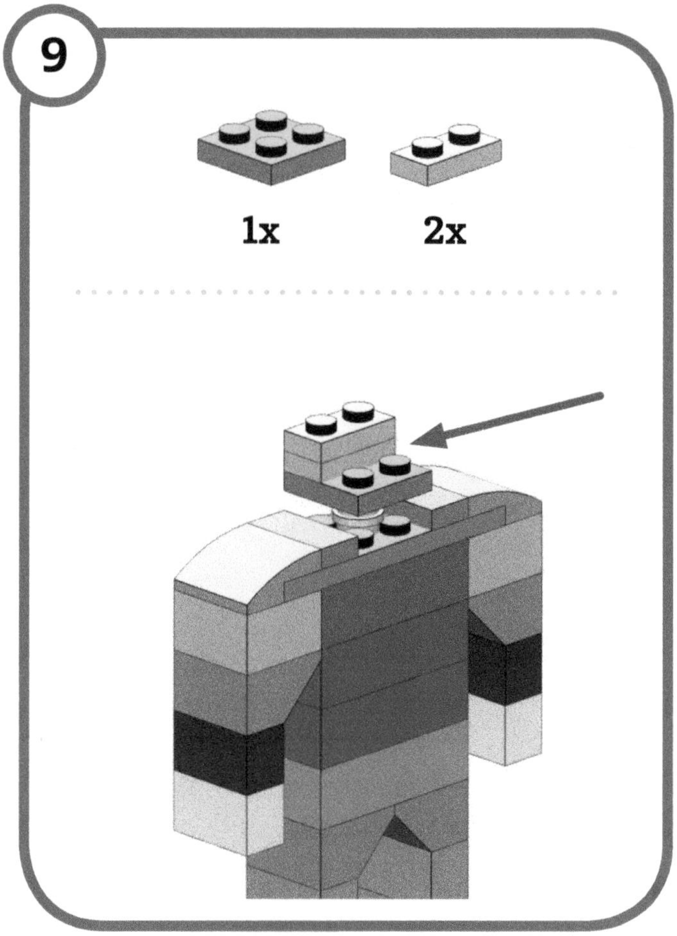
9
1x
2x

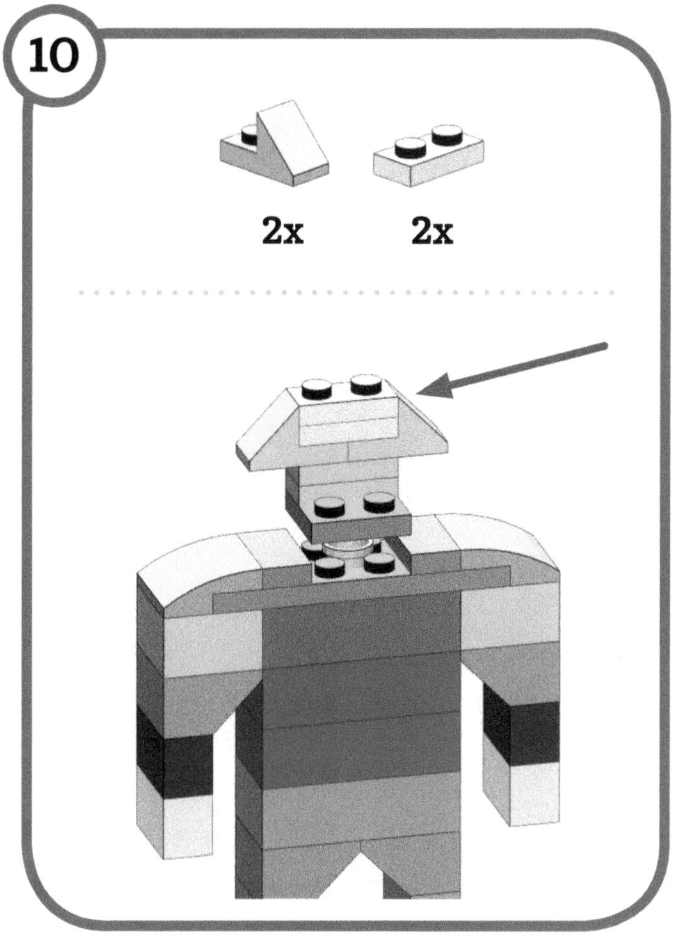
10
2x
2x

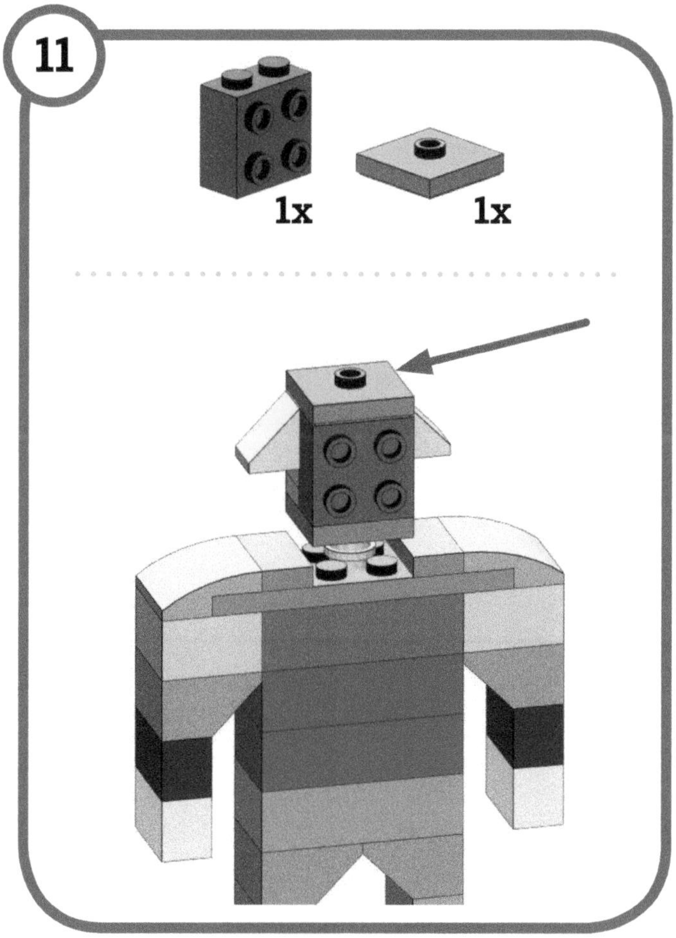
11
1x
1x

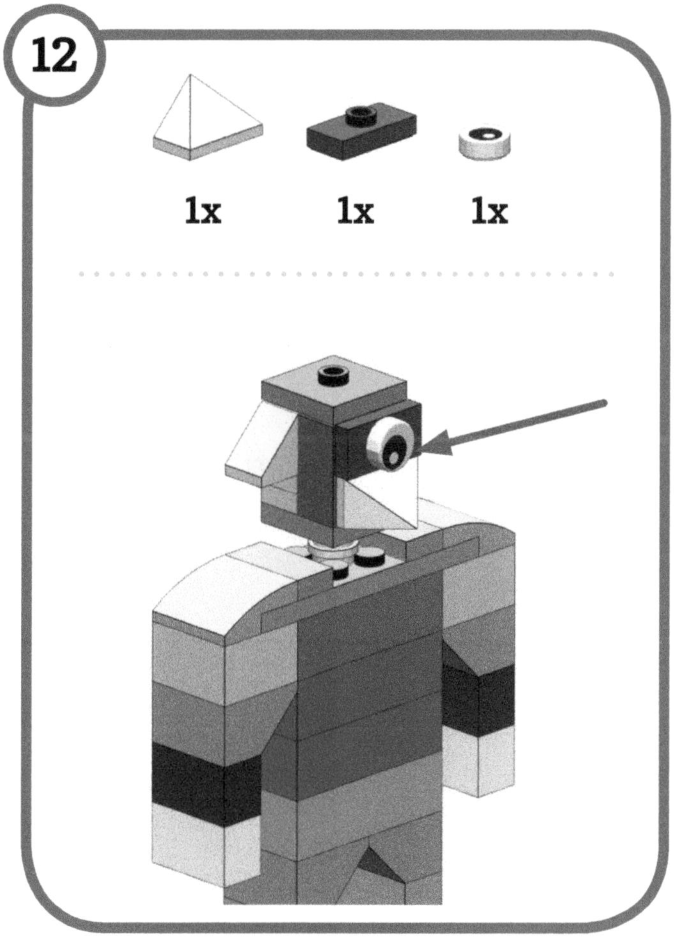
12
1x
1x
1x

13

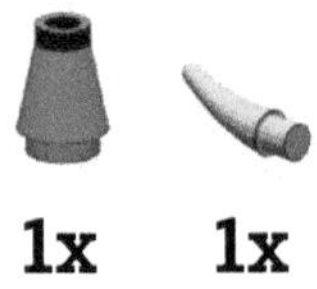

Library of Congress Control Number is on file.
ISBN: 9781513262086 (paperback) | 9781513262123 (hardbound) | 9781513262109 (e-book)

Published by Graphic Arts Books
An imprint of

WestMarginPress.com

WEST MARGIN PRESS
Publishing Director: Jennifer Newens
Marketing Manager: Angela Zbornik
Editor: Olivia Ngai
Design & Production: Rachel Lopez Metzger

Proudly distributed by Ingram Publisher Services

Printed in the U.S.A.

The author thanks the LDraw community for the parts database it makes available, which is used for making instructions found in the book. For more information on LDraw, please visit ldraw.org.

Make sure your **Build It!** library is complete

◯ Volume 1

◯ Volume 2

◯ Volume 3

◯ World Landmarks

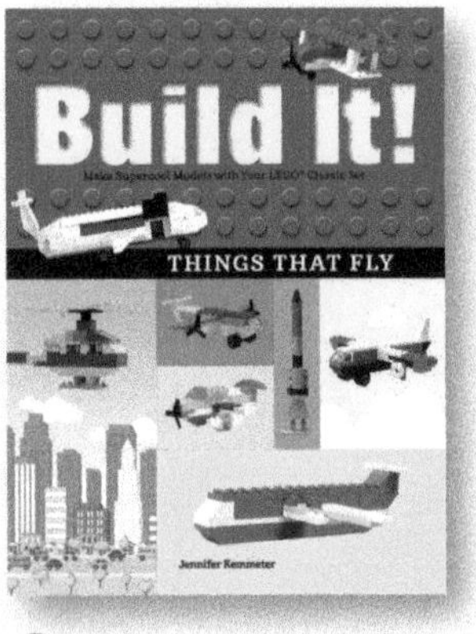

◯ Things that Fly

◯ Things that Go

◯ Things that Float

◯ Robots

◯ Farm Animals

◯ Dinosaurs

◯ Trains

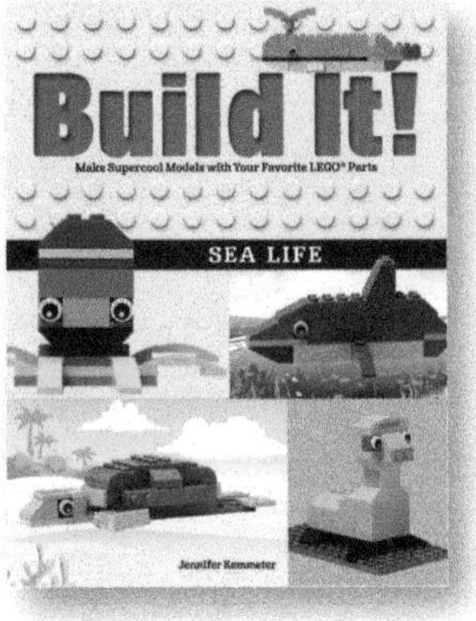

◯ Sea Life

◯ Medieval World

◯ Race Cars

◯ Monsters

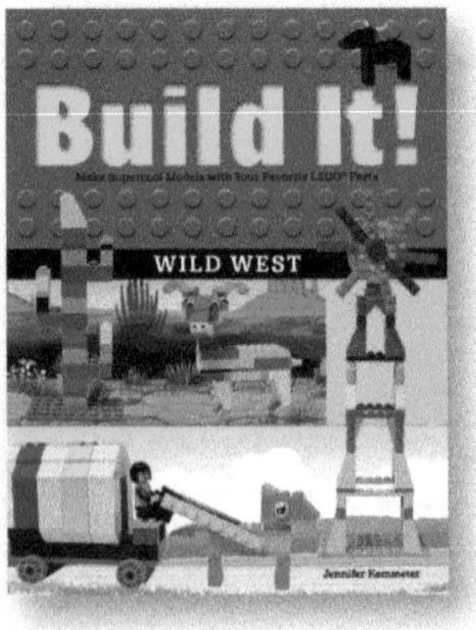

◯ Wild West

Visit WestMarginPress.com for more titles in the series

Printed in the USA
CPSIA information can be obtained
at www.ICGtesting.com
JSHW072027140824
68134JS00042B/3809

9 781513 262086